四国歩き遍路マニュアル

四国歩き遍路全体図

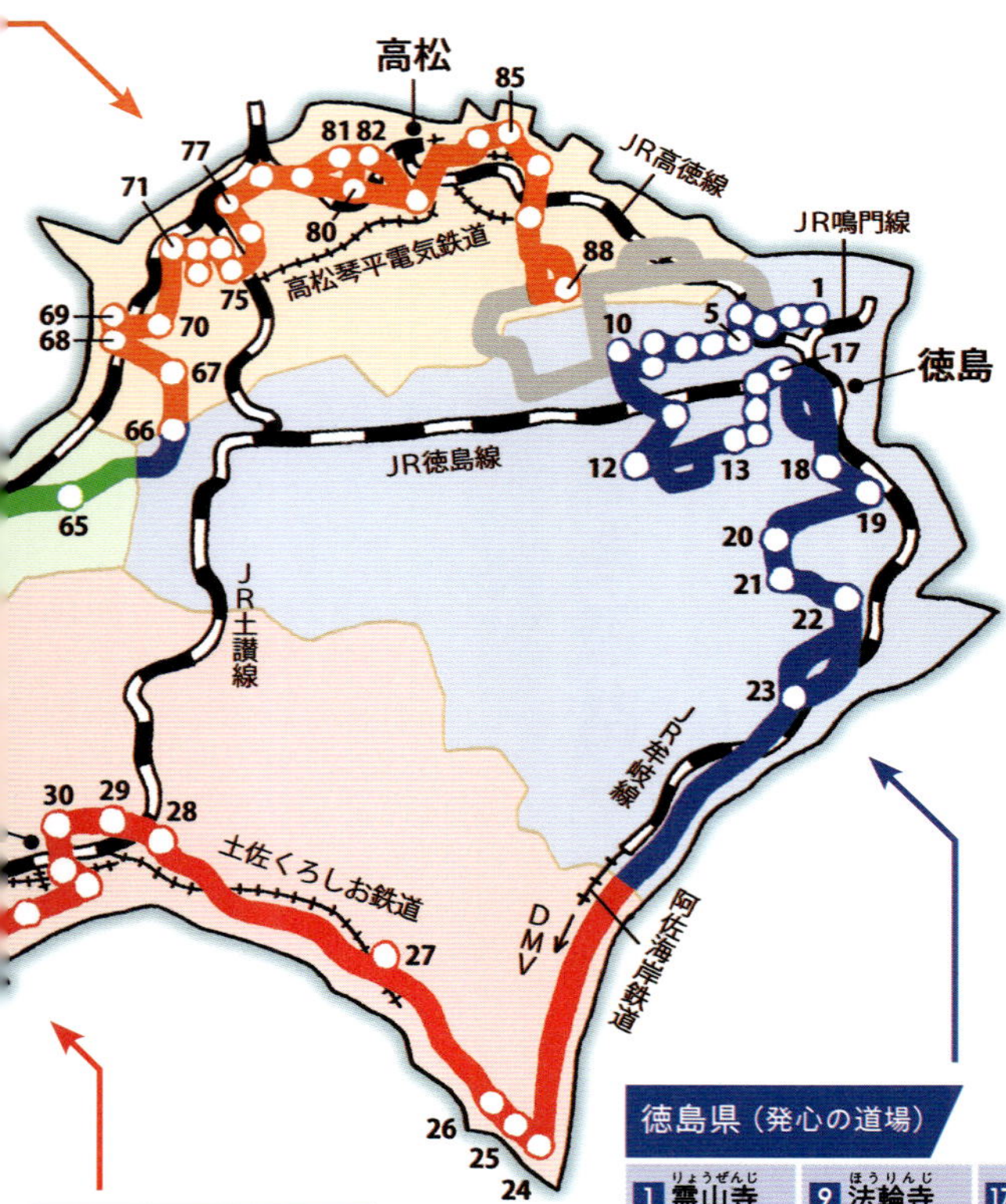

徳島県（発心の道場）

1 霊山寺《りょうぜんじ》	9 法輪寺《ほうりんじ》	17 井戸寺《いどじ》
2 極楽寺《ごくらくじ》	10 切幡寺《きりはたじ》	18 恩山寺《おんざんじ》
3 金泉寺《こんせんじ》	11 藤井寺《ふじいでら》	19 立江寺《たつえじ》
4 大日寺《だいにちじ》	12 焼山寺《しょうさんじ》	20 鶴林寺《かくりんじ》
5 地蔵寺《じぞうじ》	13 大日寺《だいにちじ》	21 太龍寺《たいりゅうじ》
6 安楽寺《あんらくじ》	14 常楽寺《じょうらくじ》	22 平等寺《びょうどうじ》
7 十楽寺《じゅうらくじ》	15 国分寺《こくぶんじ》	23 薬王寺《やくおうじ》
8 熊谷寺《くまだにじ》	16 観音寺《かんおんじ》	

高知県（修行の道場）

24 最御崎寺《ほつみさきじ》	30 善楽寺《ぜんらくじ》	36 青龍寺《しょうりゅうじ》
25 津照寺《しんしょうじ》	31 竹林寺《ちくりんじ》	37 岩本寺《いわもとじ》
26 金剛頂寺《こんごうちょうじ》	32 禅師峰寺《ぜんじぶじ》	38 金剛福寺《こんごうふくじ》
27 神峯寺《こうのみねじ》	33 雪蹊寺《せっけいじ》	39 延光寺《えんこうじ》
28 大日寺《だいにちじ》	34 種間寺《たねまじ》	
29 国分寺《こくぶんじ》	35 清瀧寺《きよたきじ》	

愛媛県（菩提の道場）

- 40 観自在寺《かんじざいじ》
- 41 龍光寺《りゅうこうじ》
- 42 仏木寺《ぶつもくじ》
- 43 明石寺《めいせきじ》
- 44 大寶寺《だいほうじ》
- 45 岩屋寺《いわやじ》
- 46 浄瑠璃寺《じょうるりじ》
- 47 八坂寺《やさかじ》
- 48 西林寺《さいりんじ》
- 49 浄土寺《じょうどじ》
- 50 繁多寺《はんたじ》
- 51 石手寺《いしてじ》
- 52 太山寺《たいさんじ》
- 53 圓明寺《えんみょうじ》
- 54 延命寺《えんめいじ》
- 55 南光坊《なんこうぼう》
- 56 泰山寺《たいさんじ》
- 57 栄福寺《えいふくじ》
- 58 仙遊寺《せんゆうじ》
- 59 国分寺《こくぶんじ》
- 60 横峰寺《よこみねじ》
- 61 香園寺《こうおんじ》
- 62 宝寿寺《ほうじゅじ》
- 63 吉祥寺《きちじょうじ》
- 64 前神寺《まえがみじ》
- 65 三角寺《さんかくじ》

香川県（涅槃の道場）

- 66 雲辺寺《うんぺんじ》
- 67 大興寺《だいこうじ》
- 68 神恵院《じんねいん》
- 69 観音寺《かんのんじ》
- 70 本山寺《もとやまじ》
- 71 弥谷寺《いやだにじ》
- 72 曼荼羅寺《まんだらじ》
- 73 出釈迦寺《しゅっしゃかじ》
- 74 甲山寺《こうやまじ》
- 75 善通寺《ぜんつうじ》
- 76 金倉寺《こんぞうじ》
- 77 道隆寺《どうりゅうじ》
- 78 郷照寺《ごうしょうじ》
- 79 天皇寺《てんのうじ》
- 80 国分寺《こくぶんじ》
- 81 白峯寺《しろみねじ》
- 82 根香寺《ねごろじ》
- 83 一宮寺《いちのみやじ》
- 84 屋島寺《やしまじ》
- 85 八栗寺《やくりじ》
- 86 志度寺《しどじ》
- 87 長尾寺《ながおじ》
- 88 大窪寺《おおくぼじ》

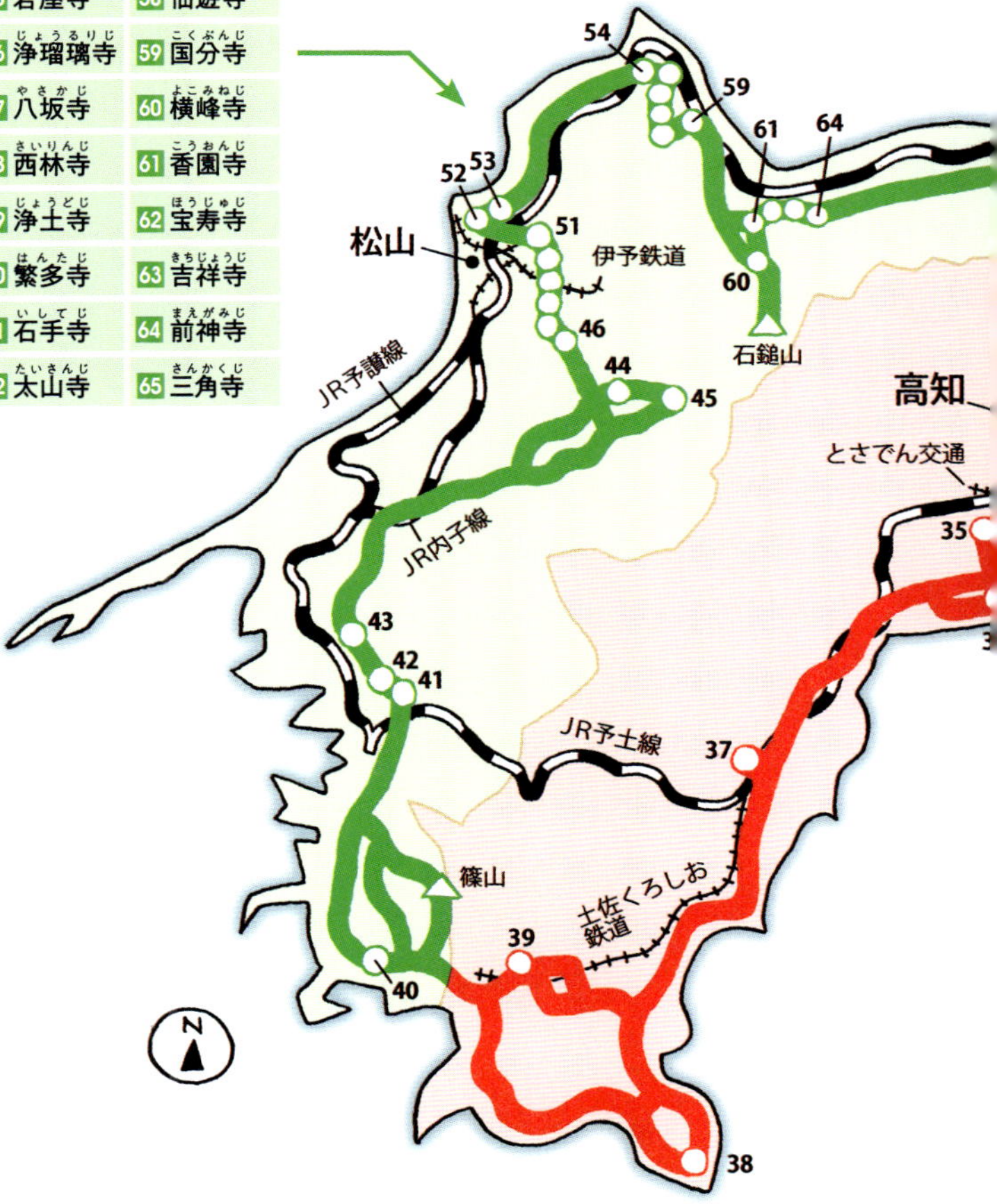

まえがき

歩き旅をしたことがあるだろうか？　歩き旅は良い。旅の究極のスタイルである。必要最小限の荷物を持ち、自分の足だけを使って進んでいく。行きたい場所があっても、忘れ物をしても、簡単には移動できない。買いたいものもすぐには買えない。不便である。しかし旅人は、その不便さの中にこそ出会いがあり、自由があると、次第に理解する。

四国遍路という歩き旅がある。四国各地にある八十八ヶ所の霊場を結ぶ巡礼の旅だ。大昔から今このときまでずっと絶えることなく誰かが巡っている、世界でも稀な宗教の道。全長約１１００キロメートル。交通手段はさまざまで、現代では車で巡礼するのが一般的になったが、相対的に歩き遍路の魅力は増しており、挑む者も依然として一定数いる。

発心《ほっしん》、つまりお遍路に出るに至った理由は人それぞれである。かつては近しい人の供養や自分自身の懺悔のための巡礼、あるいは病気や貧困によって故郷を追われた人の死出の旅といった側面が強く、四国遍路といえば暗い印象があった。今ではどちらかというと明るいイメージに変わり、定着しつつあるようだ。

定年退職後の人の力試しや第二の人生への景気づけ、若者の自分探し、病気からの回復、ライフワークの一環といったように、信仰から祈願へと旅の意味合いが変わりつつあるという考察がある。あるいはローカルツーリズムやロングトレイルのフィールドとしての存在価値も、主に海外から見出されるようになっている。

このように多様化している歩き遍路だが、寺院を巡る旅である以上、やはり本質的に信仰の旅であることには変わりはない。同行二人、すなわち傍らにはいつも四国遍路の開祖とされる弘法大師空海がいて見守ってくれている、という考え方は今も脈々と受け継がれているし、日々肉体を酷使し、自分の内面と向き合い続ける行為は修行の形そのものでもある。

何の変哲もない舗装道路を40〜50日かけてひたすら歩く。時に山村の豊かな緑に癒され、時に果てしない水平線に涙する。マメだらけで痛む足を引きずり、遥か遠くの岬にたじろぐ。しかし、振り返れば自分が歩いた道のりが確かにある。その積み重ねが自信となり、更に前へ進める。八十八ヶ所すべてをお参りし、結願《けちがん》する頃にはきっと一皮むけた自分に出会えるだろう。

この道をいつか歩いてみたいとぼんやり憧れている人は少なからずいる。歩き遍路は万人に開かれており、いつ始めても、いつやめても、いつ再開してもいい。しかし学業や仕事、家庭の都合、金銭面などさまざまな理由で、最初の一歩を踏み出せない場合が多いのではないだろうか。筆者もそのうちの一人だったが、旅に出るタイミングは思いがけず到来し、流されるままに出発した。

「そういうことを、四国に呼ばれたって言うんだよ」――振り返ってみれば、確かに僕も呼ばれたのかもしれないなあと、こんな不思議な表現にも納得してしまうような魅力が、四国遍路にはある。

本書は、これから、あるいはいつの日か、歩き遍路をしてみたい人のためのガイドブックである。写真および日ごとのルートマップを軸に、寺院の解説や道中の立ち寄りスポット、装備品、行程の組み方、宿の手配、野宿の方法といった歩くうえで必要となる情報のほか、四国遍路の歴史や文化、注意事項、守るべきマナーについても紹介する。また、グルメや観光情報にも触れているので、各人の興味に合わせた寄り道のきっかけにしていただければ幸いである。

目次

愛媛県編

香川県編

用語解説

◆四国遍路《しこくへんろ》

四国各地に点在する八十八ヶ所霊場をはじめ、弘法大師空海ゆかりの場所を巡礼する文化、道、およびその旅のこと。原型は平安・鎌倉時代の聖や山伏、修験者による海辺（辺地または辺路）を巡る修行とされる。それが中世以降、弘法大師信仰の広まりや巡礼の大衆化などにより、巡拝すべき札所が定まっていき、遍路道や宿泊施設も整備され、今に繋がる娯楽的・観光的要素を含んだ四国遍路文化として成立していったようである。

◆歩《ある》き遍路《へんろ》

四国遍路を徒歩で巡礼すること。一周約1100キロで、所要日数は標準40〜50日程度。かかる費用は宿泊型で40〜50万円、野宿併用型で20万円が目安となる（装備品の購入費用は除く）。マイカー、バス、自転車、公共交通機関を使ったお遍路に比べ、歩き遍路は最もお金と時間と体力を要し、その人数比率もごくわずかである。

◆札所《ふだしょ》

八十八ヶ所の霊場のことを札所と言う。昔、参拝の際に木製や金属製の納札《おさめふだ》（今は紙製が普及）を本堂や大師堂に打ち付けたことに由来する。このことから、札所を参拝することを「打つ」とも言う。

◆順打《じゅんう》ち　逆打《ぎゃくう》ち

徳島県の1番霊山寺から香川県の88番大窪寺まで、数字の順番にお参りすることを順打ちと言う。反対に、88番から逆の順番でお参りすることを逆打ちと言う。ただし、本来お遍路はどこからどのようにお参りしてもよく、例えば九州からのお遍路さんが対岸の愛媛県の札所から打ち始めたという古い記録もある。

◆通《とお》し打《う》ち　区切《くぎ》り打《う》ち

途中で帰らずに八十八ヶ所すべてを一度でお参りすることを通し打ち、何回かに分けてお参りすることを区切り打ちと言う。通し打ちは一ヶ月半もの長旅となり充実感があるが、長期の休みを工面するのが難しい。仕事をしながらでも実施できる区切り打ちが現実的な選択となる。自宅と四国を往復するための交通費と時間が毎回かかるのが難点。

◆番外霊場《ばんがいれいじょう》　別格二十霊場《べっかくにじゅうれいじょう》

八十八の札所以外にも弘法大師ゆかりの寺院は多く、それらを総称して番外霊場と言う。また、その中でも特に定められた二十ヶ寺のことを別格二十霊場と言い、八十八ヶ所と合わせて百八ヶ所巡り（＝煩悩の数）をする人もいる。

◆お接待《せったい》

お遍路さんに対し、地元の人が善意で食べ物や飲み物などを施すこと。お礼に納札を渡すならわしとなっている。

◆お四国病《しこくびょう》

四国遍路を終えたにもかかわらず、また行きたくてたまらなくなり、日常生活にも支障をきたすという、お遍路経験者によくある心境を茶化してこう表現する。なかなか治るものではなく、ふたたびお遍路に行くことになりがち。お遍路を始める前からお四国病にかかっている人もたまにいる。

◆御詠歌《ごえいか》

御詠歌とは、各札所に一首ずつある和歌のこと。本尊の説明や札所の縁起などが詠まれている。歌の成立年代は15～17世紀頃と考えられ、詠み人はバラバラ、時代により変容もしている。現代では仏前勤行といえばもっぱら般若心経であるが、これは戦後に普及した参拝スタイルで、ひと昔前までは各札所の御詠歌を唱えていた。

◆善根宿《ぜんこんやど》　通夜堂《つやどう》

自宅の離れや小屋、事務所2階などをお遍路さんの寝床として開放してくれている場所があり、善根宿あるいは善人宿と言う。いわば寝床のお接待である。無料あるいは格安で、野宿遍路の強い味方。善根宿のお寺バージョンが通夜堂。どちらも正規の宿泊施設ではなく善意の上に成り立つものと認識し、寝袋持参、夜中に騒がない、連泊不可などマナーを守ってきれいに利用すること。

なお、宿泊場所を分類すると次ページの表のようになる。

（著者による分類）

宿泊

価格	民間	お寺
◆通常価格 ＜一泊二食＞ 6,000円～10,000円程度	・ホテル　・民宿 ・遍路宿　・旅館	・宿坊
◆安価 ＜素泊まり・相部屋＞ 3,000円～5,000円	・ゲストハウス ・ユースホステル	—
◆格安や無料 善意	・善根宿 （看板の掲示など、継続的運営の意思あり） ・個人宅 （その日その人限りのお接待）	・通夜堂

野宿

◆施設を借りる	・道の駅の軒下　・店の軒下 ・小屋型のバス停　・駅の待合室 ・神社仏閣のお堂の中や軒下 ・東屋（公園などにある屋根付きの小屋） ・ヘンロ小屋（歌一洋氏主宰のプロジェクトにより各地に建設）
◆中間	・橋の下　・駐車場の隅
◆野性的	・茂みの中　・木の下　・河原

晴天時（春・秋）

菅笠
梵字が前に
来るようにかぶる
ザックに付ける人もいる
手ぬぐい
頭に巻くお遍路が多い
ザック
腰ベルトのある
登山用のものが良い
白衣
長袖タイプと
袖なしタイプがある
ショルダーバッグ
財布やスマホ
納経帳などを
入れる
金剛杖
橋の上では
突いてはならない
という不文律あり
靴
ウォーキング
シューズが良い
ズボン
伸縮性、耐久性、速乾性のある
登山用のものが良い
短パン＋タイツの人もいる

雨天時

菅笠カバー
ビニール製のカバーで
菅笠の劣化を防ぐ
ザックカバー
荷物を濡らさないために
小雨でも必ず装着すること
ザック購入時に付属している
ことが多い
レインウェア（上下）
登山用のものが良い
靴は濡れます
宿に着いたら
新聞紙をもらい
丸めて詰めると
乾きやすい
ショルダーバッグ
ザックの中にしまう

ザック、ズボンなどは登山向けの商品を使うと快適。登山用品店に行けば相談にのってもらえる。特に靴選びは専門家のアドバイスに従うこと。

遍路用品は札所の売店のほか、道中の巡拝用品店、ネット通販などで購入可能。

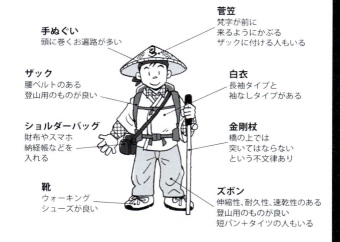

パッキングの工夫

ザックの体側かつ上部に重いものを詰めると、重心が安定して歩きやすい。

肩ベルトに装着
カメラ スマホ
ドリンクホルダー

ショルダーバッグ
財布 スマホ 納経帳
メモ帳 地図 アメ 薬

・細かなものはカテゴリーごとに袋に入れまとめる
・濡れて困るものは防水性の袋で対応

すぐ取り出したい小物
行動食 ヘッドライト 救急セット

体側には重いもの
水 電子機器 日用品

外側には軽いもの
防寒着 レインウェア 食品

使用頻度の低いもの
衣類 レインウェア 野宿道具

平らなもの
プリント類 予備の紙幣

荷物軽量化の工夫

荷物は軽い方が体の負担が少ない。
持ち物や装備品、衣類の取捨選択をし、
1グラムでも減らす工夫をしよう。

◎オール宿泊なら、衣類は昼用＋夜用それぞれ１セットあれば良い。たいていの宿には洗濯機と乾燥機があり、毎晩洗って着回せる。（野宿の場合、昼用衣類は３セット必要）

◎季節にもよるが、防寒着はレインウェアで代用できないか？

◎ひげ剃りや化粧品は本当に必要か？　ローソク、線香の本数は多すぎないか？

◎現地でもすぐ手に入る物をあらかじめ持っていく必要はない。

◎お金はゆうちょに入れておき、必要な分だけその都度引き出す。（郵便局はどこでもあるので便利）

◎ザック自体の重さも気にしよう。軽量モデルもある。

◎ザック容量が小さいものを選べば、荷物が入らないため、否応なしに軽量化できる。

◎野宿における自炊道具は趣味の領域。無くても困らない。店のないエリアを歩く場合は事前に多めに買い出しすればよい。（腐敗に注意）

◎予算次第だが、テントや寝袋は軽量モデルを選ぶ。

◎東屋やヘンロ小屋をうまく繋いでいけば、テント無し・寝袋のみでの野宿も無理ではない。（ただし快眠できないことが多い）

ザックの背負い方

登山用ザックを正しく使えば、重みが肩と腰に分散され、
軽く背負うことができる。

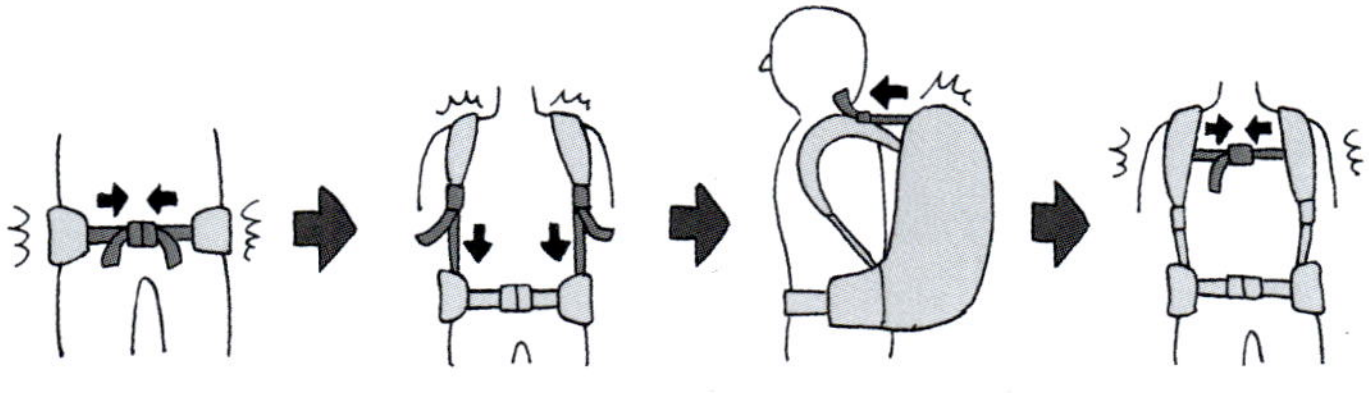

①腰ベルトを腰骨の位置で固定する
※腰骨に乗せるイメージ

②肩ベルトをフィットさせる

③ザック上部を体に引き寄せる

④胸ベルトをとめる

靴選びとマメ対策

マメは必ずできるが、なるべく作らないようにしたい。

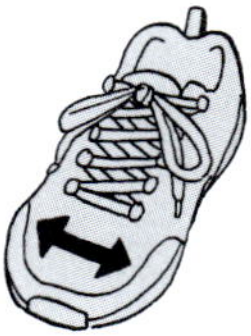

①新品で大きめのウォーキングシューズを買う

遍路道の９割は舗装道路であり、ウォーキングシューズが適している。登山靴は重くて不向き。中敷きは固いものを別途購入するとマメ防止になる。通し打ちの人は、１～２サイズ大きなものを買おう。旅の途中でむくみ、足裏も厚くなり、窮屈になってしまうからだ。横方向に長い「幅広タイプ」が理想。また、途中で壊れる可能性を減らすためにも必ず新品を用意すること。

②足をよく乾かす

汗や雨で靴の中が蒸れ、皮膚が柔らかくなるとマメができる。１～２時間に１度は靴下を脱いで乾かすと予防になる。特に下り坂では靴の中で足が滑ってマメができやすいので、こまめに休憩をとり脱いで乾かす。

③マメは潰す

マメができたら、縫い針や爪切りで穴を開け、潰して水を抜く。十分に消毒してから絆創膏を貼ればOK。ただし、その後も同じ箇所にマメはでき続ける。２～３週間経ち、足裏の皮膚が固く厚くなるまでの辛抱だ。

持ち物

手袋
ネックウォーマー
ねまき用Tシャツ・ジャージ
南無大師遍照金剛
同行二人
白衣
速乾Tシャツ・下着
1〜3セット
小さくなる薄手パーカー
レインウェア
速乾山シャツ
長袖Tシャツ
登山用ズボン
防寒着
菅笠
金剛杖
タオル・手ぬぐい
靴
腕時計
薬
お金
パンフ
ソフトクリアケース
現金や紙類
濡れて困るもの
を入れる
トイレットペーパー
芯を抜いて潰し
コンパクトに
地図
へんろ用
へんろみち保存協力会の地図
必携です！
ボディーシート
テーピングテープ
個包装洗剤
洗濯ばさみ
ビニール紐
服を干す用
歯ブラシ
虫よけスプレー
絆創膏
消毒綿
ポケットティッシュ
爪切り
縫い針
足のマメ処置用
電気式蚊取り
ムヒ
カメラ
経本
モバイルバッテリー
各種充電器
カメラ用予備バッテリー
ショルダーバッグ
納経帳が入るサイズを買おう。
遍路用品店にも「さんや袋」として白い鞄が売られている。
納札
本
線香
ローソク
ライター
納経帳
財布
スマホ
音楽プレーヤー
メモ帳
ボールペン
アメ
ザックカバー
ザック
野宿：50〜60L
宿泊まり：30L以下
荷物はよく吟味して
なるべく軽くすべし！
濡れて困るものは
ビニール製の袋に
入れる。
マスク
折り畳みサブバック

野宿
（テント泊）

お遍路だという目印をつけるべし
（近所の人の安心および防犯のため）

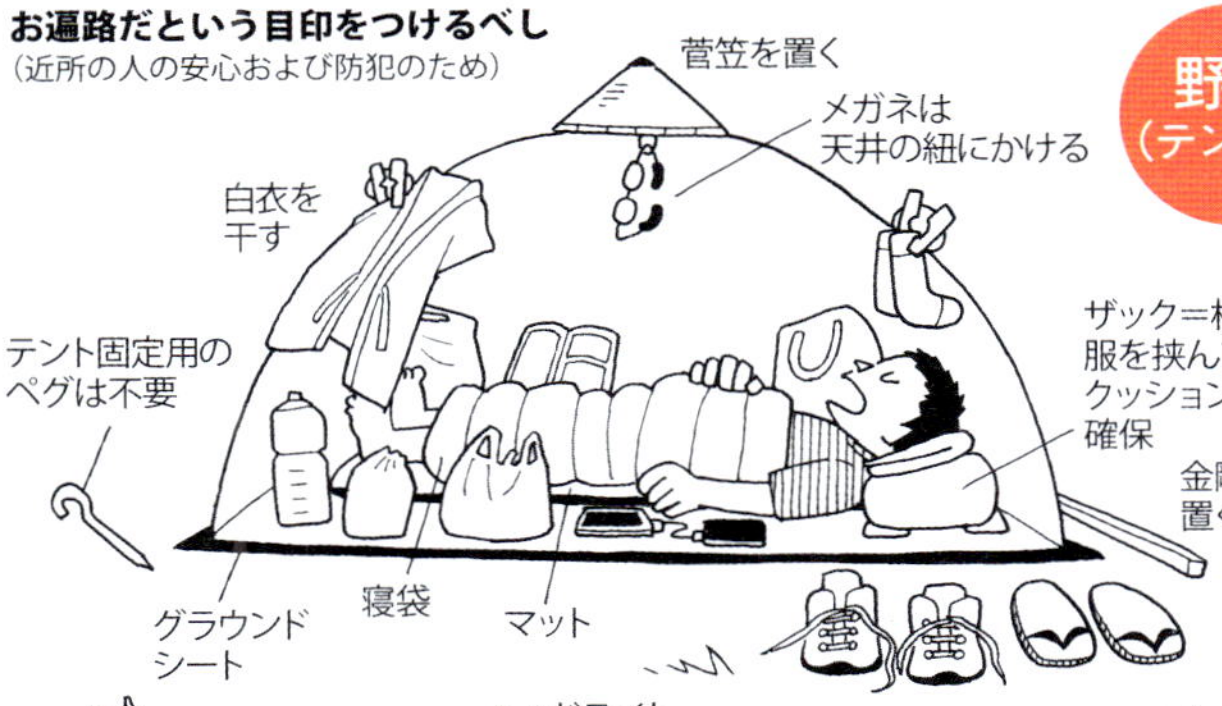

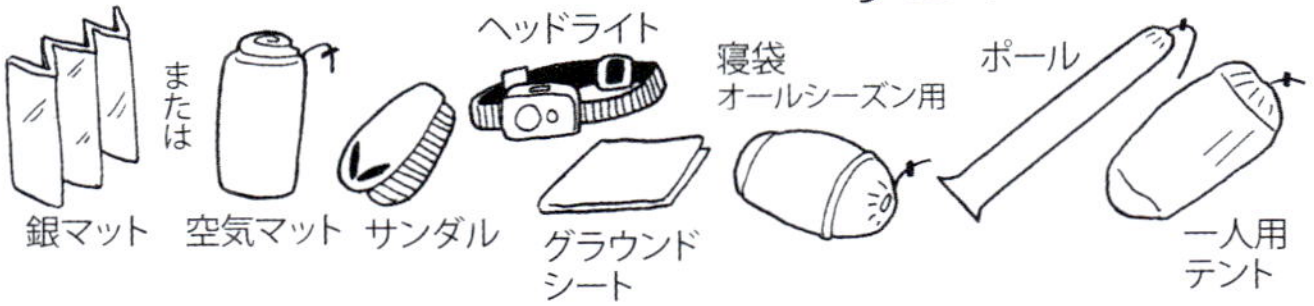

東屋やヘンロ小屋で寝る
- 雨や夜露をしのげる
- 何かと快適
- 宿泊禁止の場合あり

山の中や河原で寝る
- 四国の大地に抱かれて眠る
  貴重なひととき
- 動物や増水など危険
- 自由の象徴

マナーを守ろう
- 近くに民家がある場合できれば一声かける
- 日没後設営　夜明け前出発
- 夜中に騒がない
- 来た時よりも美しく

オール野宿にこだわらない
- 野宿２日：宿泊１日を
  目安にすると良い

自炊

1日1回使用する程度なら
OD缶230g1つで1ヶ月半大丈夫

- 食後は濡らしたティッシュで調理器具を拭く
- ゴミはコンビニなどで捨てさせてもらう

参拝作法

気持ちを込めてお参りしよう。

※ベンチに荷物を置いてその場を離れると盗まれることがあるので要注意！

※２０２４年４月より、納経料の値上げと納経時間の変更が行われた。特に納経の開始時間の後ろ倒し（７時→８時）に関しては影響が大きい。過去のお遍路さんの行動記録を参考に計画を立てる際には注意すること。

読経の順序

①合掌礼拝《がっしょうらいはい》（三礼）

「うやうやしくみ仏《ほとけ》を礼拝《らいはい》したてまつる」

②開経偈《かいきょうげ》（一返）

「無上甚深微妙法《むじょうじんじんみみょうほう》百千万劫難遭遇《ひゃくせんまんごうなんそうぐう》我今見聞得受持《がこんけんもんとくじゅじ》願解如来真実義《がんげにょらいしんじつぎ》」

③般若心経《はんにゃしんぎょう》（一巻）

「仏説摩訶般若波羅蜜多心経《ぶっせつまかはんにゃはらみったしんぎょう》観自在菩薩《かんじざいぼさ》行深般若波羅蜜多時《ぎょうじんはんにゃはらみったじ》照見五蘊皆空《しょうけんごうんかいくう》度一切苦厄《どいっさいくやく》舎利子《しゃりし》色不異空《しきふいくう》空不異《くうふい》色《しき》色即是空《しきそくぜくう》空即是色《くうそくぜしき》受想行識《じゅそうぎょうしき》亦復如是《やくぶにょぜ》舎利子《しゃりし》是諸法空相《ぜしょほうくうそう》不生不滅《ふしょうふめつ》不垢不浄《ふくふじょう》不増不減《ふぞうふげん》是故空中《ぜこくうちゅう》無色《むしき》無受想行《むじゅそうぎょう》識《しき》無眼耳鼻舌身意《むげんにびぜっしんに》無色声香味触法《むしきしょうこうみそくほう》無眼界《むげんかい》乃至《ないし》無意識界《むいしきかい》無無明《むむみょう》亦無無明尽《やくむむみょうじん》乃至《ないし》無老死《むろうし》亦無老死尽《やくむろうしじん》無苦集滅道《むくしゅうめつどう》無智亦無得《むちやくむとく》以無所得故《いむしょとくこ》菩提薩埵《ぼだいさった》依般若波羅蜜多故《えはんにゃはらみったこ》心無罣礙《しんむけげ》無罣礙故《むけげこ》無有恐怖《むうくふ》遠離《おんり》一切顛倒夢想《いっさいてんどうむそう》究竟涅槃《くぎょうねはん》三《さん》世諸仏《ぜしょぶつ》依般若波羅蜜多故《えはんにゃはらみったこ》得阿耨多羅三藐三菩提《とくあのくたらさんみゃくさんぼだい》故知《こち》般若波羅蜜多《はんにゃはらみった》是大神呪《ぜだいじんしゅ》是大明呪《ぜだいみょうしゅ》是無上呪《ぜむじょうしゅ》是無等等呪《ぜむとうどうしゅ》能《のう》除一切苦《じょいっさいく》真実不虚《しんじつふこ》故説《こせつ》般若波羅蜜多呪《はんにゃはらみったしゅ》即説呪曰《そくせつしゅわつ》羯諦羯諦《ぎゃていぎゃてい》波羅羯諦《はらぎゃてい》波羅僧羯諦《はらそうぎゃてい》菩提薩婆訶《ぼじそわか》般若心経《はんにゃしんぎょう》」

④御本尊真言《ごほんぞんしんごん》（三返）※大師堂では省略

札所により異なる。各札所の本堂に掲示されている。

⑤光明真言《こうみょうしんごん》（三返）

「おん あぼきゃ べいろしゃのう まかぼだら まに はんどまじんばら はらばりたや うん」

⑥御宝号《ごほうごう》（三返）

「南無大師遍照金剛《なむだいしへんじょうこんごう》」

⑦回向文《えこうもん》（一返）

「願《ねが》わくばこの功徳《くどく》を以《も》って普《あまね》く一切《いっさい》に及《およ》ぼし我等《われら》と衆生《しゅじょう》と皆共《みなとも》に仏道《ぶつどう》を成《じょう》ぜん」

⑧「ありがとうございます」合掌（一礼）

・札所ごとに本堂、大師堂の２ヶ所で読経する。
・必ず経本を手にして読む。（目でも読む）
・上記の他にも懺悔文《さんげもん》、三帰《さんき》、三竟《さんきょう》、十善戒《じゅうぜんかい》、発菩提心《ほつぼだいしん》真言、三昧耶戒《さんまやかい》真言なども唱えるとより本式になる。また、読経を省略する場合でも般若心経と御宝号は唱えると良い。
・各札所の御詠歌を唱えるのも良い。本堂に掲示されている。

本書の使い方

・本書では、筆者が歩いた当時のスケジュールに沿って◯日目としています。歩くペースは人によって異なります。体調や体力、気象条件に合わせて無理のないよう歩きましょう。

・各移動日の高低差を【縦断図】として紹介しています。歩く際の参考にしてください。

・拡大マップはこの日の移動ルートを表しています。ミニサイズの四国全体マップでは、該当箇所を□で囲っています。

・拡大マップ内のマークは下の凡例をご参照ください。実際に行かれる際には最新情報を確認してください。

〈注意とお願い〉

・【札所と宿】は掲載許可を取得できたところのみ掲載しています。

・遍路宿の中には常時営業ではなく、冬期休業や不定休のある宿もあります。また、電話等の連絡がつきにくい宿もあります。必ずしも計画通りに予約が取れないこともあると十分心得た上で予定を立ててください。

・本書の情報は２０２５年２月現在のものとなっています。施設や道路事情は常に変化する可能性がありますので、最新情報を確認の上、ご利用ください。

凡例

㋙ コンビニ	A 宿泊施設（前日マップで紹介した宿は黒字で記載）		
㋜ スーパー	東屋・休憩所	◎ 市役所	⛩ 神社
㊟ 商店	ヘンロ小屋	○ 町村役場	〒 郵便局
	⊗ 警察	卍 寺院	♨ 温泉

徳島県編

全長1100キロを超える遍路道の第一歩は、徳島県にある1番札所霊山寺から。はやる気持ちを抑えて、まずは旅に慣れよう。町へ、山へ、県内23ヶ所の霊場が待っている。

1日目 1 霊山寺 ～ 5 地蔵寺

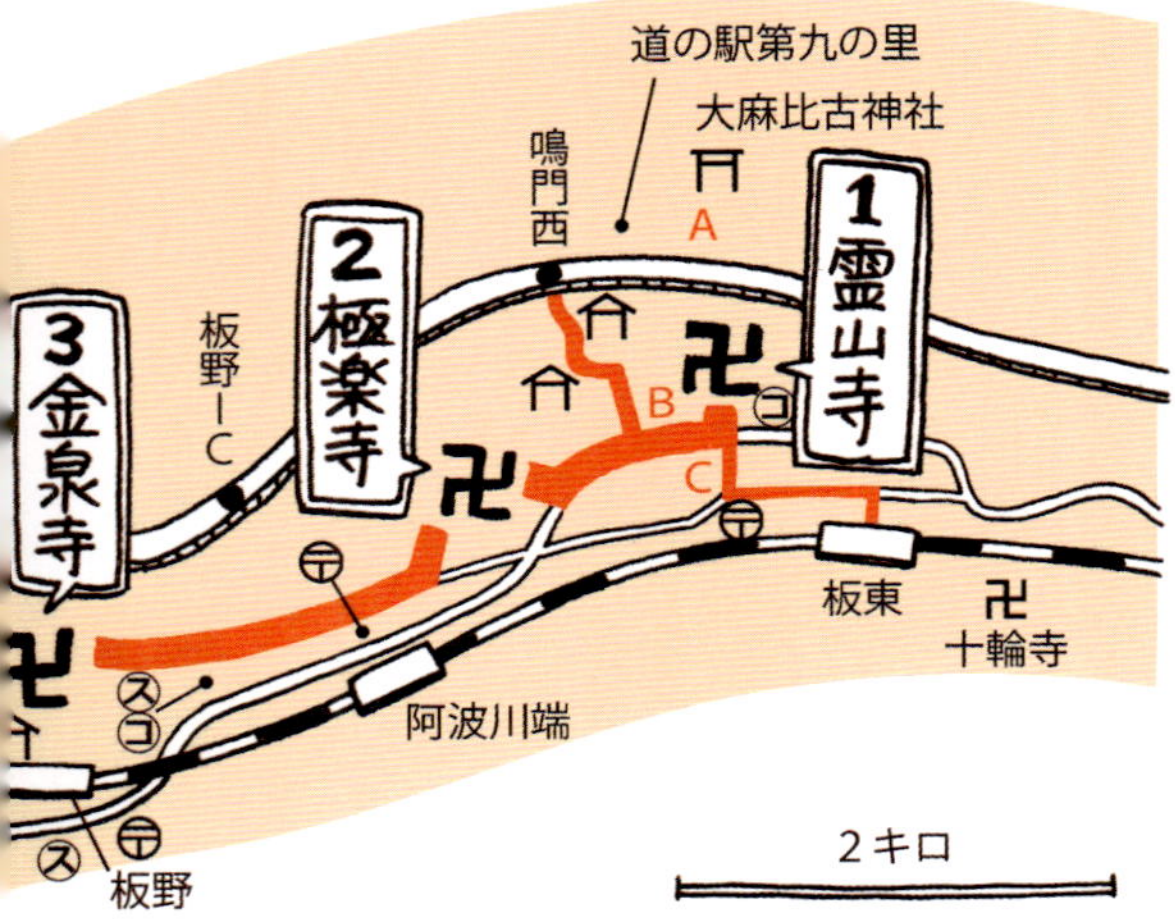

不安半分、楽しみ半分 ゆっくり歩き出してみよう！

ついに歩き遍路が始まった！といっても、意外と実感がわかないものである。まずは歩き出してみよう。札所は数キロおきにある。30分～1時間ほど歩き、休憩はお寺の境内でとるパターンにすればペースがつかみやすい。白衣《びゃくえ》を着て、菅笠《すげがさ》をかぶり、金剛杖《こんごうづえ》を持てば、見た目は立派なお遍路さんだ。杖をコンコンと道路に突く軽快な音が気持ちいい。四国の空気を思い切り吸い込もう。この先ずっとずっとどこまでも、日常生活を忘れて歩き続けることができる。それだけで幸せに思える。

札所の納経所が閉まるのは17時。正午ごろに1番霊山寺《りょうぜんじ》に到着した場合はゆっくり歩いて5番地蔵寺《じぞうじ》、がんばれば6番安楽寺《あんらくじ》や7番十楽寺《じゅうらくじ》（→24ページ）まで行ける。前泊して朝から歩き始める場合でも、無理せずこの付近の宿や宿坊に泊まるといい。野宿派の人も宿に泊まることをおすすめする。初日から寝場所が決まっていないのは想像以上に不安が大きいし、そもそもこのあたりは住宅街で野宿スポットがあまりないのだ。

行程マップ

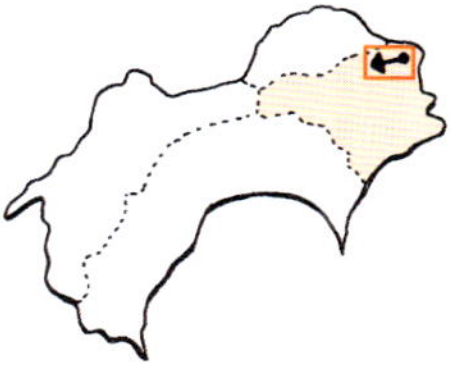

縦断図

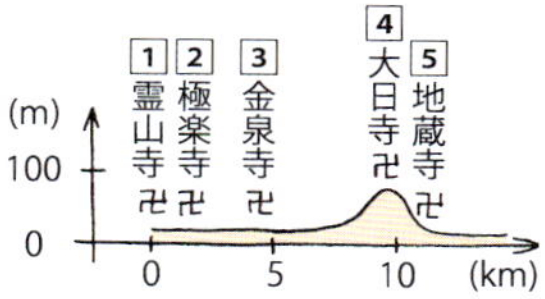

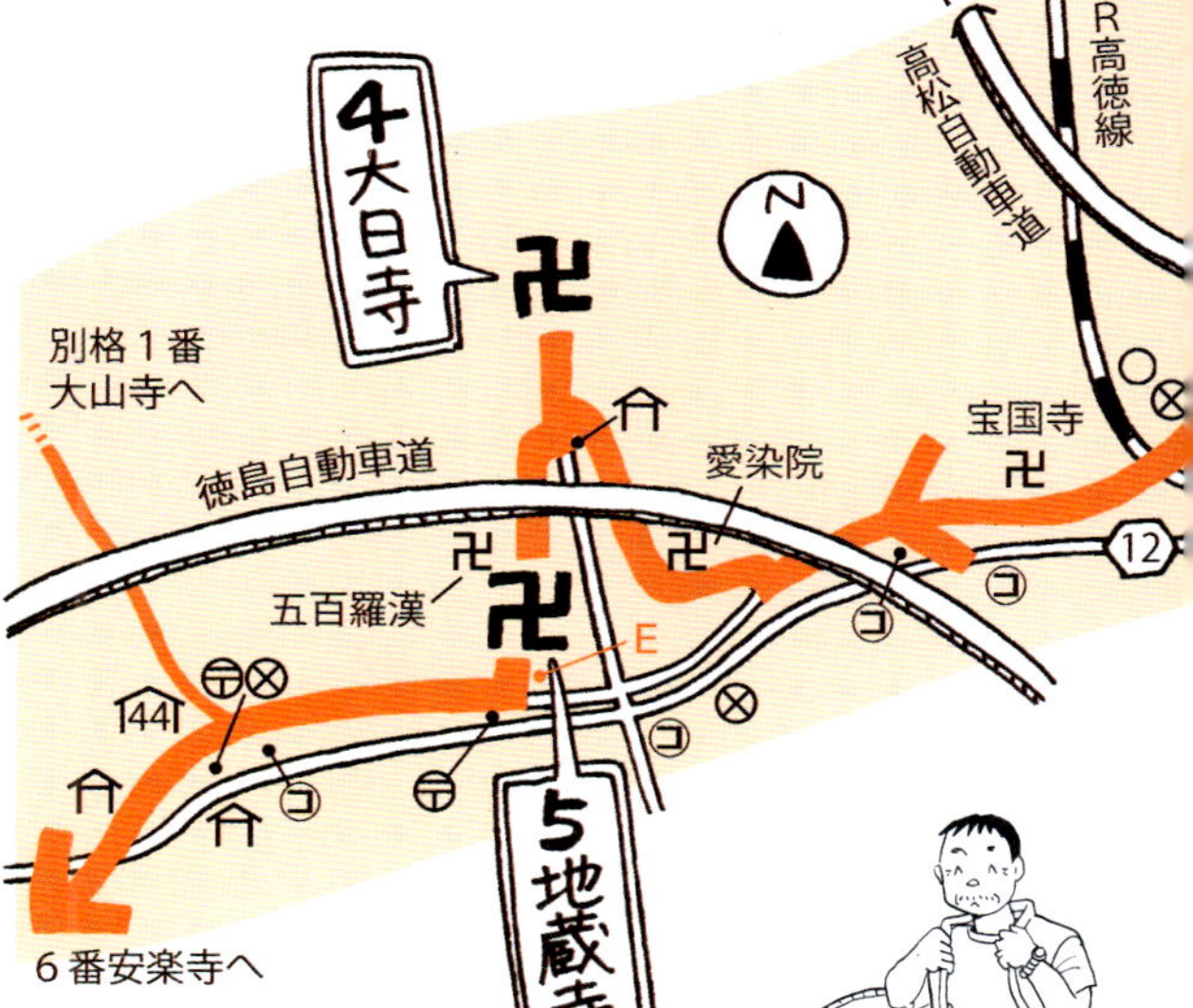

札所と宿

1 霊山寺 088-689-1111	2 極楽寺 088-689-1112	5 地蔵寺 088-672-4111
A 観梅苑 088-689-0697	3 金泉寺 088-672-1087	E おんやど森本屋 088-672-3568
B 料理・旅館 大鳥居苑 088-689-3523	D 旅人の宿 道しるべ 088-672-6171	
C お遍路ハウス一番門前通り 090-5096-1859	4 大日寺 088-672-1225	

1番霊山寺までの交通手段

関西（大阪、神戸、京都）方面からは淡路島経由の高速バスが便利。高松駅行きのバスに乗り、鳴門西で下車するか、徳島駅行きのバスに乗り、終点の徳島駅からJRに乗り換えて、高徳《こうとく》線の板東《ばんどう》駅まで行く。どちらの場合でも、霊山寺までは徒歩10～20分程度で着く。

電車利用の場合は、岡山県から瀬戸大橋経由で四国入りすることになる。そのほか、飛行機（徳島阿波おどり空港）やフェリー（徳島港）などの手段もある。

いずれにしても、海を渡って四国に上陸するときの旅情は格別だ。

1番霊山寺
これからお遍路を始める不安な人、結願《けちがん》後にお礼参りに再訪して涙する人、色々な思いが集まる場所である。

2番極楽寺《ごくらくじ》
境内には弘法大師《こうぼうだいし》お手植とされる「長命杉」がある。

発心《ほっしん》の地、徳島の穏やかな町並み。

ここにも注目!

コツ

道の選び方

旧道が遍路道に指定されていることが多く、車通りが少なくて歩きやすい。一方でコンビニなどの店は幹線道路に多いので、行ったり来たりして進むといい。

文化

道しるべシール

遍路道沿いの電柱などには、「へんろみち保存協力会」による赤色の矢印やイラストのシールが貼られており、迷子の不安なく歩ける。

番外霊場

大麻比古《おおあさひこ》神社

阿波国一の宮である大麻比古神社にお参りする人もいる。霊山寺から片道約1キロ。道中の安全祈願をしよう。

文化

お接待

四国遍路になくてはならない「お接待」。地元の人が食べ物や飲み物を施してくれる独特の文化である。お遍路さんを弘法大師とみなした一種の布施《ふせ》であるため、基本的には断ってはいけない。丁寧に感謝を伝え、お返しに納札《おさめふだ》を渡すのがならわしである。挨拶や道案内も無形のお接待だ。

初めての遍路は順打ちがおすすめ

お遍路の巡礼方法として、順打ち、逆打ち、1番以外の札所から始める、などの選択肢があるが、最もオーソドックスなのは1番札所からの順打ち。閏《うるう》年に逆打ちをすると功徳が3倍になるという話もあるが、初めての歩き遍路の場合、特にこだわりがなければ迷わず順打ちを選ぼう。

2日目 6 安楽寺〜11 藤井寺

徳島の清々しい景色に気づく

お遍路2日目。初日の緊張と疲れが出てなかなか起床できないかもしれない。早起き、荷造り、朝食、出発、とリズムがつかめてくるまで、しばらくがんばってみよう。

旧道をてくてく歩く。早朝の湿気を含んだ空気を吸い、田畑の緑を眺め、住民に道を尋ねる。「挨拶ってこんなに清々しいものだったんだな」そんな小さな幸せに気づく。

6番安楽寺から9番法輪寺《ほうりんじ》まではおおむね平坦な道のりだが、その次の10番切幡寺《きりはたじ》は小高い山の中腹に建っている。階段が333段もあり、重い荷物を持つ歩き遍路にとって最初の難所となる。階段を楽に上るコツは、腰から上はまっすぐのまま、足だけを一定のリズムで動かすこと。金剛杖にも体重を分散させるといい。

その後は、吉野川を越え、11番藤井寺《ふじいでら》へ。明日の登山、通称「へんろころがし」に備えてよくストレッチし、よく休もう。

札所と宿

A 民宿寿食堂	088-694-2024
6 安楽寺（宿坊）	088-694-2046
7 十楽寺（宿坊）	088-695-2150
B 越久田屋	080-8721-5615
8 熊谷寺	088-695-2065
9 法輪寺	088-695-2080
10 切幡寺	0883-36-3010
C 旅館八幡	0883-36-6186
D ビジネスホテル八幡	0883-36-1688
E 農家民宿 桜や	080-8106-1544
F HS JAPAN	090-2821-1307
G 米谷旅館（カネマン）	0883-25-2226
H あわらくや	0883-25-3699
I さくら旅館	0883-24-2404
J セントラルホテル鴨島	0883-24-8989
K 三笠屋旅館	0883-24-2511
L ビジネスホテルアクセス鴨島	0883-24-5050
M ビジネスホテルロードサイド	0883-22-1088
N GuestHouseチャンネルカン	0883-24-7059
O 旅館吉野	0883-24-1263
P お宿イレブン	080-2989-8070
11 藤井寺	0883-24-2384

行程マップ

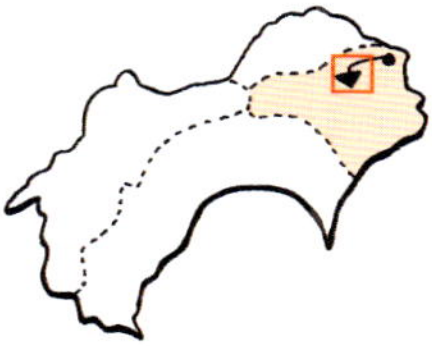

縦断図

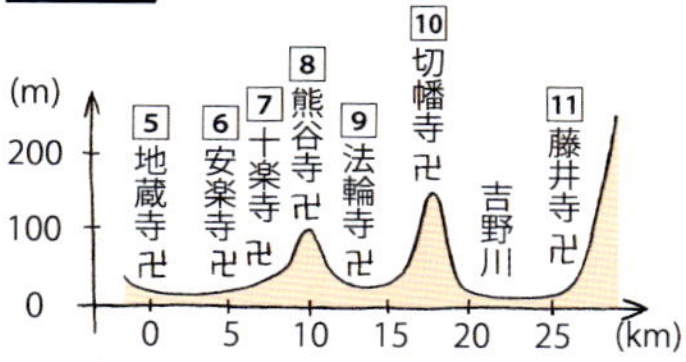
(m)
200
100
0
5 地蔵寺
6 安楽寺
7 十楽寺
8 熊谷寺
9 法輪寺
10 切幡寺
吉野川
11 藤井寺
0
5
10
15
20
25
(km)

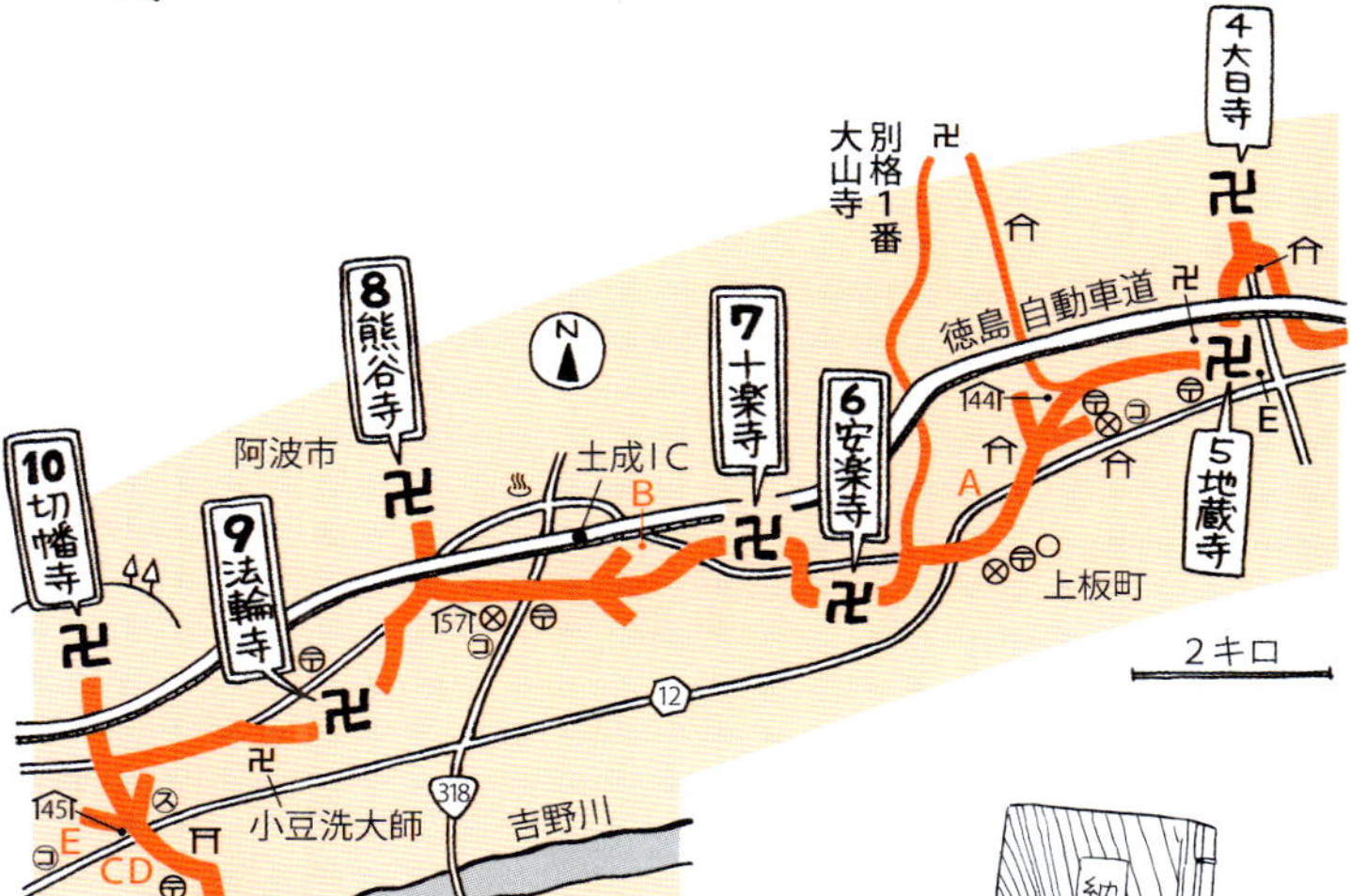
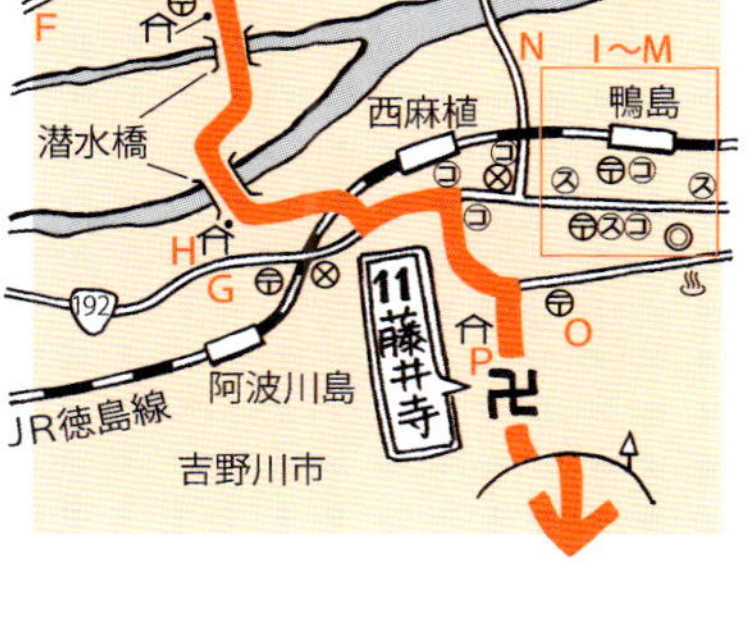
4 大日寺
別格1番 大山寺
徳島自動車道
5 地蔵寺
6 安楽寺
7 十楽寺
8 熊谷寺
9 法輪寺
10 切幡寺
11 藤井寺
阿波市
土成IC
上板町
2キロ
小豆洗大師
吉野川
潜水橋
西麻植
鴨島
I〜M
阿波川島
JR徳島線
吉野川市
A
B
CD
E
F
G
H
N
O
P
12
144
157
151
192
318

納経帳
経本

吉野川にて、地元からの応援メッセージ「お遍路さんいつまでもお元気で」に励まされる。

「へんろころがし」前日は藤井寺を打っておく

藤井寺の先は、歩き遍路最大の難所とも言われる険しい坂道の「へんろころがし」が待ち構えている。長丁場の登山となるため、体力に不安のある人は麓である藤井寺周辺に投宿し、翌日の早朝から登山を開始すれば時間的ゆとりが持てる。そのためには、夕方17時までに藤井寺に着き、納経《のうきょう》を済ませておくこと。間に合わない場合、翌朝の納経所が開く8時まで待機しなくてはならず、登山のスタートが遅くなってしまう。

なお、へんろころがしの途中にお店はない（水場はある）。前日のうちに、麓のコンビニやスーパーで昼食と飲み物、行動食や非常食の買い出しをしておくこと。特に野宿の人は夕飯と更にその翌朝の分まで、3食分以上買っておけば安心だ。

10番切幡寺

山に囲まれた境内は風情がある。門前には遍路用品店があるので、揃えていない装備品がある場合はここで購入しよう。

8番熊谷寺《くまだにじ》

仁王門は四国霊場最大級の大きさ。 境内にはアジサイが植えられており、梅雨時期に訪れると見事だ。

ここにも注目!

景色

旧道の田園風景

素朴だが気持ちの良い田園風景を楽しみながら歩く。よそ見ができる程度の気持ちのゆとりが大事。

宿

宿坊

6番安楽寺、7番十楽寺には宿坊《しゅくぼう》が併設されている。初日はここで一泊するのも良い。

自然

吉野川

欄干のない「潜水橋」を渡る。ここは、川幅が広いため中洲を挟んで橋が2つある。

コツ

うどん亭八幡

食事

食事はとれるときにとっておこう。空腹時に近くにお店があるとは限らない。

宿の予約

電話で宿の予約をする際は「もしもし、歩き遍路ですが」と最初に伝えるとやり取りがスムーズ。基本的には到達地点が読める1~2日先の宿を随時予約していくことになるが、GWなどの混雑する時期は早めの予約が必須となる。

なお、予約はなるべく前日までに行うこと。当日予約は宿の迷惑になるほか、夕飯の用意が間に合わず素泊まりでの対応となる場合がある。また、遍路宿は歩き遍路に合わせて早寝早起きなので、遅い時間の電話は避ける。

もしもし
歩き遍路ですが
今どこですか?
ああ~16時には
着くね
MAP
ドキドキ

徳島県編

3日目

12 焼山寺

歩き遍路最大の難所「へんろころがし」で力試し

早朝、藤井寺に立つ。登山口は本堂の左側、「焼山寺《しょうさんじ》みち」と彫られた石柱が目印だ。立て札の「健脚5時間　平均6時間　弱足8時間」という目安を参考に行程をイメージ。いざ、焼山寺に向けて登山開始！

「へんろころがし」が歩き遍路最大の難所と言われるのは、歩き慣れていない現代人が2、3日間の歩行で疲労したタイミングで登場する、初めての長い登山だからである。麓にある藤井寺から標高600メートルまで登ったあと、少し下って柳水庵《りゅうすいあん》。そこから745メートルの浄蓮庵《じょうれんあん》まで登ったら、今度は400メートルまで一気に標高を下げて、再び12番焼山寺のある700メートルまで登り返さなければならないという、過酷な道のりだ。

登山中は民家もほぼなく、当然地元住民との挨拶も立ち話もない。汗を流し、黙々と歩く孤独な時間。「もうダメかも」「5時間で登ってやるぞ」どんな考えが浮かぶだろうか。いずれにしても、このとき垣間見えた自分の思考の癖とは、旅の最後まで向き合うことになる。

札所と宿

12 焼山寺 088-677-0112	C 神山温泉ホテル四季の里 088-676-1117	F 軽井沢レジャーランド 088-678-0981
A お宿すだち庵 090-2677-8000	D コットンフィールド 088-676-0803	
B 旅館さくらや 088-676-0036	E 植村旅館 088-678-0859	

行程マップ

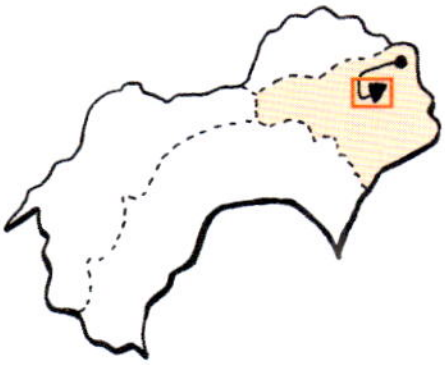

縦断図

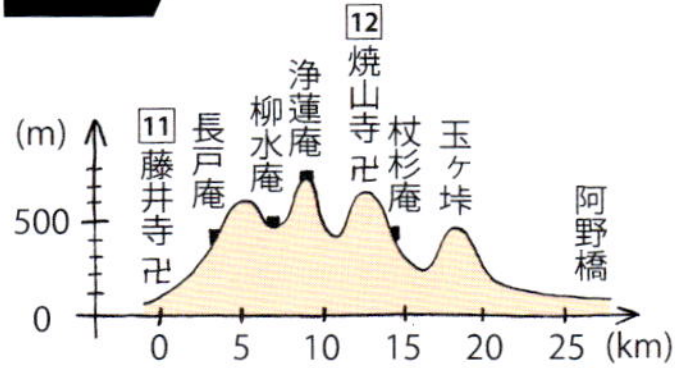
(m)
500
0
0
5
10
15
20
25
(km)
11 藤井寺 卍
長戸庵
柳水庵
浄蓮庵
12 焼山寺 卍
杖杉庵
玉ヶ垰
阿野橋

11 藤井寺
O
P
長戸庵
へんろころがし
柳水庵
浄蓮庵
焼山寺山
12 焼山寺
杖杉庵
A
玉ヶ垰
136
245
31
20
E
鏡大師
43
B
神山町
鮎喰川
20
C
D
善覚寺
道の駅
温泉の里神山
438
鬼籠野
21
207
13番大日寺へ
13番大日寺へ
阿野橋
F
別格２番
童学寺へ
2キロ

自分の体力と相談して宿を決める

「へんろころがし」に安心して挑むための準備として、宿の予約は重要である。体力に自信のない人や焦りたくない人、遅い時間から登り始める人は、焼山寺近くの宿へ。それ以外の人はもう少し先の宿まで足を延ばしてもいい。体力消耗や怪我、道迷いで到着が遅くなりそうな場合は、宿の人が心配しているので、必ず電話で一報入れること。

野宿については、明確な野宿ポイントは意外と無い。神山の道の駅、玉ケ垰《たまがたお》の庵、神山ヘンロ小屋（36号）はいずれも野宿不可である。筆者は鮎喰《あくい》川の川原でテントを張ったことがあるが、増水の危険もあるので悪天候時は避けること。野宿に慣れていれば山際のちょっとした死角の茂みを見つけて寝ることは可能。ただ、お遍路3日目の段階では少し難易度が高いかもしれない。有料のキャンプサイトであれば「コットンフィールド」や、少し遠くなるが「軽井沢レジャーランド」がある。

へんろころがし登山口
藤井寺の本堂の左側に登山口がある。お寺の駐車場でトイレを済ませてから出発しよう。

12番焼山寺
太い杉の木が並び、荘厳な雰囲気が漂う。さらに30分ほど登ったところに奥の院もある（焼山寺山の山頂）。体力が残っている人はぜひ。

登山道はよく整備されている。土を踏む柔らかい感触が、足には優しく感じられる。

ここにも注目!

景色

吉野川方面を望む

長戸庵《ちょうどあん》の少し先にある絶景ポイント。吉野川を挟んで向かいの山には切幡寺も見える。ベンチがあるので小休止しよう。

番外霊場

浄蓮庵

2つめのピークにある霊場。標高745メートル。巨大な一本杉と大師像が出迎えてくれる。

伝説

衛門三郎《えもんさぶろう》

杖杉庵《じょうしんあん》は、四国遍路の元祖とされる伊予の貪欲な長者、衛門三郎の最期の地である。

景色

鮎喰川

鮎喰川の水のきれいさに息をのむ。玉ヶ垰ルートは体力は使うが、峠の先の景色が素晴らしいのでおすすめ。

休憩ポイント

「へんろころがし」の途中には休憩ポイントがいくつかある。登山口から長戸庵までは約1時間半。2時間で展望のある休憩所。3時間半で柳水庵。4時間半で浄蓮庵。そして6時間で焼山寺、が目安となる。柳水庵には水場あり。トイレは各庵にあるが、長戸庵は女性専用のみ。

徳島県編

4日目

13 大日寺 → 17 井戸寺

徳島市街地は札所がいっぱい！

「へんろころがし」踏破のあとに待っているのは、長い長い下り坂。ここで注意してほしいのは足のマメ対策だ。マメは下り坂でできやすい。蒸れた足が靴の中で滑ってしまうからである。1時間に一度は必ず靴下を脱いで、足を乾燥させると予防になる。

山から下りきると、徳島市に入る。13番大日寺《だいにちじ》、14番常楽寺《じょうらくじ》、15番国分寺《こくぶんじ》、16番観音寺《かんおんじ》、そして17番井戸寺《いどじ》と札所が密集しており、慌ただしく参拝。

そろそろ顔見知りの歩き遍路仲間ができた頃だろうか。長い旅の道中、抜きつ抜かれつ、仲間意識が芽生えてくる。縁のある人とは3度会うという話もある。交流もまた歩き遍路の楽しみのひとつだ。

仲間と一緒に徳島ラーメンを食べに行くのもいいかも！

- N ハイパーインホテル越久 088-623-6081
- O アグネスホテルプラス 088-655-1212
- P ホテルグランドパレス徳島 088-626-1111
- Q アグネスホテル徳島 088-626-2222
- R ホテルサンルート徳島 088-653-8111
- S スマイルホテル徳島 088-626-0889
- T ホテルフォーシーズン 088-622-2203
- U JRホテルクレメント徳島 088-656-3111
- V 昴宿よしの 088-654-2255
- W 阿波観光ホテル 088-622-5161
- X はやし別館 088-622-9191
- Y HOSTEL PAQ Tokushima 088-679-8990
- Z 徳島ステーションホテル 088-652-8181
- あ アパホテル<徳島駅前> 088-655-5005
- い ホテルアストリア 088-653-6151
- う ホテル千秋閣 088-622-9121
- え hostel Coliberty 090-5196-7396
- お ビジネスホテルパレス21 088-655-0021
- か タウンホテル千代 088-653-6221
- き ホテルたいよう農園徳島県庁前 088-655-5151
- く ビジネスホテルコスモス徳島 088-622-2001
- け センチュリープラザホテル 088-655-3333

行程マップ

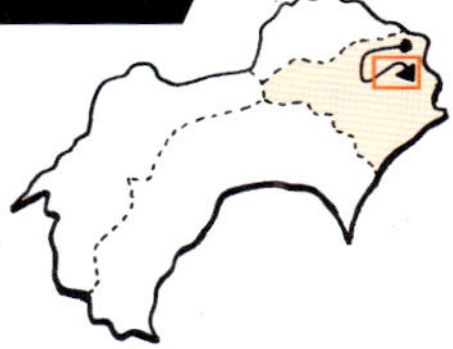

縦断図

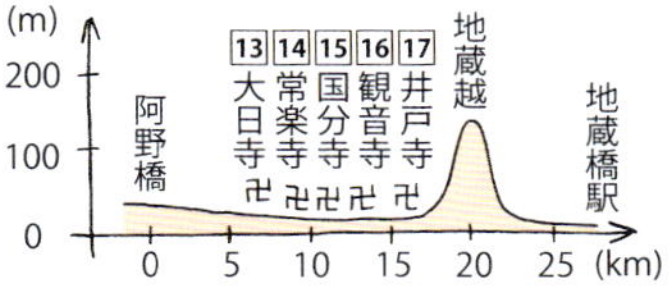

札所と宿

13 大日寺（宿坊） 088-644-0069	C 鱗楼 088-642-4337	H 宿屋ひわさ 088-661-1381
A かどや旅館 088-644-0411	D おんやど松本屋 088-642-3772	I ビジネスホテルアバァンティ 088-654-5550
B 名西旅館 花 088-644-0025	E 松の屋旅館 088-674-2421	J アルファホテル徳島 088-655-0222
14 常楽寺 088-642-0471	17 井戸寺 088-642-1324	K 徳島ワシントンホテルプラザ 088-653-7111
15 国分寺 088-642-0525	F ゲストハウスOGAGA 090-1326-4030	L セルフイン徳島東船場 088-626-0818
16 観音寺 088-642-2375	G ホテルサンシャイン徳島 088-622-2333	M ハイパーイン徳島両国橋 088-625-1288

ツアー遍路の団体と同じタイミングで参拝することもある。

都会だからできること

徳島市中心部なだけあって、店が充実している。遍路道や道しるべは気にせず、寄り道して、装備や道具の買い物をしたり不要物を家に送り返したりと、一度荷物の点検・整理をしよう。

また、徳島駅から一旦帰宅する人もいる。要は吉野川流域を小さく一周する、3～4日間のお試しプチ遍路だ。これで様子が分かったら、後日改めて続きを歩けばいい。

宿は札所付近に民宿があるほか、市街地ルートに進めばホテルが多数ある。眉山《びざん》裏側の地蔵越ルートは、標高140メートルの軽登山。野宿ポイントは探せばある。夕飯は手前で調達しておこう。

13番大日寺

合掌する大きな両手の中に観音像が入った「しあわせ観音」が目を引く。明治の神仏分離以前は、道路の向かいの一宮《いちのみや》神社が札所だった。

14番常楽寺

境内には岩盤が露出しており、「流水岩の庭」と呼ばれている。

ここにも注目!

注意

少し危ない県道21号

歩道が狭く、車と接触しそうな場所があるので注意。金剛杖を道路と反対側に持てばお互いに安心。

伝説

おもかげの井戸

井戸寺には、弘法大師が錫杖《しゃくじょう》で掘ったという井戸がある。井戸を覗いて自分の姿が映れば無病息災とのこと。

グルメ

徳島ラーメン

徳島のご当地グルメ。醤油豚骨の濃厚なスープに、甘辛い味付けの肉や生卵がのる。遍路道付近に有名店多数あり。

ルート

地蔵越

所々で勾配が急なところもあるが、林内の歩行は気持ちいい。騒々しい都会歩きを避けたい人にはおすすめ。

ありがたや、コインランドリー

野宿遍路に無くてはならないのがコインランドリー。マナーとしても衣類の最低限の清潔さは保ちたい。見かけたら入店する習慣をつけよう。洗剤は自動投入式のところが多い。

徳島県編

5日目 18 恩山寺 → 19 立江寺

徒歩だから見える景色

もう何日歩いているだろう。筋肉痛だって足のマメだってある。こんなに毎日歩き続けたことは、これまでの人生で一度もない。でも人間は意外と慣れる生き物で、こんな日々も今ではすっかり日常として感じられるようになってきた。

一方で、普段なら目に留めないものにも気づくようになった。足元の虫、沿道の草花、人々の生活風景、太陽の温かさ。立ち止まれるのが歩き旅の良いところだ。現代生活では味わえない、このゆっくりな古典的な行為に没頭していると、昔の人の気持ちが少し分かってきたかも……？

徳島市を過ぎたあとは、18番恩山寺《おんざんじ》と19番立江寺《たつえじ》を続けて打つ。井戸寺から恩山寺までは17キロも離れており、焼山寺から大日寺までの距離より少し短いくらい。ただし交通量の多い都会の市街地を歩くので、自然の中の美しい山や川の景色を楽しめるわけではなく、少々忍耐が必要。いっそのこと、都会らしくお店に寄ったり買い物をしたりして、便利さを楽しむといい。

目指す恩山寺は木々に囲まれ、風情のあるお寺だ。がんばろう！

札所と宿

A 民宿ちば 0885-33-1508	19 立江寺（宿坊） 0885-37-1019	E 金子や 0885-42-2721
18 恩山寺 0885-33-1218	C ファンファーム 0885-37-3022	F みかんの宿 090-1324-8952
B 鮒の里 0885-37-1127	D きちん宿 お鶴 090-3183-8155	G ふれあいの里 さかもと 0885-44-2110

行程マップ

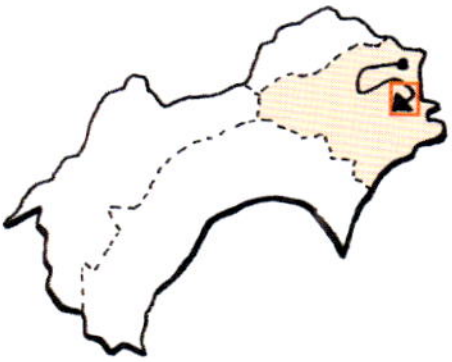

縦断図

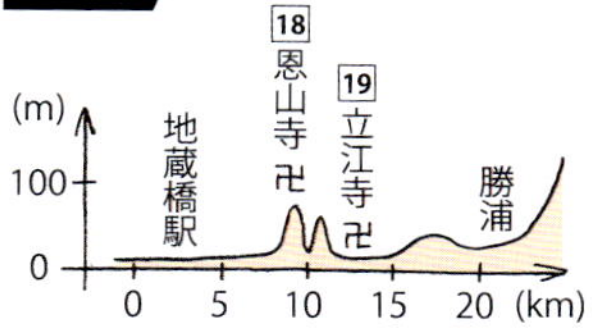
(m)
100
0
地蔵橋駅
18
恩山寺
19
立江寺
勝浦
0
5
10
15
20
(km)

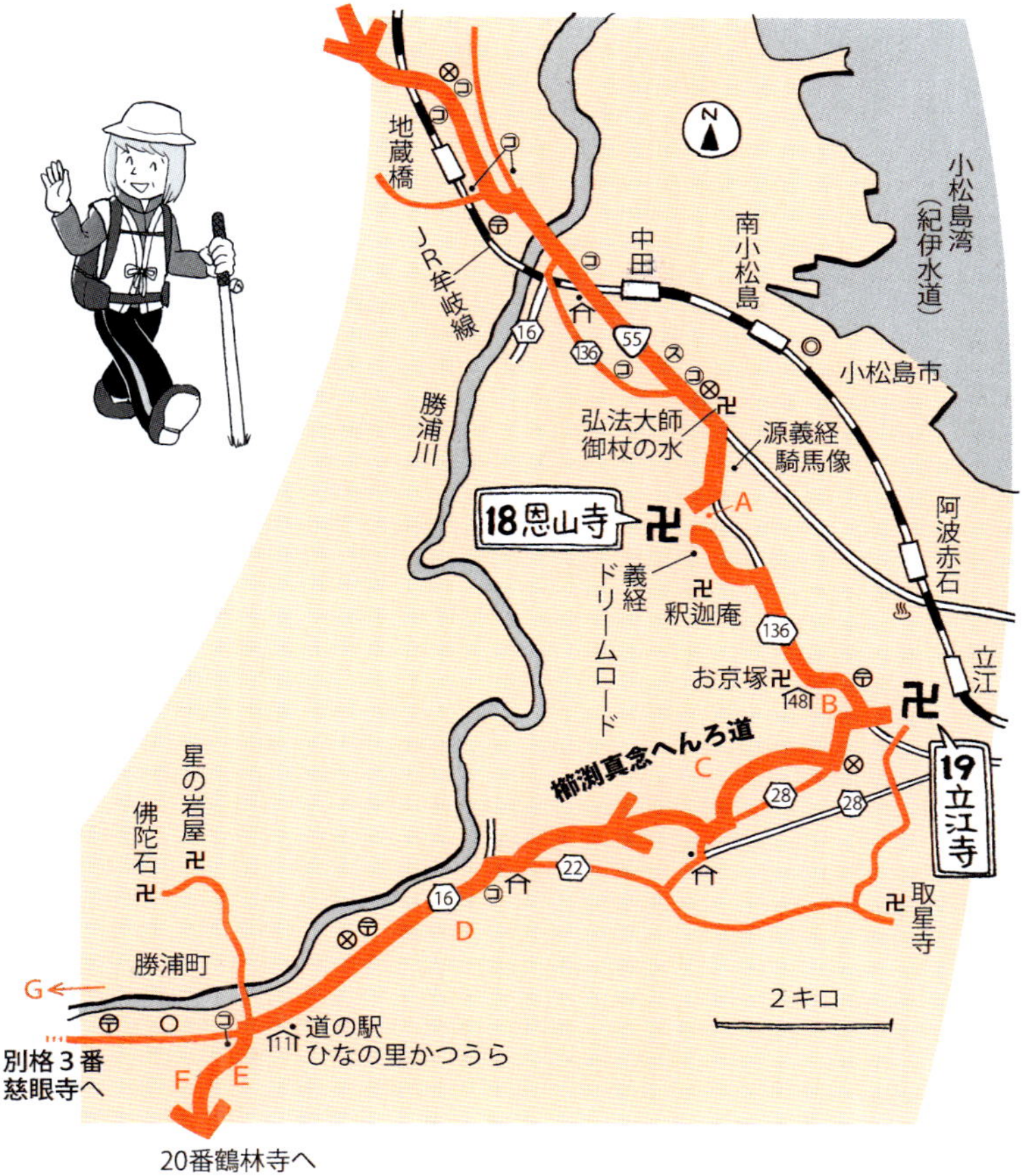
地蔵橋
JR牟岐線
中田
南小松島
小松島湾（紀伊水道）
小松島市
16
136
55
勝浦川
弘法大師御杖の水
源義経騎馬像
18恩山寺
A
阿波赤石
義経ドリームロード
釈迦庵
136
お京塚
148
B
立江
19立江寺
椨渕真念へんろ道
C
28
28
22
16
D
取星寺
星の岩屋
佛陀石
勝浦町
G
2キロ
道の駅
ひなの里かつうら
別格３番
慈眼寺へ
F
E
20番鶴林寺へ

交通量の多い道路を歩くのはツライ！

徳島市から小松島市に抜ける国道55号は、片側2車線の大きな道路だ。車のために作られた道を歩くのはどうも徒労感があるし、なんとなく場違いな気分にもなる。しかし、さすがは四国。勝浦川を越えた少し先の道路脇に遍路のための休憩所がある。屋根の下でありがたく休んでいこう。

国道歩きを避けたい場合は、勝浦川を渡ってすぐ、県道136号に右折する。また、19番立江寺の先にも「櫛渕真念《くしぶちしんねん》へんろ道」という古道があり、雑木林や竹林などの中を通るとても気持ちいい道なのでぜひ歩きたい。

古道の先から勝浦町に入る。勝浦川に沿って県道を進むと道の駅に到着。ここから先は登山となる。この周辺で宿をとるか野宿して、翌日の朝一番に登り始めるとよい。

19番立江寺
春は境内のしだれ桜が見事だ。

18番恩山寺
山門ではビランジュという巨木がお出迎え。

交通量の多い国道55号を通る。

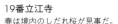

ここにも注目!

歴史

義経ドリームロード

ここ小松島市は、かつて源平合戦の屋島の戦い（香川県）の際に、源義経が上陸した地である。その道が「義経ドリームロード」として遍路道になっている。恩山寺手前の旗山には騎馬像もある。

ルート

櫛渕真念へんろ道

立江寺のすぐあとにある古道。真念法師が建てた道しるべ石が残っている。真念とは、江戸時代に『四國邊路道指南《しこくへんろみちしるべ》（改版本:四國徧禮道指南）』という今で言うガイドブックを作り、四国遍路文化の発展と普及に大きな影響を与えた僧である。

施設

道の駅ひなの里かつうら

20番鶴林寺《かくりんじ》への登山口の最寄りにある道の駅。ここで休憩と食料の買い出しをしよう。近くにはコンビニもある。

おすすめ番外霊場 2ヶ所

道の駅から北へ小一時間登ると星の岩屋という霊場（立江寺の奥の院）がある。樹木や岩に直接彫られた不動明王や、裏側に入れる裏見の滝などがあり、真念の『四國徧禮道指南』にも「霊場目をおどろかす　かならず立よらるべき所也」との記述がある。

また、道の駅から西へ2時間半ほど歩くと別格3番慈眼寺《じげんじ》がある。ここには穴禅定《あなぜんじょう》といって、身体をひねってようやく通れる程度の狭い鍾乳洞をローソクの明かりだけでくぐり抜ける修行場がある。（1週間前までに要予約、冬期閉鎖）

徳島県編

6日目 20鶴林寺→22平等寺

へんろころがし、再び！

「一に焼山、二にお鶴、三に太龍」。20番鶴林寺、21番太龍寺《たいりゅうじ》は、焼山寺と同じく「へんろころがし」、つまり難所である。どちらの札所も山の上にあり、それぞれ標高500メートル程度の軽登山だが、鶴林寺のあと一旦麓まで下り、再度太龍寺まで登り返すのが大変。必ず勝浦町の道の駅やコンビニで食料を用意してから挑もう。

現地の看板によれば、ここの山道は「阿波遍路道」として国指定史跡となっている。道の脇には古い道しるべ石や、お寺までの距離を示す丁石《ちょういし》が多く見られるほか、石畳もある。

どちらのお寺もいかにも山寺という荘厳な雰囲気が立ち込め、深く感じ入るものがあるだろう。鶴林寺の山門の迫力には圧倒されるし、太龍寺の境内は縦横に広く、堂塔も多く、草花や樹木の手入れもよくされている。奥の院である舎心ケ嶽《しゃしんがたけ》は若き日の空海が修行したとされる霊場で、10分ほどで行くことができる。見晴らしも良い。必ず立ち寄りたい場所だ。

太龍寺を下山したあとも、大根峠《おおねとうげ》を越えて22番平等寺《びょうどうじ》までアップダウンが続く。もうひと踏ん張りがんばろう。

札所と宿

- 20 鶴林寺 0885-42-3020
- A 果樹オーナーの宿 碧 0884-25-0267
- 21 太龍寺 0884-62-2021
- B 民宿ほたるの宿 090-4506-4506
- 22 平等寺（宿坊） 0884-36-3522
- C ビジネス旅館えもと 0884-26-0052
- D 山茶花 0884-36-3701
- E 民泊 日の丸商店 0884-36-2017
- F 民泊 パンダヤ 090-1573-6581
- G 体験民泊とまこ 080-3836-2028

行程マップ

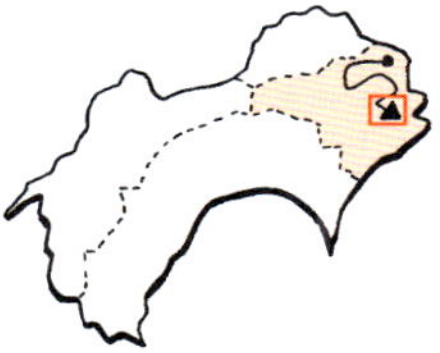

縦断図

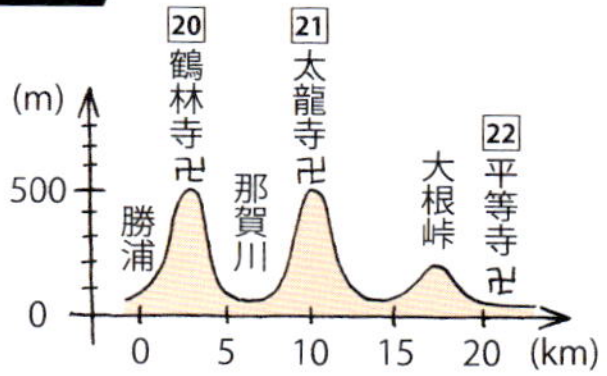

太龍寺ロープウェイから見下ろす那賀川。

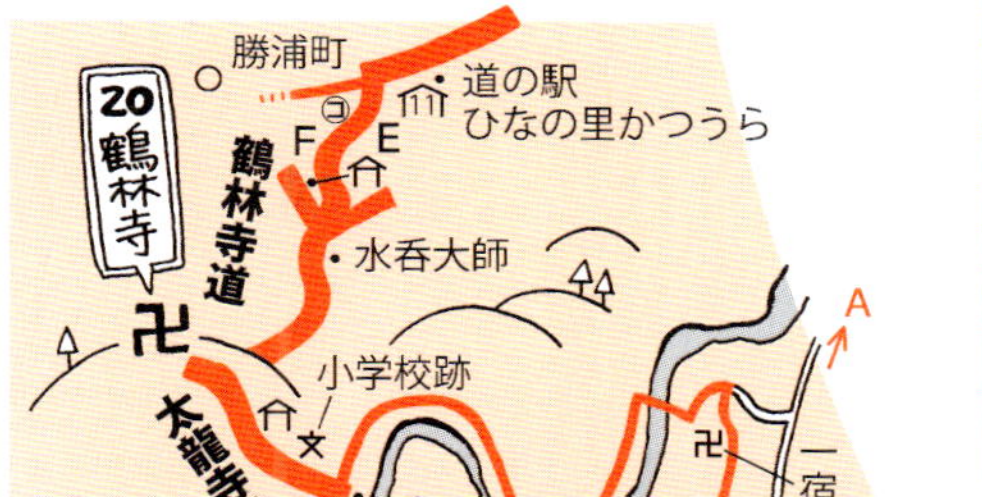

「阿国大滝嶽に躋《のぼ》り攀《よ》ぢ」（空海著『三教指帰《さんごうしいき》』797年）の記述にあるように、太龍寺奥の院である舎心ヶ嶽は空海修行の地とされる。

歴史を感じる遍路道

太龍寺の前後はルートが複数ある。まず登山時は、那賀《なか》川にかかる水井《すいい》橋を渡ったあとまっすぐ登る「太龍寺道」が一般的なルートだが、東側の尾根から登る古道「かも道」が近年復元されている。大きく迂回することになるので距離は長くなるが、こちらも中世の丁石が多数残る歴史の道である。麓の一宿寺《いっしゅくじ》が登山口だ。

下山時は、これまた復元された古道「いわや道・平等寺道」がおすすめ。雨天時は無理せず、東側から車道を下る。そのほか、南側に抜ける「中山道」、更にはロープウェイで下りる手もある。

なお、那賀川に橋ができる1965年以前は、舟渡しを利用していた。雨で増水するとここで足止めを食らっていたようである。

22番平等寺

早朝に鶴林寺に登り始めれば、夕方には平等寺に着く。

21番太龍寺

境内には杉の巨木が立ち並び、非常に風情がある。

ここにも注目!

文化

あ・うんの鶴

20番鶴林寺の山門と本堂には、左右2体の鶴の像がある。くちばしの開閉で「あ・うん」の表情がつけられている。

歴史

中務茂兵衛《なかつかさもへえ》建立の道しるべ

鶴林寺から下山したところに古い石の道しるべが残っている。これは江戸後期〜大正時代に歩き遍路を生涯続けた中務茂兵衛によるもの。人差し指で方向を示すイラストが彫られている。

施設

小学校跡

廃校となった小学校が開放されており、トイレを利用できる。

自然

那賀川

鶴林寺と太龍寺の間を流れる大きな川。橋の手前に自動販売機があり、ここで水分補給できる。

荷物になるが、自炊は便利！

登山用の調理器具とインスタント食品があれば、温かい食事がいつでもとれる。写真は早茹でスパゲッティにパスタソースと魚肉ソーセージを混ぜたもの。非常用に数食分ストックしておこう。水を常備しておくこと。

7日目

23 薬王寺

美しい海を前に、心はどう揺れるだろう？

平等寺を背に南下し、再び山奥へ向かっていく。国道沿いのトンネルとトンネルの間にヘンロ小屋（4号）があるので、靴を脱いで休憩しよう。前日の登山で足が悲鳴をあげているはずだ。

その先は県道に折れ、由岐坂峠《ゆきさかとうげ》を越えると、田井ノ浜《たいのはま》ではじめて海と対面することとなる。波の音、潮の風。砂浜に座り、静かな時間が過ぎてゆく。出発してからだいたい1週間。経験したことのない日々、出会いを振り返り、さまざまな思いが行き交う。

徳島県最後の札所である23番薬王寺《やくおうじ》は高台に建っている。階段を上った先にある境内からは、おだやかな日和佐《ひわさ》の町と海がよく見える。

さて、次の札所は高知県、室戸岬にある24番最御崎寺《ほつみさきじ》だ。75キロも離れている。途方もない数字に一瞬たじろいでしまう。「徳島一国参り」完了ということにして、キリよくここで区切って一旦帰ろうかな……。鉄道やバスがあって再開時のアクセスもいいしなあ……。

いやいや、先へ進もう！　がんばろう、いざ、遥かなる室戸岬へ！

札所と宿

A 橋本屋旅館 0884-78-0033	E ホテル白い燈台 0884-77-1170	I きよ美旅館 0884-77-0550
B 民宿ゆき荘 0884-78-0513	F お宿日和佐 080-9830-3920	J 壱 THE HOSTEL 070-4412-5317
C 民宿明山荘 0884-78-1717	G B&B m4 080-6179-6261	K ビジネスホテルケアンズ 0884-77-1211
D 民宿樹園 0884-78-1695	H 御料理 宿泊 ふなつき 0884-77-0168	23 薬王寺 0884-77-0023

行程マップ

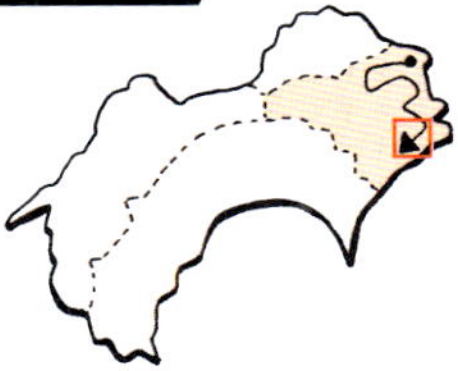

縦断図

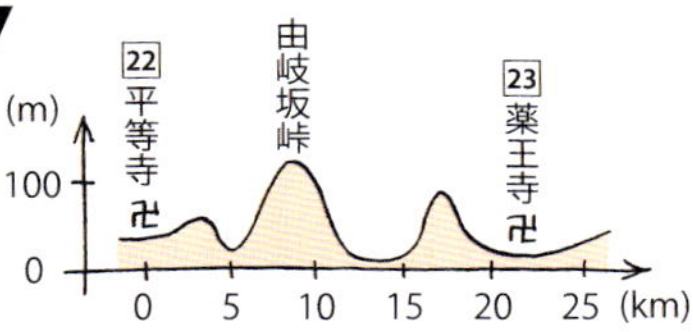
(m)
100
0
0 5 10 15 20 25 (km)
22 平等寺
由岐坂峠
23 薬王寺

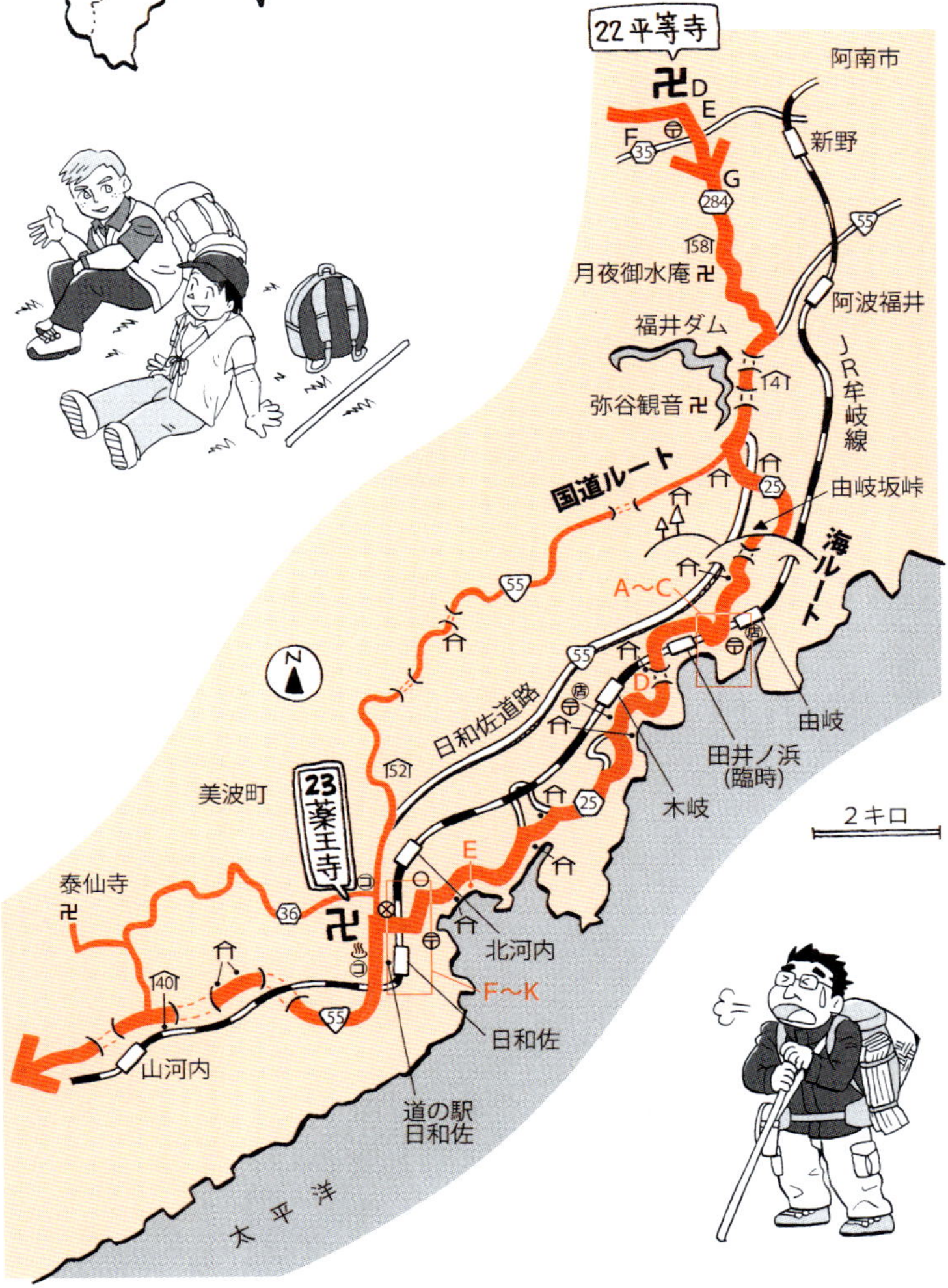
22 平等寺
阿南市
新野
月夜御水庵
福井ダム
弥谷観音
阿波福井
JR牟岐線
国道ルート
由岐坂峠
海ルート
A～C
D
由岐
田井ノ浜(臨時)
木岐
日和佐道路
美波町
23 薬王寺
泰仙寺
E
北河内
F～K
日和佐
山河内
道の駅日和佐
2キロ
太平洋

国道を選ぶか 海を選ぶか

福井ダムを過ぎるとルート分岐がある。山間の国道55号をそのまま進むか、由岐坂峠を越えて海沿いに進むか。本書では後者をおすすめする。道がくねくねとしており国道ルートよりも距離が3キロほど長くなるが、輝く海を真横に見ながら歩けば、自然と足取りも軽くなる。

なお、食料や飲み物は由岐や木岐《きき》にある商店、スーパーなどで必ず購入すること。それ以外の場所には何もなく、うっかりすると日和佐まで空腹とのどの渇きに耐えなければならなくなる！

23番薬王寺
徳島県最後の札所。長い階段は「女厄坂」「男厄坂」と名付けられており、思っているより足が疲れる。隣に日帰り温泉「薬王寺温泉」あり。

田井ノ浜
夏場は海水浴場として賑わう。海の透明度は抜群。浜に寝転び、しばし休憩しよう。すぐそばにある田井ノ浜駅は、夏の間のみ営業の臨時駅。

波の音を聞いてぼやーっと休憩するひととき。

ここにも注目!

自然

ウミガメの町

美波町《みなみちょう》はウミガメが有名で、大浜海岸には産卵のため上陸する。時間があれば「日和佐うみがめ博物館カレッタ」にも立ち寄ろう。

施設

道の駅日和佐

日和佐駅や薬王寺のすぐそばの好立地。付近にはコンビニほか飲食店も多い。次の牟岐町《むぎちょう》までの山越えに備え、買い物をしておこう。

グルメ

すだちサイダーとすだちソーダ

徳島名物のすだちを使った、ご当地ドリンク。歩き疲れた体に、酸味と炭酸がシュワッとしみる。高知県に入るまでに一度はぜひ飲んでおこう。

津波注意！

南海トラフ巨大地震に備え、海沿いには津波避難場所を指示する看板が建てられている。通る際によくチェックし、緊急時は速やかに高台や避難場所に向かうこと。

徳島県編

8日目 24 最御崎寺へ ～その1～

山へ、海へ 目指すは遥かなる室戸岬！

薬王寺のあと2、3日間は、札所が無くひたすら歩くのみ。参拝しないのは巡礼旅らしくないと思うかもしれないが、むしろ逆である。自分と向き合う時間が生まれ、それは言い方によっては暇な時間でもあるけれど、それぞれが抱えるものを消化していくための大切な時間だ。あるいは、足腰が痛すぎて何も考えられないかもしれない。

八十八ヶ所の札所は無いものの、番外霊場はある。小松大師《こまつだいし》や草鞋大師《わらじだいし》のほか、別格4番鯖大師《さばだいし》は立派なお寺なので参拝してみよう。こういった霊場は参拝の対象であるとともに、休憩ポイントともなる。黙々と歩いていると、ついつい休むのを忘れてしまいがちなのだ。

足のマメの調子はどうだろうか？ 足裏の様子を観察し、マメが膨れているならその都度、水を抜いておこう。

札所と宿

A 牟岐へんろ宿南天 090-4026-5889	I ゲストハウスふくちゃん 090-1939-0180	P パビリオンサーフ&ロッジ 0884-76-3277
B 民宿杉本 0884-72-0237	J あさま屋 090-1967-2920 / 090-7620-0706	Q ルロクラシック 090-4785-9510
C しらきや 0884-72-0788	K 生本旅館 0884-73-1350	R ホテルリビエラししくい 0884-76-3300
D 内妻荘 0884-72-1674	L ホテル「宿」かいふ 090-4504-6002	S 辨天屋旅館 0884-76-2010
E 海山荘 0884-73-1326	M ふれあいの宿 遊遊NASA 0884-73-0300	T 愛宕旅館 0884-76-2037
F 大砂荘 OZUNA CAMP&LODGE 0884-73-0505	漁火の森公園キャンプ場 同上	U みつ佳 0884-70-1509
G 民宿大砂 0884-70-1265	N 波流月ゲストハウスIN NASA 080-6377-0011	V 民宿ぬしま 0884-76-2885
H まぜのおかオートキャンプ場 0884-74-3111	O はるる亭 0884-76-2282	W えびす 0884-76-2769

行程マップ

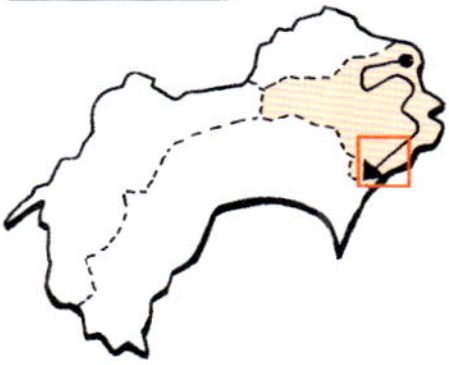

縦断図

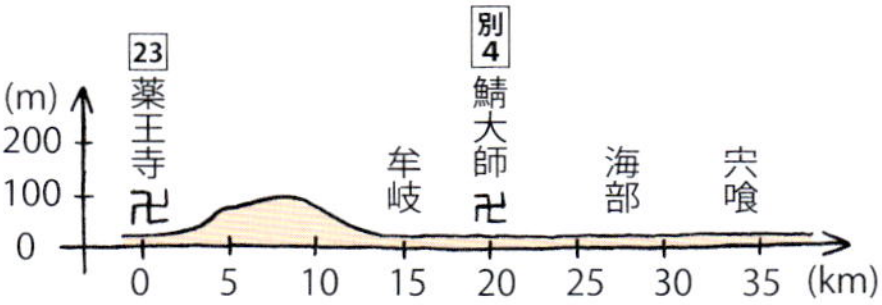
(m)
200
100
0
23 薬王寺
牟岐
別4 鯖大師
海部
宍喰
0
5
10
15
20
25
30
35
(km)

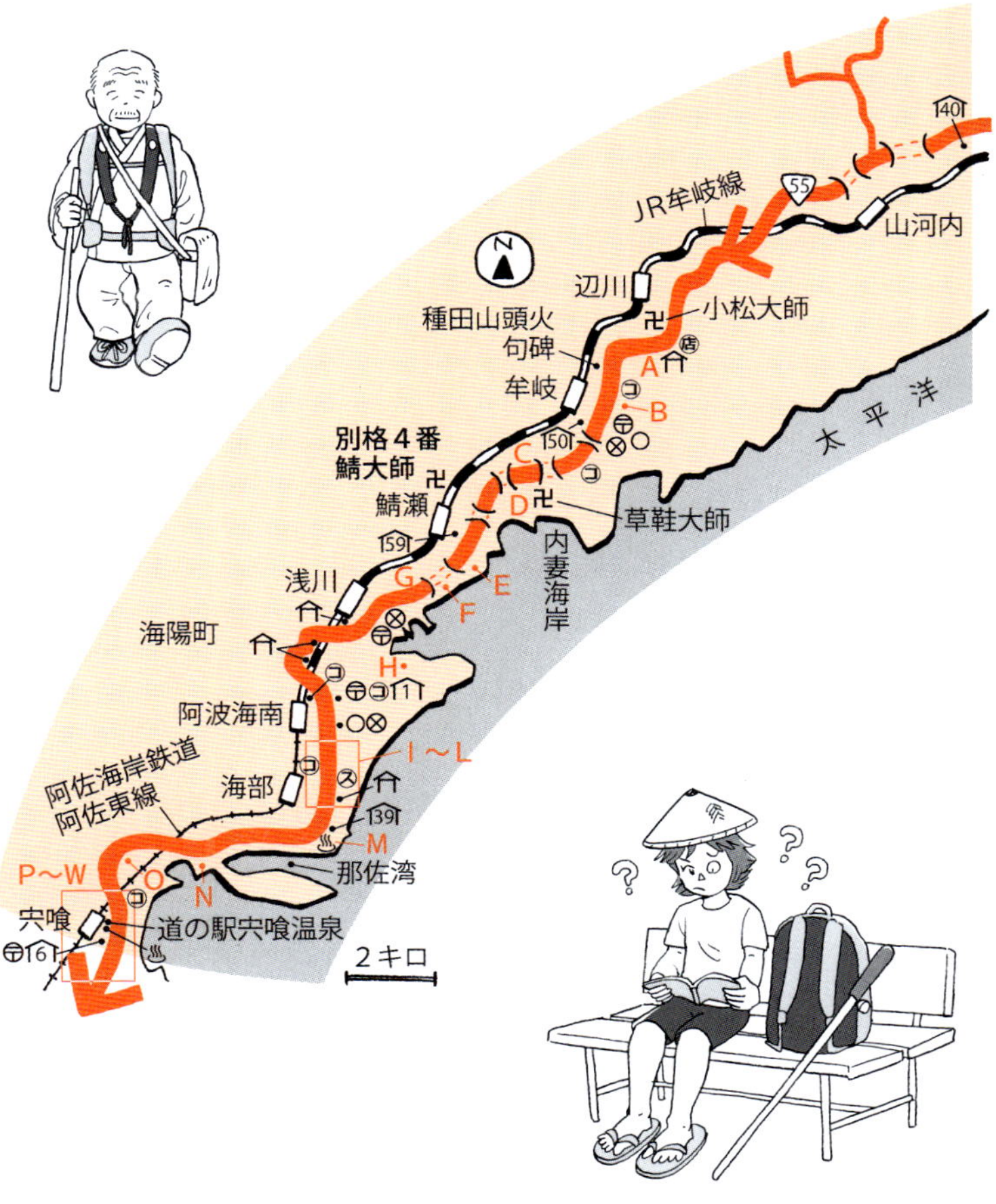
140
55
JR牟岐線
山河内
辺川
小松大師
種田山頭火
句碑
牟岐
A
B
150
C
D
草鞋大師
別格４番
鯖大師
鯖瀬
159
E
F
G
浅川
内妻海岸
太平洋
海陽町
H
11
阿波海南
I～L
海部
139
阿佐海岸鉄道
阿佐東線
M
那佐湾
P～W
O
N
宍喰
道の駅宍喰温泉
16
2キロ

那佐湾をゆく。海の間近を歩くのは開放感たっぷりだ。

ぜひ挑んでほしい75キロの道

しばらくは国道55号が遍路道である。薬王寺のあとは一旦海から離れて山間部へ入るが、牟岐駅を越えると再び海が見えるようになり、開放感が戻る。海辺に下りて休憩するのもいい。このあとはずっとずっと、海のそばを歩く。

最御崎寺までの札所の無い75キロはあまりに長く、不安に感じるからか、電車やバスでワープする人もいる。実際、しんどい道だ。しかし筆者が思うには、振り返ればこの区間こそが歩き遍路旅のハイライトである。一番歩き遍路らしい道である。

数日かけて室戸岬にたどり着いたときの達成感は、歩き通した人にしか味わえない。可能な限り、歩き通すことをおすすめする。

内妻海岸
このあたりはサーフィンの人気スポットである。海には大勢のサーファーの姿が見られる。

別格4番鯖大師
３年間鯖絶ちすると願い事がかなうとのこと。鯖と行基菩薩、弘法大師に関する伝説が残る。

ここにも注目!

文化

種田山頭火《たねださんとうか》句碑

自由律俳句の俳人、種田山頭火が四国遍路でここを訪れた際に詠んだ句が彫られている。

施設

ヘンロ小屋第1号

建築家の歌一洋《うたいちよう》氏主宰で、歩き遍路の休憩や仮眠のための小屋が四国各地に作られている。阿波海南駅前にある小屋はその第1号。トイレあり。(→202ページ)

交通

DMV(デュアルモードビークル)

鉄道でありバスでもある、線路と道路の両方を走る乗り物。阿佐《あさ》海岸鉄道が世界で初めて導入した。徳島県海陽町《かいようちょう》から高知県東洋町までの運行が基本で、加えて休日は室戸市まで1往復の運行もある。乗る際は、路線図や時刻表を確認すること。

海岸で石拾い

海岸にはさまざまな大きさ、形、色の石や貝があり、休憩ついでに石拾いが楽しめる。ただし、国定公園に定められている区間(室戸阿南海岸国定公園)では原則として動植物をはじめ石などの持ち帰りは禁止されている。

コラム

時速何キロで歩いている？

地図や道しるべに見られる「次の札所まで○○キロ」の表示。これをもとに所要時間を計算するには、自分の歩く速度を知っておく必要がある。

体力や荷物の量によって差はあるものの、標準的には、平地では時速4キロ、登山では時速2キロを目安とする。下山の速さはまちまちで、時速6キロ以上で駆け下る人もいれば、時速2キロで一歩ずつゆっくり下る人もいる。

時速が分かれば、一日に歩ける距離も分かる。朝から夕方まで平地を8時間歩くなら32キロ。登山を挟む場合はそれよりも短くなる。よって、おおむね20～30キロが日々の歩行距離の目安となる。早朝から日暮れまでノンストップで歩けば40～50キロ進むこともできるが、あまりおすすめしない。疲労や足の痛みが残り、結局翌日はあまり歩けなくなるからだ。（人間の限界を知るという意味では、一度くらいはチャレンジするのも良い経験にはなる）

そのほか、休憩、参拝、寄り道などの時間も考慮するのを忘れずに。

遍路仲間との距離感

歩き遍路を始めると、いろいろな人と出会う。年代や性別、国籍もさまざまで、長く辛いひとり旅の道中にあって、普段なら出会わないような人との交流は大きな楽しみだ。かけがえのない財産ともなる。ただし、最初はある程度の距離感を持つ方がいいだろう。

まず、会ったばかりの人をすぐ信用したり、自己開示しすぎたりしないこと。残念ながらお遍路や住民すべてが善人とは限らない。善根宿や野宿、宿の相部屋では財布や納経帳は肌身離さず持っておくこと。

反対に、相手のことを根掘り葉掘り聞かないこと。お遍路に来る事情は人それぞれであり、安易に触れないのが暗黙の了解となっている。もちろん、相手が語ってくれた場合は親身になって聞こう。聞いてもらうだけでも救われることがある。

お遍路に名刺を持ってくるな、という意見もある。これまでの肩書きや経歴はいったん捨てて、まっさらなひとりのお遍路として行動しよう。名前ではなく「お遍路さん」としてのみ扱われる気楽さや開放感は良いものである。

高知県編

海岸線に沿って歩く高知県は約400キロもの長丁場となるが、霊場は16ヶ所のみ。札所と札所の距離が離れ、時に3日かかることもあることから、歩き遍路にとって試練の地となる。

9日目
24 最御崎寺へ ～その2～

高知県編

海と山だけの道をゆく

トンネルを抜けて、高知県へ突入。東洋町《とうようちょう》野《の》根《ね》を過ぎると、いよいよ最果てムードが高まる。左手にはガードレール1枚だけを隔てて太平洋の大パノラマが180度に広がり、右手にはすぐ山の急斜面が壁のように立ち上がっている。集落ひとつ過ぎるとしばらく建物はなく誰もいない。BGMはかっ飛ばす車と太平洋の荒波だけ。そんなくじけてしまいそうな道が、室戸岬まで延々30キロ続く。平坦な道なのだが、かなり忍耐が必要という点で、「へんろころがし」以上の難所とも言える。

視界の遥か前方には岬が幾重にも重なって霞んで見える。本当に、あんな遠いところまで歩けるんだろうか？

大丈夫。一歩ずつ進み続ければ、いつか着くよ！

札所と宿

A 白浜キャンプ場 050-5482-3336	D 民宿いくみ 0887-24-3838	G 民宿ロッジおざき 0887-27-2065
B 東洋白浜リゾートホテル 0887-29-3344	E サウスショア 0887-29-3211	H 民宿徳増 0887-27-2475
C 民宿谷口 0887-29-3417	F 民宿南国苑 0887-29-3238	

行程マップ

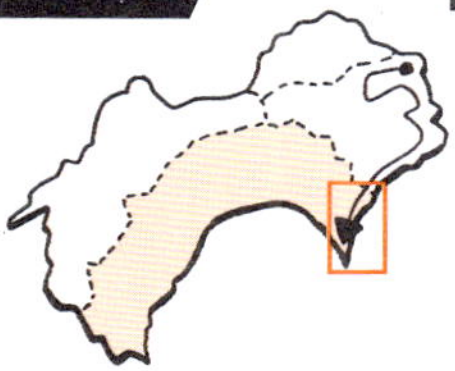

縦断図

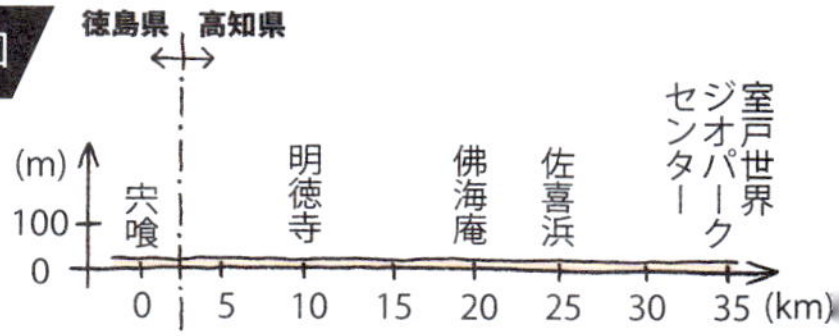
徳島県
高知県
(m)
100
0
宍喰
明徳寺
佛海庵
佐喜浜
室戸世界ジオパークセンター
0
5
10
15
20
25
30
35
(km)

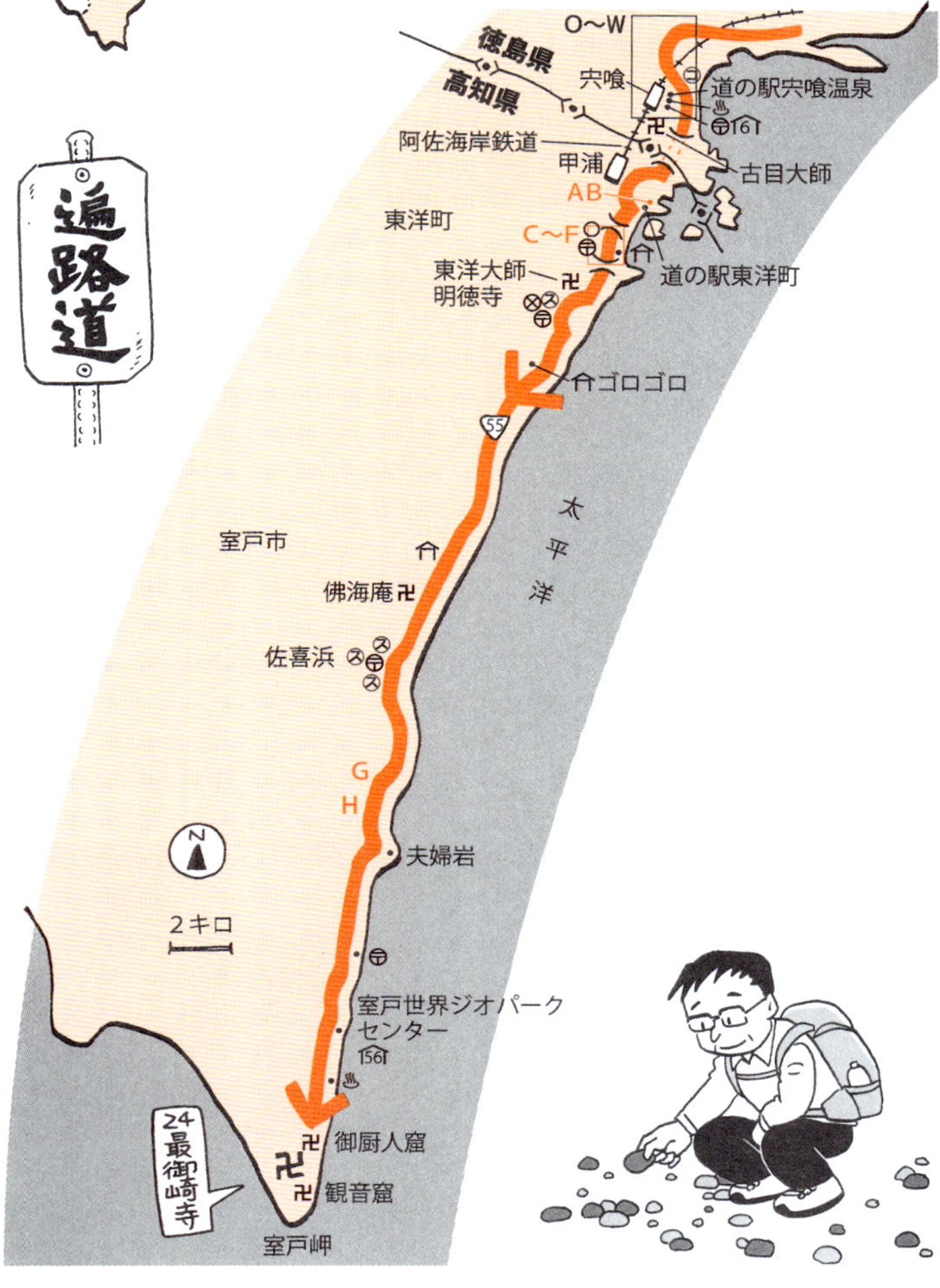
遍路道
O～W
徳島県
高知県
宍喰
道の駅宍喰温泉
61
阿佐海岸鉄道
甲浦
古目大師
AB
東洋町
C～F
道の駅東洋町
東洋大師
明徳寺
ゴロゴロ
55
太平洋
室戸市
佛海庵
佐喜浜
G
H
夫婦岩
2キロ
N
室戸世界ジオパークセンター
56
御厨人窟
24最御崎寺
観音窟
室戸岬

国道55号、最果ての海を歩く。

食べ物と飲み物の補給は計画的に

集落と集落が離れていることもあり、食べ物・飲み物の補給ポイントは少ない。早め、多めに買い物をしておこう。

まず、徳島県宍喰《ししくい》の道の駅やコンビニ。高知県に入ったあとは道の駅や野根のスーパー。野根漁港近くの道の脇にある自動販売機の先は、10キロ先の佛海庵《ぶっかいあん》の近くの国道まで給水ポイント無し。4キロほど進むと佐喜浜の集落にスーパーがある。その先は飲食店や施設が所々にあるので、不便は無いと思う。

道中、日差しを遮るものはなく、晴れた日は想像以上にのどが渇く。飲み物は絶対に切らさないようにしよう。

東洋大師 明徳寺《みょうとくじ》

東洋町野根にある番外霊場。気迫と人情味のあるご住職は、歩き遍路のことを気にかけてくれている。筆者はここで人生相談にのってもらった。

徳島・高知の県境

水床《みとこ》トンネルを越えると、高知県東洋町に入る。国道を直進してもいいが、右折して甲浦港の入り組んだ道を歩くのも風情たっぷり。

ここにも注目!

施設

道の駅宍喰温泉

オーシャンビューの道の駅。隣接する「ホテルリビエラししくい」には、日帰り温泉とレストランあり。

自然

夫婦岩

室戸岬手前10キロほどの地点にある景勝地。直立する2つの岩がしめ縄で結ばれている。

自然

ゴロゴロ海岸

荒波にもまれ、丸みをおびた大きな石がゴロゴロと音をたてて転がる。かつて国道ができる前は、歩き遍路はこんな過酷な道を歩いていた。

施設

津波避難タワー

徳島から高知にかけて、海の近くには津波避難タワーが多く建てられている。地震発生時にすぐ登れるよう、道中気にかけておくこと。

修行の道場・高知

高知は遍路道の長さに対して札所の数が少なく過酷であり、「修行の道場」と呼ばれる。対して徳島は「発心《ほっしん》の道場」、愛媛は「菩提《ぼだい》の道場」、香川は「涅槃《ねはん》の道場」。

高知県編

10日目 24 最御崎寺 ⇒ 26 金剛頂寺

75キロを歩き通し ついに室戸岬に到着！

久しぶりの札所、24番最御崎寺《ほつみさきじ》への登山口は、室戸岬先端より少し手前の観音窟の脇にある。雑木林を少し登ると山門が見えてきた。着いたぞ！　室戸岬まで歩いて来るなんてそうそうできることではないと、達成感はひとしお。

参拝のあとは、せっかくの機会なので室戸岬の観光をしよう！　室戸岬はユネスコ世界ジオパークに指定されており、海と奇岩によるダイナミックな景観が見事だ。岬周辺の宿に泊まれば、海に浮かぶ夕日や朝日、真っ暗な夜の海に浮かぶ満天の星空を楽しめる。

このあとは、岬を折り返し北上。25番津照寺《しんしょうじ》、26番金剛頂寺《こんごうちょうじ》と札所が続く。民家や店が増え、車の往来も多い。奈半利町《なはりちょう》まで来れば、鉄道やコンビニもある。ようやく市街地に戻ってきた安堵感で、ひと息つける。

札所と宿

A スカイ アンド シー・ムロト 0887-98-7017	H 室戸の宿竹の井 0887-22-1624	N 古民家の宿 蔵空間 蔵宿 0887-25-3700
B サンフィッシュまんぼう 0887-23-0776 / 090-7627-1021	I まんま屋 0887-22-1017	O おうち宿しだお 090-1005-7301
C サクラホーム・エルフラメンキート 050-6866-0423	J ホテル富士 0887-22-0205	P ゲストハウスよろずや 0887-30-1909
D 岬観光ホテル 0887-22-0541	K 太田旅館 0887-22-0004	Q ホテルなはり 0887-38-5111
E 室戸荘 0887-22-0409	25 津照寺 0887-23-0025	R junos web予約のみ
24 最御崎寺（宿坊） 0887-23-0024	L ファミリーロッジ旅籠屋・室戸店 0887-23-0858	S 山郷旅館 0887-38-2219
F うまめの木 0887-22-4806	M 民宿うらしま 0887-23-1105	T 旅の宿美園 0887-38-2224
G 夕陽ヶ丘キャンプ場 0887-22-0574	26 金剛頂寺 0887-23-0026	

行程マップ

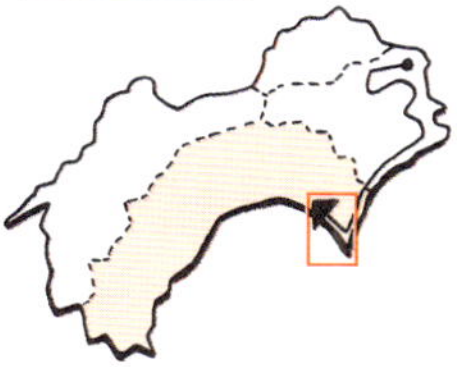

縦断図

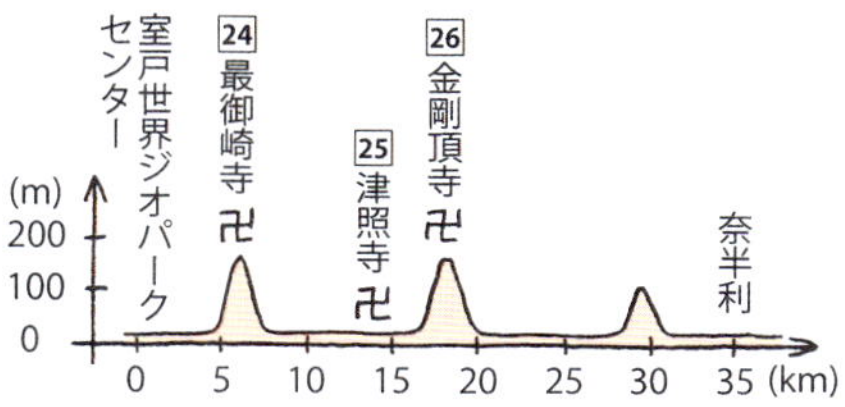
(m)
200
100
0
0 5 10 15 20 25 30 35 (km)
室戸世界ジオパークセンター
24 最御崎寺
25 津照寺
26 金剛頂寺
奈半利

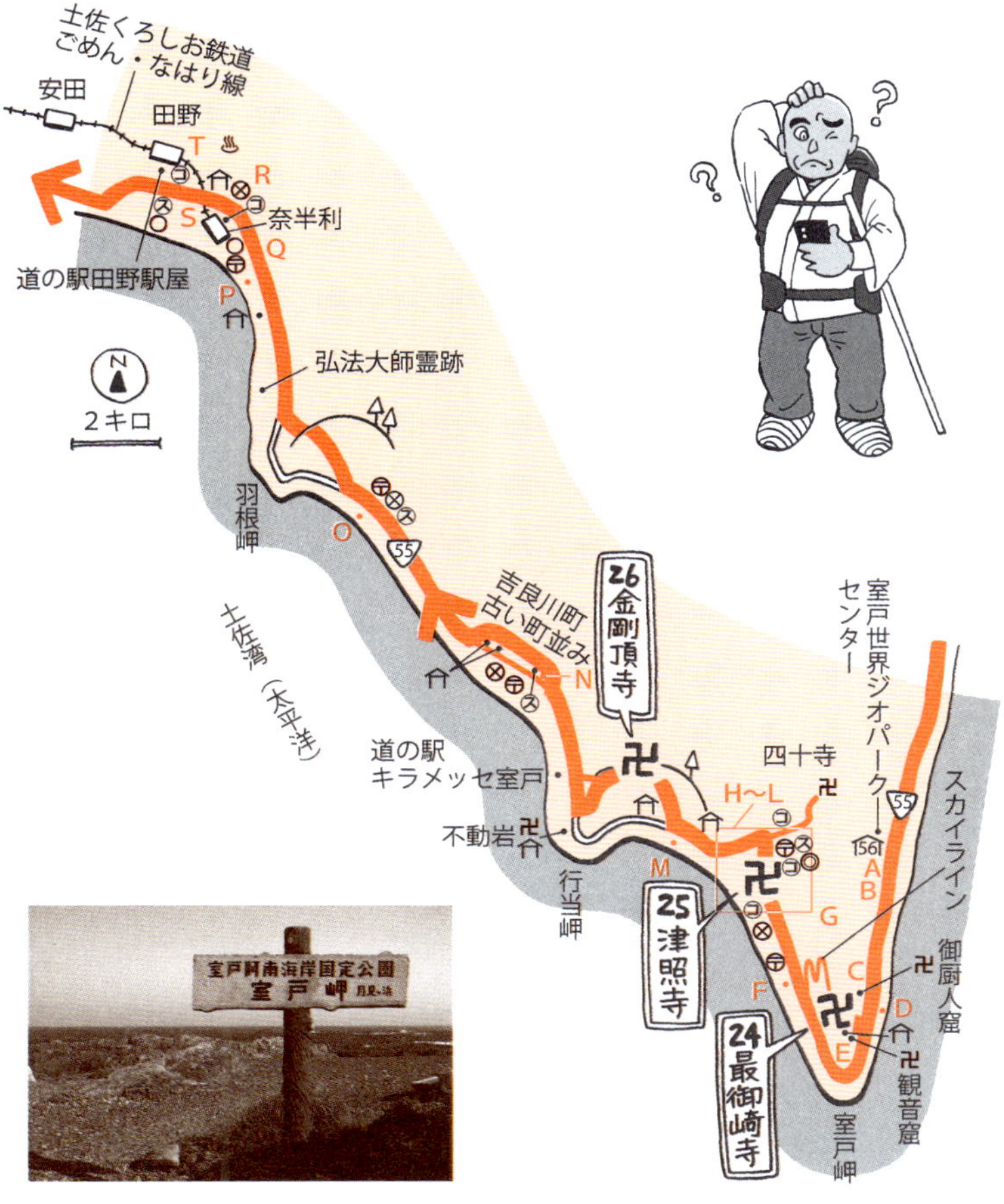
土佐くろしお鉄道
ごめん・なはり線
安田
田野
T
R
S
奈半利
Q
P
道の駅田野駅屋
弘法大師霊跡
2キロ
N
羽根岬
O
55
土佐湾（太平洋）
吉良川町
古い町並み
N
26 金剛頂寺
道の駅
キラメッセ室戸
不動岩
行当岬
M
四十寺
H〜L
25 津照寺
室戸世界ジオパークセンター
55
156
A
B
スカイライン
G
C
御厨人窟
F
D
24 最御崎寺
E
観音窟
室戸岬
室戸阿南海岸国定公園
室戸岬

空海青年の修行の足跡をたどる

室戸岬の東側には「御厨人窟《みくろど》」という洞窟がある。若き日の空海（当時の名前は真魚《まお》）がここで修行した際、明星が口に入り、悟りを得たとされる。また、ここから見える空と海だけの景色から空海の名をとったとも言われている。（「土州室戸崎に勤念《ごんねん》す」「明星来影す」空海著『三教指帰《さんごうしいき》』797年）

金剛頂寺近くの行当岬《ぎょうどさき》やその先の羽根岬《はねみさき》にも、空海修行の地とされる史跡がある。

四国各地で修行していた空海の青年時代を、歩きながら想像してみよう。空海も足が痛かったりのどが渇いたり、汗疹《あせも》で体がかゆかったりしたのかなあ……。次第に、歴史上の偉人としてではなく一人の人間として、旅仲間として、親近感がわいてくるだろう。

26番金剛頂寺
30分ほど山を登った所にお寺がある。下山には複数のルートがあり、途中、道迷いに注意。

25番津照寺
小高い山の上から漁港を見守るようにお寺が建っている。

室戸岬の岩に座り、水平線をひとりじめ。

ここにも注目!

番外霊場

御厨人窟・神明窟《しんめいくつ》

空海が修行したとされる洞窟。向かって左が御厨人窟、右が神明窟。内部の落石による被害防止のため、防護屋根が新たに設けられた。入洞可。

ルート

スカイライン

最御崎寺から岬の西側へ直接下るにはスカイラインを通る。これから歩く道や町がずっと先まで続いているのが見渡せる、眺めのいい道。

自然

室戸岬の夕日

水平線の彼方に日が沈む。この光景を空海も見たのかもしれない。

文化

吉良川町《きらがわちょう》の古い町並み

吉良川町は旧道沿いに古い町並みが保存されている。漆喰《しっくい》の白壁が美しい。

同行二人

道中、気の合う仲間ができて一緒に歩くことがある。歩き遍路旅の魅力の一つである。ただ、同行するのはせいぜい1、2日程度に留めておくこと。歩くペースや体力が違うので次第に負担に感じるようになるし、その人との会話に終始してしまい、地域住民との交流や自分自身との対話の時間が持てなくなる。四国遍路とは「同行二人」、自分と弘法大師空海の2人で歩く旅である。

11日目 27 神峯寺

八十八ヶ所一周まわったら違う自分に会えますよ

雨の日もある。上下にレインウェアを着る。雨粒が菅笠《すげがさ》をたたく。小雨であればかえって涼しいくらいで歩きやすい。けれど、雨をよけてうつむいていると、気持ちも次第に暗くなっていく。

安田町に入り、「真《ま》っ縦《たて》」と呼ばれる急斜面を登れば、27番神峯寺《こうのみねじ》に着く。境内で出会った車遍路の老夫婦から、先達《せんだつ》さんからもらったという錦札《にしきふだ》をいただいた。これはお遍路を100回まわった人だけが使用できる貴重な納札《おさめふだ》で、いただくとご利益を分けてもらえるんだそうだ。

「八十八ヶ所一周まわったら、違う自分に会えますよ」

おばあちゃんの笑顔が嬉しかった。

行程マップ

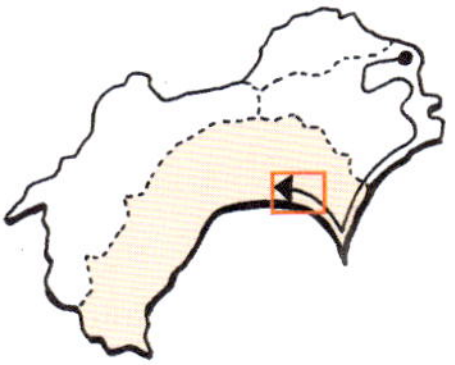

縦断図

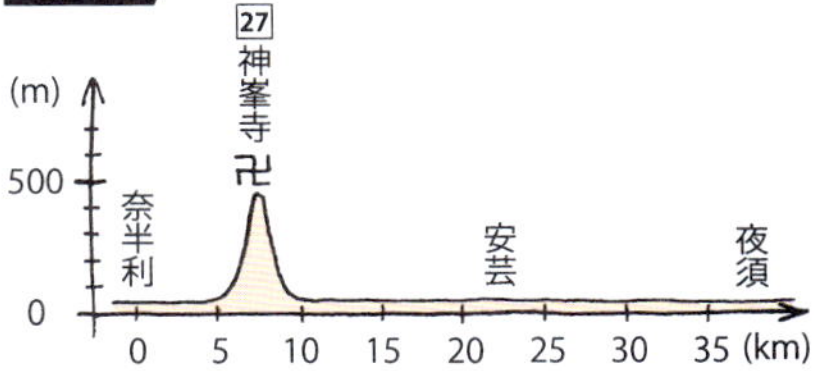

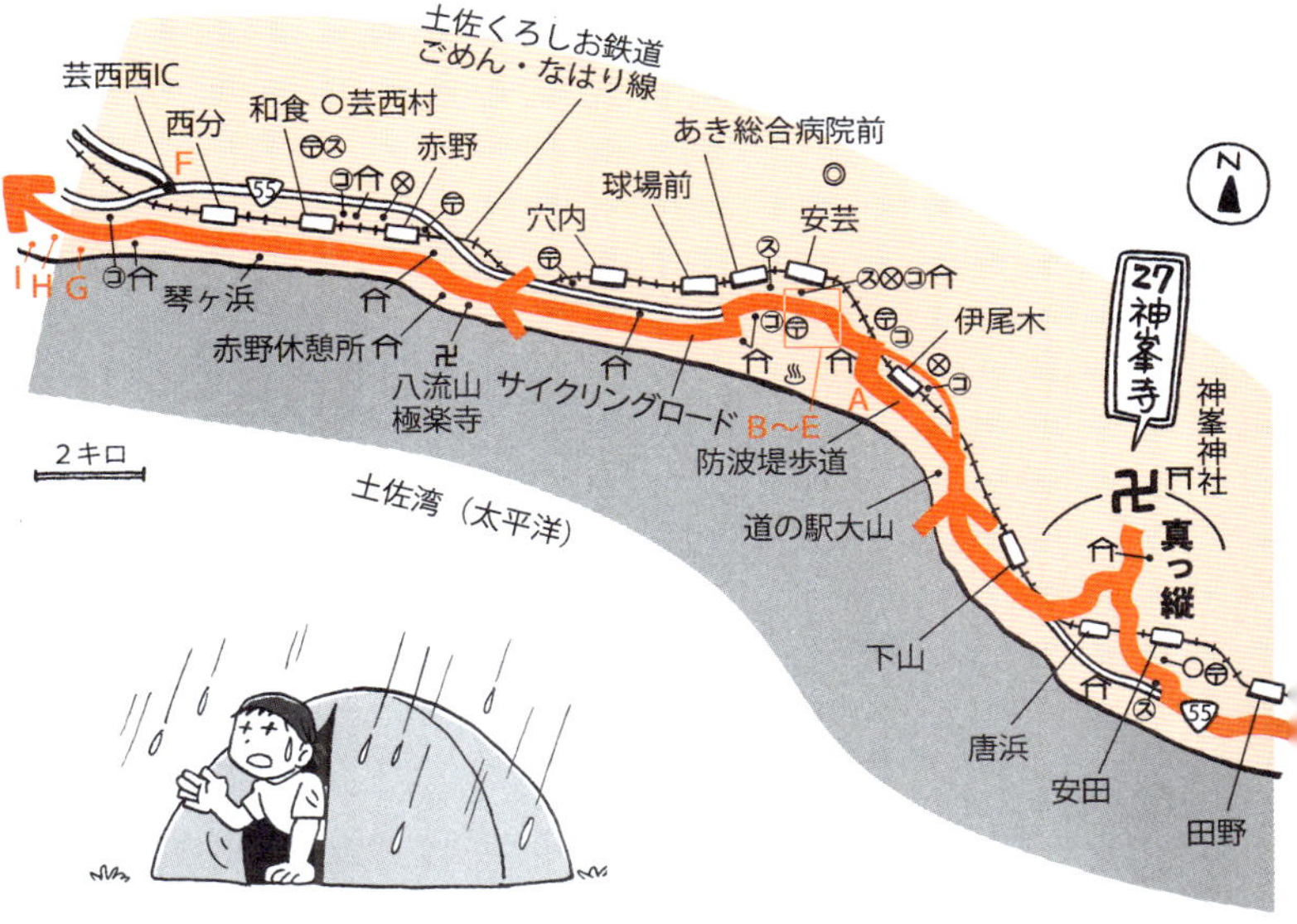

札所と宿

- **27** 神峯寺 0887-38-5495
- **A** お遍路ハウス三毛猫 090-4204-4117
- **B** Hostel 東風ノ家 Kochi-no-ya web予約のみ
- **C** ホテルTAMAI 0887-35-2111
- **D** 山登家旅館 0887-35-2018
- **E** 清月旅館 0887-34-8855
- **F** メルキュール高知土佐リゾート&スパ 03-5539-2616（宿泊） 0887-33-4510（日帰り）
- **G** 住吉荘 0887-55-2945
- **H** リゾートホテル海辺の果樹園 0887-55-4111
- **I** 香南市サイクリングターミナル 海のやど しおや宿 0887-55-3196

赤野休憩所は眺望よし。琴ヶ浜を一望できる。

長〜いサイクリングロードを歩く

道の駅大山の先は防波堤の歩道を歩く。間近に感じられる太平洋の荒波を満喫しよう。安芸《あき》市中心部を越えると、今度はサイクリングロードが遍路道に指定されている。道幅は狭いが車の心配もなく、気楽に歩ける。もちろん抜群のオーシャンビューだ。このあたりの砂浜は色が全体的に黒っぽく、景観に独特の重みを与えている印象。

それにしても、このサイクリングロードは長い！　民家やお店から離れていて住民との交流は少なく、しかもほぼ直線なのでどうしても飽きてくる。必要に応じて国道まで出て、昼ご飯を食べたり買い物したりするのがいいだろう。

サイクリングロード
安芸市から芸西《げいせい》村、香南《こうなん》市まで続く海沿いの道。土佐電気鉄道安芸線の廃線跡を活用して整備された。

27番神峯寺
標高430メートル、高知県の札所の中で一番高い場所にある。すぐ上に、神仏分離以前の元札所、神峯神社もある。

ここにも注目!

ルート

真っ縦

神峯寺への急坂。遍路道は車道と山道を出たり入ったりする。打戻り区間のため、荷物は麓に置いて軽装で往復する人もいる。

交通

土佐くろしお鉄道ごめん・なはり線

各駅には、高知出身の漫画家やなせたかし氏が手掛けたオリジナルキャラクターがいる。写真は夜須《やす》駅のにんぎょちゃん。

歴史

お龍《りょう》・君枝《きみえ》姉妹像

琴ヶ浜には、坂本龍馬の妻であるお龍と、その妹の君枝の像がある。

施設

安芸駅ぢばさん市場

野菜や鮮魚、お弁当、お土産などの買い物ができる、安芸駅併設の施設。レンタサイクルもあり、岩崎弥太郎生家や野良時計など、近隣の観光の足としても便利。

雨の日の実際

小雨であれば上下ともレインウェアを着て、荷物にカバーをつけ、菅笠をかぶれば歩ける。うつむくと道しるべを見落とし、道に迷うことが多い。また、靴がずぶ濡れになりマメができやすくなる。
豪雨の場合は、危険なので宿などで停滞すること。野宿も避けた方がよい。そもそも雨の日にまで一生懸命歩くこともないのだが、そうした悟りの境地に至るのは、たいてい旅の後半になってからである。

12日目 28 大日寺 → 30 善楽寺

高知観光でちょっとひと息！ たまには「休足日」をとるのもアリ

ずっと海沿いに延びていた遍路道は一旦海を離れ、高知平野に点在する札所を繋いでいく。28番大日寺《だいにちじ》、29番国分寺《こくぶんじ》と打ち、峠を越えると高知市に至る。30番善楽寺《ぜんらくじ》の隣には元札所の土佐神社があるので、あわせて参拝しよう。

さて、高知と言えばカツオだ。観光名所のひろめ市場にも行きたい！　宿に荷物を置いたら市街地へ繰り出そう。毎日がんばっているんだし、たまには楽しんだっていいよね。

ひろめ市場以外にも飲み屋、食べ物屋はたくさんある。定番のカツオのたたきはもちろん、珍しいウツボの唐揚げやドロメ（イワシの稚魚）にも挑戦したい。そして、ここまでの旅路に……乾杯！　宿に連泊して、明日は丸一日のんびり観光しようかな。

行程マップ

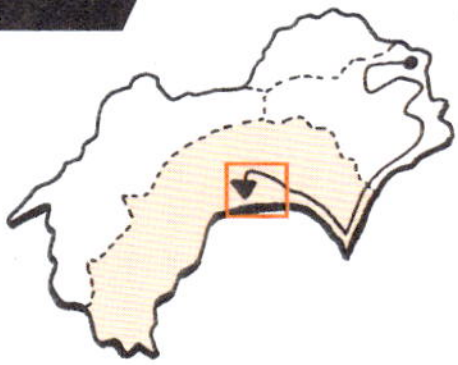

縦断図

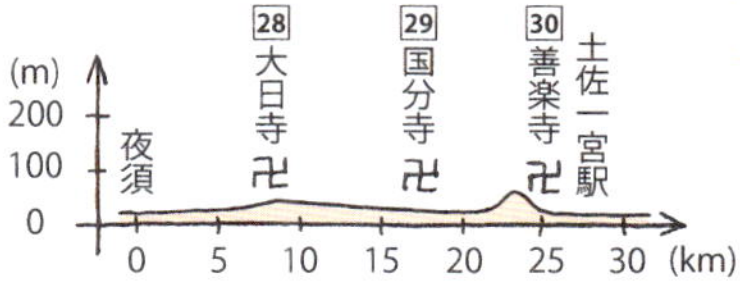

札所と宿

- A 海辺の民宿 かがみ宿 0887-55-2091
- B かとり 0887-55-3133
- C 高知黒潮ホテル 0887-56-5800
- D ゲストハウス水仙 090-9772-8761
- 28 大日寺 0887-56-0638
- E 小さなお宿 遊庵 0887-56-4408
- 29 国分寺 088-862-0055
- F 南国ビジネスホテル 088-863-4611
- G アールビジネスホテル web予約
- 30 善楽寺 088-846-4141
- H お宿 花鳥風月 080-4032-0101
- I ホテル土佐路・たかす 088-882-7700
- J かつおゲストハウス 070-5352-1167
- K ファミリーロッジ旅籠屋・高知店 088-872-8858
- L ホテルタウン駅前 088-884-0066
- M ホテルロスイン高知 088-884-1110
- N 高知アネックスホテル 088-821-2111
- O ホテルファースト 088-861-6688
- P スーパーホテル高知 088-802-9000
- Q 高知グリーンホテルはりまや橋 088-822-1800
- R 高知ターミナルホテル 088-884-4500
- S 高知サンライズホテル 088-822-1281

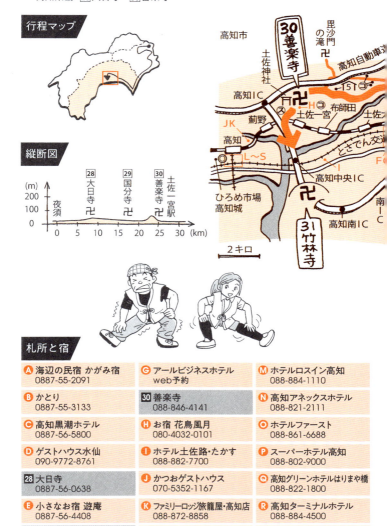

足の痛みとの向き合い方

歩き遍路とはマメとの戦いである。たいてい足裏の同じところに重ねてできるので、血マメのミルフィーユ状態になる。潰して消毒していれば大丈夫なはずだが、化膿しているようなら病院へ行こう。

また、足裏そのものがジンジンと痛む。地面と接している骨が粉砕してその尖った先端が肉に食い込んでいるような痛みだ。歩行中は麻痺して平気だが、立ち止まるときや、歩き始めがとにかく痛い。これは毎日歩いている以上、どうしようもない。１週間に一度、半日～１日の休みをとるだけでもずいぶん回復する。

高知県を歩き終える頃には足ができてきて、いくらでも歩けるようになる。通し打ちの良いところだ。

30番善楽寺

元々は土佐神社が札所。明治の神仏分離に伴う混乱で、善楽寺と安楽寺の２寺が30番札所を名乗り長らく争っていたが、1994年に決着。善楽寺が30番、安楽寺が奥の院となった。

29番国分寺

奈良時代、聖武天皇の勅命により建立された土佐国分寺。北東1キロほどの場所に国司館跡があり、平安時代の文学『土佐日記』で有名な紀貫之《きのつらゆき》が5年過ごした邸跡もある。

高知平野は景色がのびやかだ。

ここにも注目!

文化

御詠歌《ごえいか》

各札所には御詠歌という和歌があり、昔は参拝の際に唱えていた。写真は国分寺のもの。

施設

休憩所付きのコンビニ

JR土讃《どさん》線を渡って最初のコンビニには立派な休憩所が併設されており、ひと休みするのにちょうどいい。

グルメ

カツオのたたき

高知の代表的な料理。生ニンニクやタマネギなど、薬味がどっさり乗っているのが本場流。

観光

観光スポット

高知市での観光は、ひろめ市場の他、はりまや橋、高知城、日曜市、オーテピア(図書館)、路面電車などが定番。

電車に乗って高知駅へ

JR高知駅前には宿やホテルが多数あるが、遍路道からは少し離れている。遍路道沿いにある土佐一宮《とさいっく》駅から電車に乗れば、2駅で高知駅に着くので便利。翌日、電車でまた土佐一宮駅まで戻ればいい。

13日目 31 竹林寺 ～ 33 雪蹊寺

牧野植物園と桂浜を歩く

高知駅周辺を観光したあとは電車で土佐一宮駅まで戻り、歩き遍路を再開。昨晩のお酒が残って寝不足かもしれないが、がんばろう。朝ゆっくり出発した場合は、33番雪蹊寺《せっけいじ》までを目標にする。早朝出発かつハイペースで歩けば、35番清瀧寺《きよたきじ》まで行くことも可能。

五台山《ごだいさん》という小高い山に登ると、植物分類学の父・牧野富太郎《まきのとみたろう》ゆかりの牧野植物園に裏口から入る。植物園の中が遍路道になっていて不思議な気分だ。道しるべもちゃんとある。通過するだけなら入園料無料だ（遍路道以外の園内を散策したい場合は有料）。園を出てすぐ、目の前に31番竹林寺《ちくりんじ》がある。

続く32番禅師峰寺《ぜんじぶじ》も竹林寺と同じく、小高い山の上に建つ。麓の石土池を半周したのち、急な階段を少し上ると到着。境内からは東西に視界が開け、晴れた日は室戸岬から足摺岬まで遠望できる。海に面した山ならではの絶景だ。

33番雪蹊寺へは、浦戸《うらど》大橋を渡る。景勝地である桂浜が近くにあるので、少し寄り道していこう。坂本龍馬像が待っている。観光客に交じって砂浜をぶらぶらするのも楽しい。

札所と宿

31 竹林寺	088-882-3085
32 禅師峰寺	088-865-8430
A えび庄	088-847-0268
B 種崎千松公園キャンプ場	088-882-8143
C 民宿まさご	088-841-2580
D 民宿坂本	088-841-2348
E 民宿英光	088-842-2164
F 女性専用ゲストハウスお遍路ハウス33	090-2825-3387
G 民宿高知屋	088-841-3074
33 雪蹊寺	088-837-2233

行程マップ

縦断図

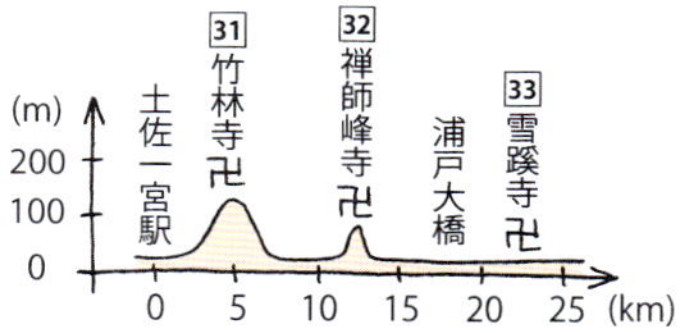
(m)
200
100
0
土佐一宮駅
31 竹林寺
32 禅師峰寺
浦戸大橋
33 雪蹊寺
0
5
10
15
20
25
(km)

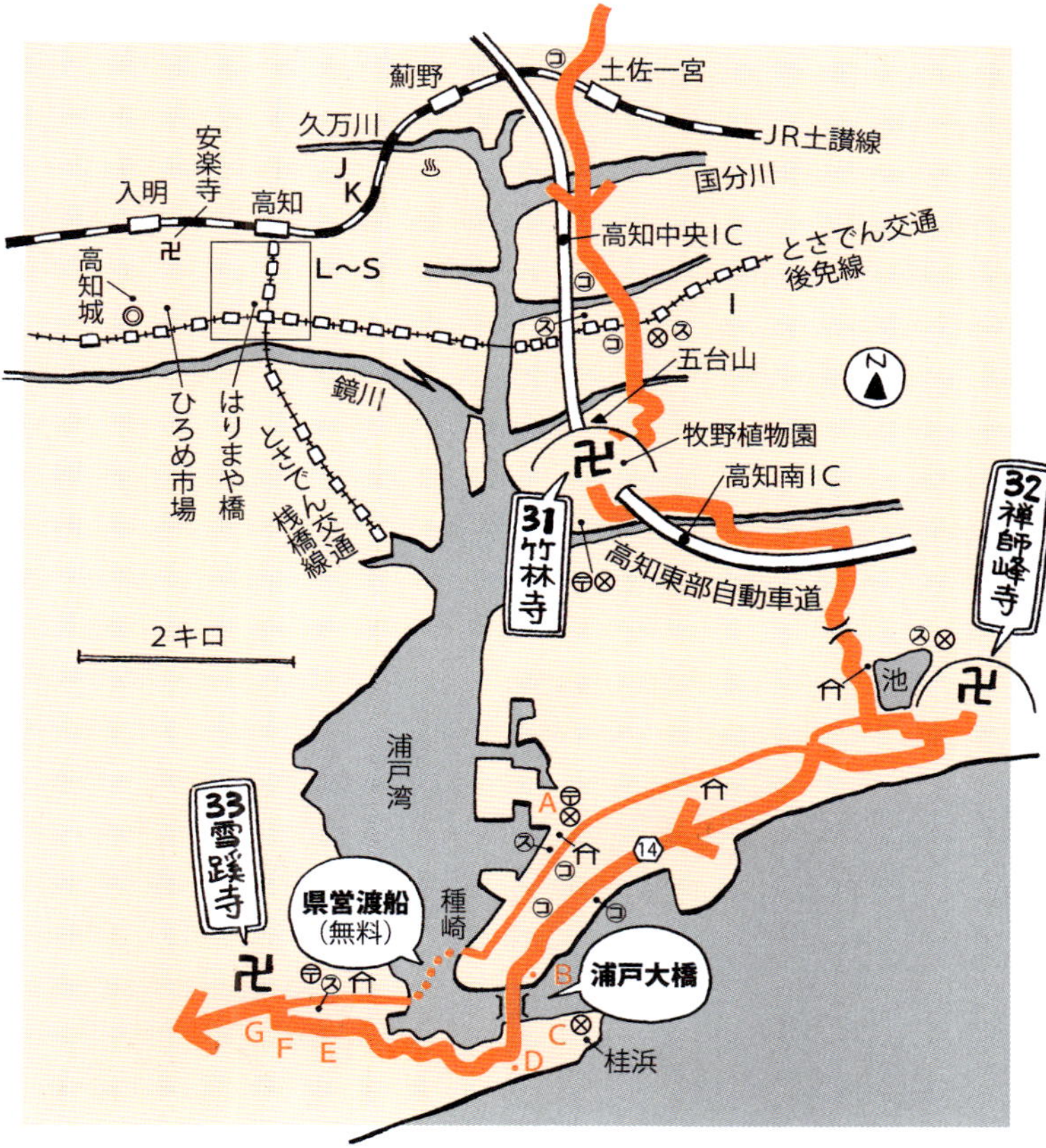
土佐一宮
薊野
久万川
JR土讃線
国分川
J
K
安楽寺
入明
高知
高知中央IC
とさでん交通
後免線
L～S
I
高知城
五台山
鏡川
ひろめ市場
はりまや橋
とさでん交通
桟橋線
牧野植物園
高知南IC
31 竹林寺
32 禅師峰寺
高知東部自動車道
2キロ
池
浦戸湾
A
14
33 雪蹊寺
県営渡船
(無料)
種崎
浦戸大橋
B
C
D
E
F
G
桂浜

遍路道から少し外れて、景勝地・桂浜へ立ち寄る。

浦戸湾をどう渡るか

浦戸湾は、浦戸大橋を渡る以外に種崎《たねざき》から県営渡船に乗るルートもある。運賃は無料で、対岸まで約5分。昔ながらの遍路道はこのルートである。運行は、昼間は1時間に1本なので、タイミングをうまく合わせる必要がある。

一方で浦戸大橋を渡る場合は、少し遠回りすることになるので距離が長くなるほか、橋の歩道が非常に狭いので車との接触に注意。坂本龍馬記念館や桂浜水族館など、桂浜観光をするならこちらを選ぶとよい。

完歩したい人は浦戸大橋ルート一択となるが、橋が無かった時代は渡船に乗るのが当たり前だったことを思うと、あまりこだわる必要もないだろう。

31番竹林寺
五台山の上にある札所。赤く立派な五重塔が目を引く。庭園は国指定の名勝である。

32番禅師峰寺
竹林寺に続き、小高い山の上にある。眺望よし。炎のようにうねる岩壁が独特の雰囲気を作る。

ここにも注目!

交通

高知東部自動車道

JR土佐一宮駅の先は、しばらく高速道路の高架の下を歩く。

文化

応援メッセージ

遍路道の沿道にはよく、歩き遍路に宛てた地域の人の応援メッセージが掲げられている。写真は近くの小学校の児童たちからのメッセージ。

文化

金剛杖《こんごうづえ》の花

金剛杖を地面に突くうちに先端がささくれて広がってくる。これを杖に花が咲いたと表現する人もいる。気になる場合は道路で引きずれば取れる。刃物で削ってはいけない。

観光

坂本龍馬像

桂浜にある有名な像。高い位置にあり、春と秋には隣に特設展望台が作られる。

区切り打ちと通し打ちの違い

道中出会った通し打ちのお坊さんが、3日間キャンプ場に滞在しゆっくり過ごしたと言っていた。通しはこのように気ままな旅をしている人が多い。一方で区切り打ちの人は少しでも先へ、と急いでいる人が多い印象。仕事の休みという制限された日数で歩いており、行動が計画重視、効率重視になりがちだ。
でも「それでいいんですよ」とお坊さん。急ぐ必要はないけれど、急いではいけないわけでもない。どんな形でもそれがその人の遍路旅なのだ。うーん、難しい。悟りへの道は遠い。

高知県編

14日目 34 種間寺〜36 青龍寺

地元に根付いた信仰に触れる

36番青龍寺《しょうりゅうじ》の近くの道沿いに石仏群が並んでいる。よく見ると、それぞれが四国八十八ヶ所の札所に対応している、いわゆるミニ八十八ヶ所だ。石仏の横にはプレートが立ててあり、御詠歌や御本尊真言《しんごん》が書かれていた。

近所のおじいちゃんが散歩していた。このプレートを作ったという。八十八ヶ所すべての御詠歌を覚えており、札所の番号を言うとその御詠歌を諳《そら》んじてくれた。御詠歌には本尊の説明や札所の縁起などが詠まれていてそのお寺の情景が目に浮かぶ。

節つきの御詠歌を歌うおじいちゃん。時には泣きながら力を込めて手を合わせお参りしたい日もある、とのこと。

「人に言えないことも、仏の前では言えるろ〜」

札所と宿

A 三井家みついんく	080-9121-5751
B guesthouse ONAKA	080-6392-1444
C ホテルSP-haruno-	088-842-0011
D はるのの湯	088-894-5400
34 種間寺	088-894-2234
E はるのゲストハウス	088-894-2536
F ビジネスイン土佐	088-852-5322
35 清瀧寺	088-852-0316
G 温古社	088-821-7488
H 民泊汐風	090-8147-4087
I 三陽荘	088-856-0001
36 青龍寺	088-856-3010
J おへんろ・ゲストハウスりり庵	090-3786-9914
K ゲストハウスジョン	050-3551-0808
L 民宿なずな	088-879-2047

行程マップ

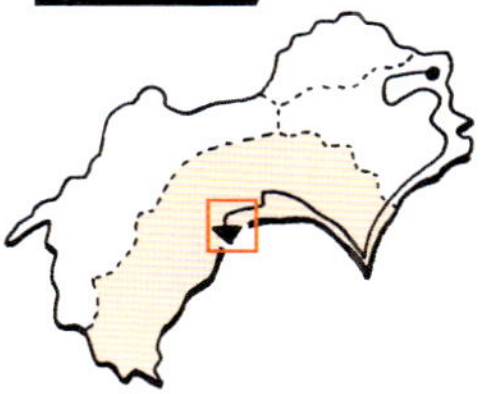

縦断図

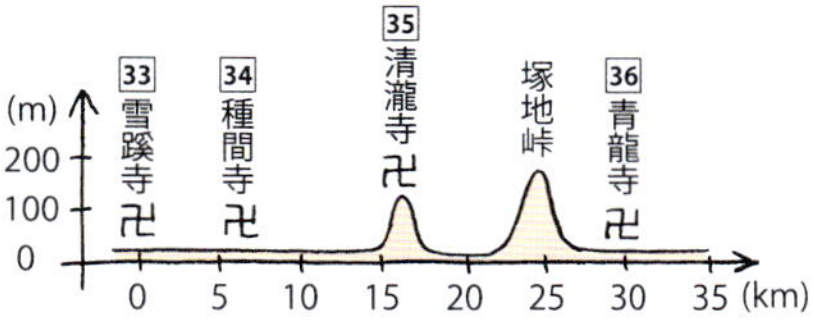
(m)
200
100
0
33 雪蹊寺
34 種間寺
35 清瀧寺
塚地峠
36 青龍寺
0
5
10
15
20
25
30
35 (km)

35 清瀧寺
高知自動車道
高知市
C D
33 雪蹊寺
G
土佐IC
56
E
34 種間寺
278
G F E
A
B
279
F
土佐市
39
岩屋神社
仁淀川
2キロ
塚地峠
浦ノ内湾
L
土佐湾（太平洋）
23
宇佐大橋
K J
H I
不動堂
横浪半島
36 青龍寺

川へ、山へ、海へ
高知の魅力がつまった遍路道

目立った難所は無いが、自然豊かな景観を満喫できる一日となる。

まず34番種間寺《たねまじ》付近はのどかな田園風景が広がり、道も平坦なのでのんびり歩ける。

青色に輝く雄大な仁淀《によど》川を越えた先は、川の土手が遍路道になっていて見晴らしがいい。前方を見ると、遠くの山の中腹にお寺が見える。それが35番清瀧寺《きよたきじ》だ。標高131メートルと低いが、勾配が急なので、特に下山時は気をつけること。

土佐市中心部から山間部へと県道39号を進むと、塚地峠《つかじとうげ》がある。峠を越え、今度見えるのは海。宇佐《うさ》湾である。宇佐大橋を渡り海の真横を歩くと、まもなく36番青龍寺に着く。本堂へは長い石段がある。もうひと踏ん張りだ！

35番清瀧寺
山腹にあるお寺で、眺望がとてもよい。境内の中心には大きな薬師如来像がある。お寺へ登る道は細く急傾斜で、自動車も歩行者も注意すること。

36番青龍寺
空海は長安の青龍寺で真言密教の教えを受け、帰国後、同名の寺院を建立した。

塚地峠からは宇佐湾が一望できる。その先に36番青龍寺がある。

ここにも注目!

自然

仁淀川

上流の渓谷エリアは「仁淀ブルー」として有名。ここ下流でも深い青色に光り、川幅は広く雄大。

施設

塚地休憩所

塚地坂トンネル手前の休憩所には、東屋《あずまや》やトイレ、自動販売機が揃っている。塚地峠への山道はここから分岐する。

ルート

宇佐大橋

宇佐漁港と横浪半島をつなぐ645メートルの橋。この橋ができる1973年以前は「竜の渡し」といって、渡し船で湾を行き来していた。

番外霊場

36番奥の院不動堂

青龍寺からほど近い山中にある奥の院。鳥居の向こうは土足禁止で（サンダルが用意されている）、神聖な雰囲気が色濃く残る霊場だ。ぜひ参拝したい。

峠道にするか、トンネルにするか

気持ちいいが疲れる峠道か、楽だが空気の悪いトンネルか、歩き遍路がいつも悩む二択である。できるだけ本来の遍路道を歩きたいなら峠道だが、当然疲労はたまる。管理が行き届かず荒れている山道もあるので見極めが大事。雨天時は無理せずトンネルを選ぼう。ただし、歩道にガードレールがなく危ないトンネルも多い。反射タスキがあれば安心。

37 15日目 岩本寺へ

修行にもいろいろあるのだ

何度もお遍路を歩いている人が「甘えるのも修行のうちだよ」と教えてくれた。毎日お接待を受け続けることにだんだん申し訳なくなってきて、悩んでいたときのことだ。この言葉を聞いて少し気楽になったのを覚えている。

道中、身体的な苦痛だけでなく、心理面での悩みや動揺など、さまざまな問題に直面する。でも、「これも修行！」と思うようにすれば、意外と客観視できて、やり過ごせる。

たとえば、にわか雨で足止め、早く先へ進みたいと焦るのに、東屋でやることもなく雨宿り。そんなときは「歩かないのも修行！」だ。実際、つい先を急ぎすぎてしまうのは、お遍路にビジネス的な効率性や生産性を当てはめているようなもの。せっかくお遍路に来たのだから、そこからの脱却を修行と捉えてみるのも面白い。

行程マップ

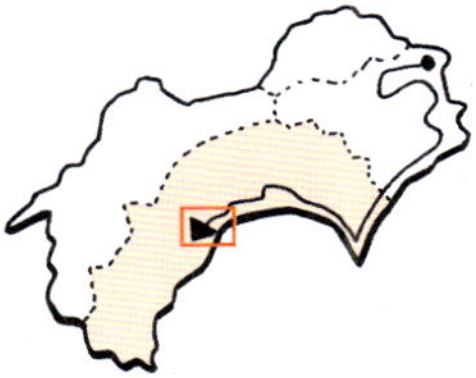

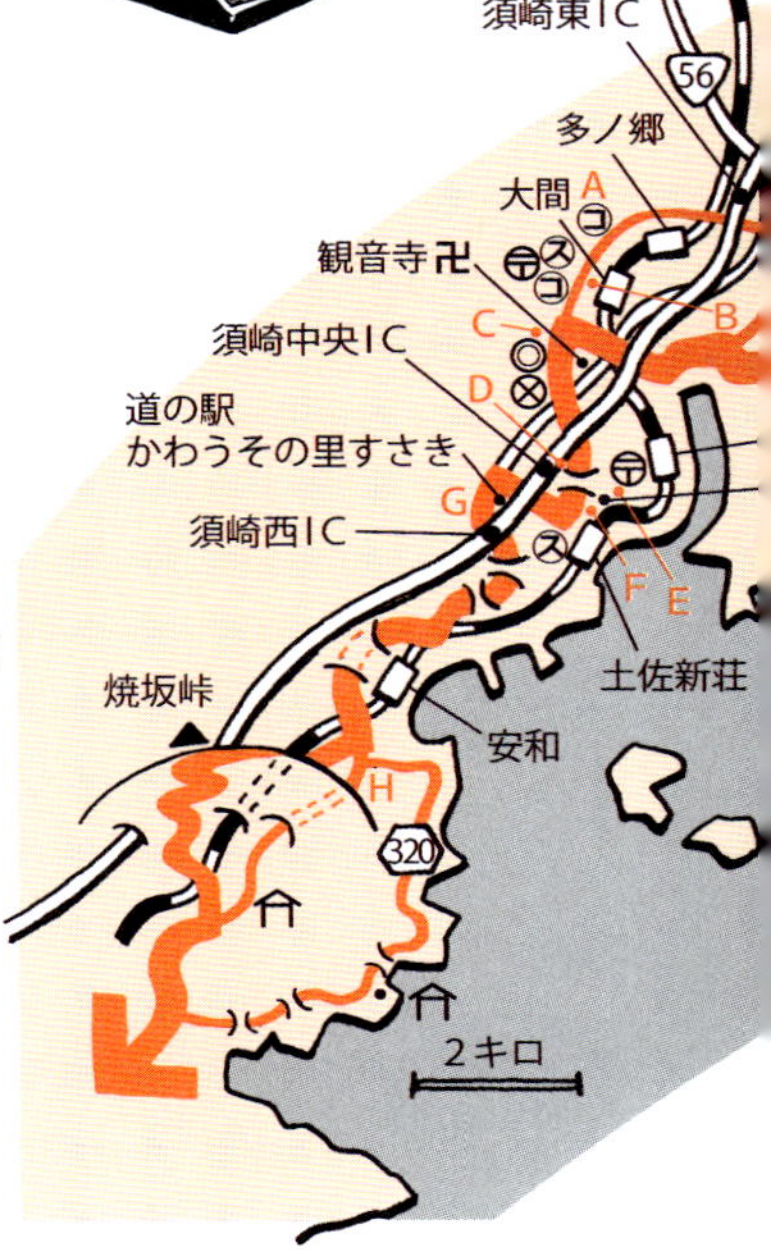

縦断図

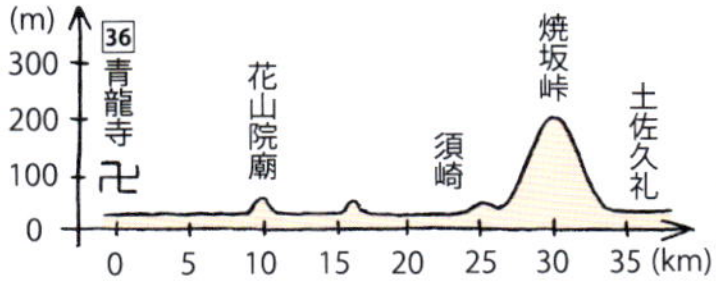

札所と宿

- A ホテルバンダガ 0889-42-3330
- B 旅館にしむら 0889-42-1773
- C ビジネスホテル・民宿 鳥越 0889-42-8788
- D ビジネスホテルさつき 0889-43-0300
- E 柳屋旅館 0889-42-0175/080-7656-3412(予約)
- F ビジネスホテルマルトミ 0889-42-7888
- G 民宿ひかり 0889-42-3337
- H 安和の里 0889-42-8613

角谷トンネルを抜けると爽快な安和《あわ》の海景色が広がる。

浦ノ内湾のルートは3つ

青龍寺を打ったあとは宇佐大橋まで戻り、浦ノ内《うらのうち》湾の北岸の県道23号を歩く。道が湾に沿ってくねくねと曲がっているため景色があまり変わらず、歩いているのに進んでいないような気分にはなるものの、高低差はほとんど無いし、内海の穏やかな景色にのんびり癒される、良い道だ。

完歩にこだわりが無ければ、巡航船に乗るのも旅情がある。船は湾内の埋立《うめたて》ー横浪《よこなみ》船着場間を約1時間で結ぶ。窓から水面が近く見えて、アトラクションのようで楽しい。

青龍寺から橋へは戻らず、横浪黒潮《くろしお》ラインを歩いて横浪半島の尾根沿いに縦断するルートもある。

浦ノ内湾

青龍寺のあとは浦ノ内湾の北岸をくねくねと進む。海が近くて楽しい。所々に自動販売機あり。

別格5番大善寺《だいぜんじ》

高知県唯一の別格霊場。階段を100段ほど上がった高台に建ち、眼下に町と海が広がる。

ここにも注目!

交通

巡航船

須崎《すさき》市営の巡航船に乗れば、浦ノ内湾内をショートカットできる。運航は1日上下3便ずつで、日、祝、年末年始は運休。GW期間中に歩く人は注意。

店

Yショップ中平

横浪船着場すぐにあるコンビニ。手作りのお寿司やお弁当、おでんが美味しい。浦ノ内湾を歩くお遍路にとって貴重な休憩&食料補給ポイントである。

グルメ

鍋焼きラーメン

須崎市のご当地グルメ。アツアツの鶏ガラしょうゆ味のスープにストレートの細麺が合う。具は鶏肉・ねぎ・ちくわ・生卵。残ったスープにご飯を入れた簡単雑炊で〆る。

ルート

焼坂《やけざか》トンネル

焼坂トンネルは、全長約1キロと長いうえに歩道が狭くて怖い。一方で、焼坂峠の山道は落石があり荒れていて険しい。海側の県道320号へ迂回するのも一案。

日記をつけよう

お遍路を始めて2週間が過ぎた。めったにない機会なので、歩きながら考えたことを日記に書きとめると良い。数年後に読み返すと楽しい。

16日目 37 岩本寺

岩本寺から先は、札所無しゾーンに再び突入！

四万十町《しまんとちょう》の窪川《くぼかわ》は、高南台地と呼ばれる台地の上にある町である。古くから交通の要衝だったのだろう、ここ窪川駅が高知市へ向かうJR土讃線、宇和島市へ向かうJR予土線、そして四万十市中村や宿毛市へ向かう土佐くろしお鉄道の分岐点であることからも想像できる。そんな窪川の中心に、次なる札所の37番岩本寺《いわもとじ》はある。

さて、36番青龍寺から37番岩本寺までの距離は約60キロと少々離れていたが、岩本寺から次の38番金剛福寺《こんごうふくじ》までは、なんとお遍路中で最長の約80キロ！　目指すは遥かなる足摺岬《あしずりみさき》、その岬の先っぽだ。室戸岬と同じように、徒歩で行くなんて経験はふつうならしないであろう僻地への壮大な旅路が待っている。

札所の無い丸3日間は、黙々と歩くのみ。やっぱり高知は修行の道場だ！　ただ、室戸岬のときと違ってこちらは町や集落が多く、店にも宿にもそんなには困らない。野宿適地も多い。無理せず焦らず、少しずつ先へ進んでいけばいつかきっと着く。

結局、望んだところで実力以上のペースでは歩けないのだ。自分を知り、自分に合った歩き方を続けてはじめて、1000キロ以上もの長い道のりを歩くことができる。

札所と宿

A	ゲストハウス恵 kei 0889-52-2658
B	黒潮本陣 0889-52-3500
C	ゲストハウス40010(しまんと) 080-7960-3382
D	ファミリーロッジ旅籠屋・四万十店 0880-22-4858
E	まるか旅館 0880-22-0046
F	うなきち 0880-22-2138
G	美馬旅館 0880-22-1101
37	岩本寺（宿坊） 0880-22-0376

行程マップ

縦断図

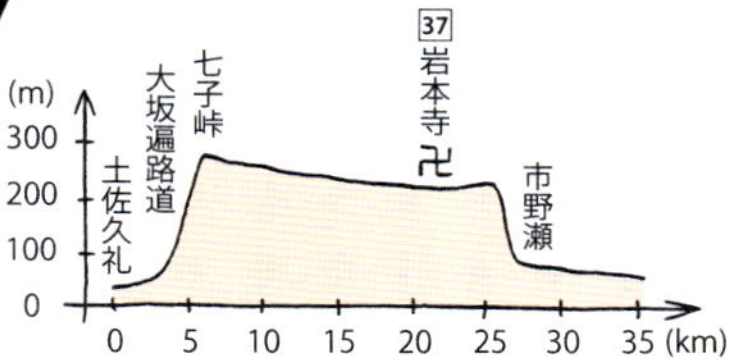
(m)
300
200
100
0
土佐久礼
大坂遍路道
七子峠
37 岩本寺
市野瀬
0
5
10
15
20
25
30
35 (km)

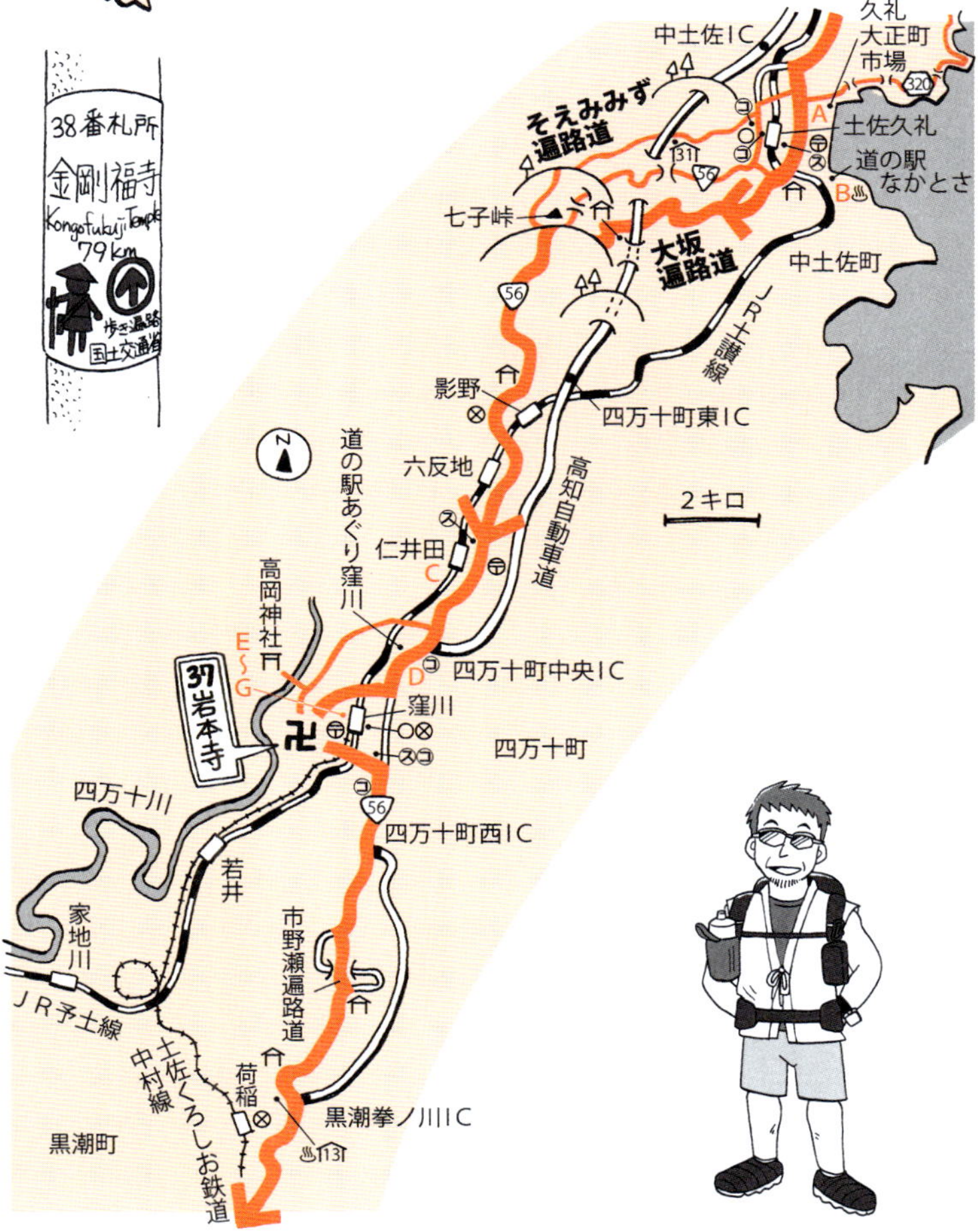
38番札所
金剛福寺
Kongofukuji Temple
79km
歩き遍路
国土交通省
中土佐IC
久礼
大正町
市場
320
そえみみず
遍路道
A
土佐久礼
31
56
道の駅
なかとさ
B
七子峠
大坂
遍路道
中土佐町
56
JR土讃線
影野
四万十町東IC
道の駅あぐり窪川
六反地
高知自動車道
2キロ
仁井田
C
高岡神社
E～G
D
四万十町中央IC
37 岩本寺
窪川
四万十町
四万十川
56
四万十町西IC
若井
家地川
市野瀬遍路道
JR予土線
土佐くろしお鉄道
中村線
荷稲
黒潮拳ノ川IC
黒潮町
13

七子峠を登り四万十町へ

中土佐町《なかとさちょう》土佐久礼《とさくれ》から四万十町窪川に行くには、必ず峠を越えなければならない。七子《ななこ》峠である。ここもルート分岐があり、国道56号と、北の尾根沿いに「そえみみず遍路道」、そして南の谷沿いに「大坂遍路道」の3つだ。

「そえみみず遍路道」は古道である。標高409メートルまで登ったあと、少し下って七子峠に至る。「大坂遍路道」は沢沿いの平坦な道で、最後に急登がある。国道は雨の日など足元の悪い日に選ぶといい。どのルートをとるにしても、食料や飲み物は久礼で調達しておくこと。

七子峠の先はしばらく標高を維持したまま道が続く。16キロほど先の窪川の町の中心部で、2日ぶりの札所となる岩本寺を打つ。

大坂遍路道
沢沿いの道は木々に覆われ、涼しく気持ちいい。小さな滝もある。最後の急登の道はやや荒れている。

37番岩本寺
お寺周辺でなぜか迷子になりやすい。本堂の天井画が有名で、575枚ものさまざまなモチーフの板絵がはめこまれている。

七子峠を過ぎると、四万十町に入る。峠で一服しよう。

ここにも注目！

観光

久礼大正町市場

商店街の一角にある、小規模だが人気の市場。鮮魚をその場で調理してもらい、食べることのできるお店もある。

施設

道の駅あぐり窪川

地元食材を使ったレストランが美味しい。写真は四万十鶏の唐揚げ。歩き遍路中は、積極的にタンパク質を摂ること。

地名

四万十町と四万十市

似た名前の自治体が県内に2つある。岩本寺があるのが四万十町。黒潮町を挟んで、遍路道と四万十川がぶつかるところが四万十市。

道

市野瀬《いちのせ》遍路道

岩本寺のあと、四万十町と黒潮町の境は細く急な山道である。しばらくお店が無いので、岩本寺近くのコンビニで買い物をしておくこと。

休憩施設にある自由帳

ヘンロ小屋や休憩所、通夜堂《つやどう》、善根宿《ぜんこんやど》などには歩き遍路のための自由帳が置いてあり、過去の先輩遍路の頭の中が垣間見える。情報交換手段にもなっていて、数日間会っていない遍路仲間の消息を知ることもあれば、逆打ちの人が書いてくれる先々の通行情報に助けられることもある。

高知県編

17日目
38 金剛福寺へ ～その1～

一人だけど一人ではない遍路旅

伊与木《いよき》川に沿って、しばらく何もない国道56号をゆるやかに下っていく。伊予喜《いよき》駅を過ぎると、国道を逸れて古めかしい熊井隧道《ずいどう》へ。短いトンネルだが、苔むし、狭く、暗くてかなり怖い。心霊スポットというわけでもないのだが。「南無大師遍照金剛《なむだいしへんじょうこんごう》、南無大師遍照金剛……」歩調に合わせて御宝号《ごほうごう》を唱えてみる。誰かから教わった方法。なんとなく、安心感があるような気がした。

そろそろ日没だ。暗くなりつつある海はどこか吸い込まれそうな恐ろしさがある。灯りに吸い込まれるようにふらっと入った飲食店で、店の人が「今夜はどこに泊まるの」と話しかけてきた。どこか近くで野宿を、と言うと、あそこの東屋でよくテントを見るよ、と野宿スポットを教えてくれた。

四国の人は優しいなあ。

札所と宿

A 民宿たかはま 0880-44-1046	B ホテル海坊主 0880-44-1146

行程マップ

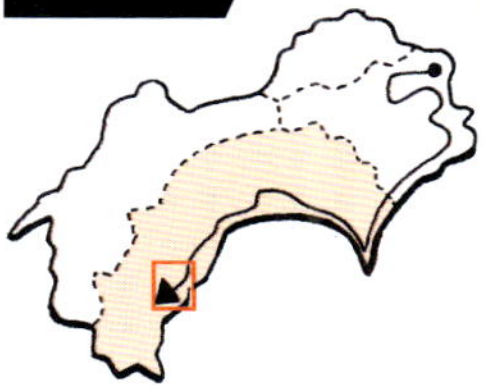

縦断図

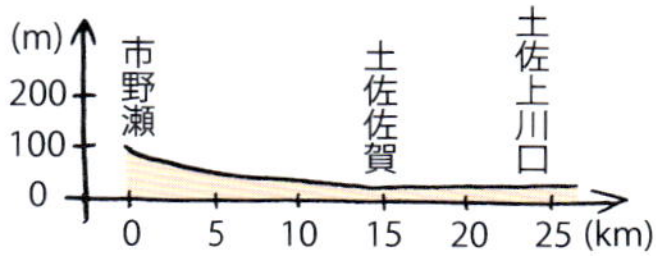
(m)
200
100
0
市野瀬
土佐佐賀
土佐上川口
0 5 10 15 20 25 (km)

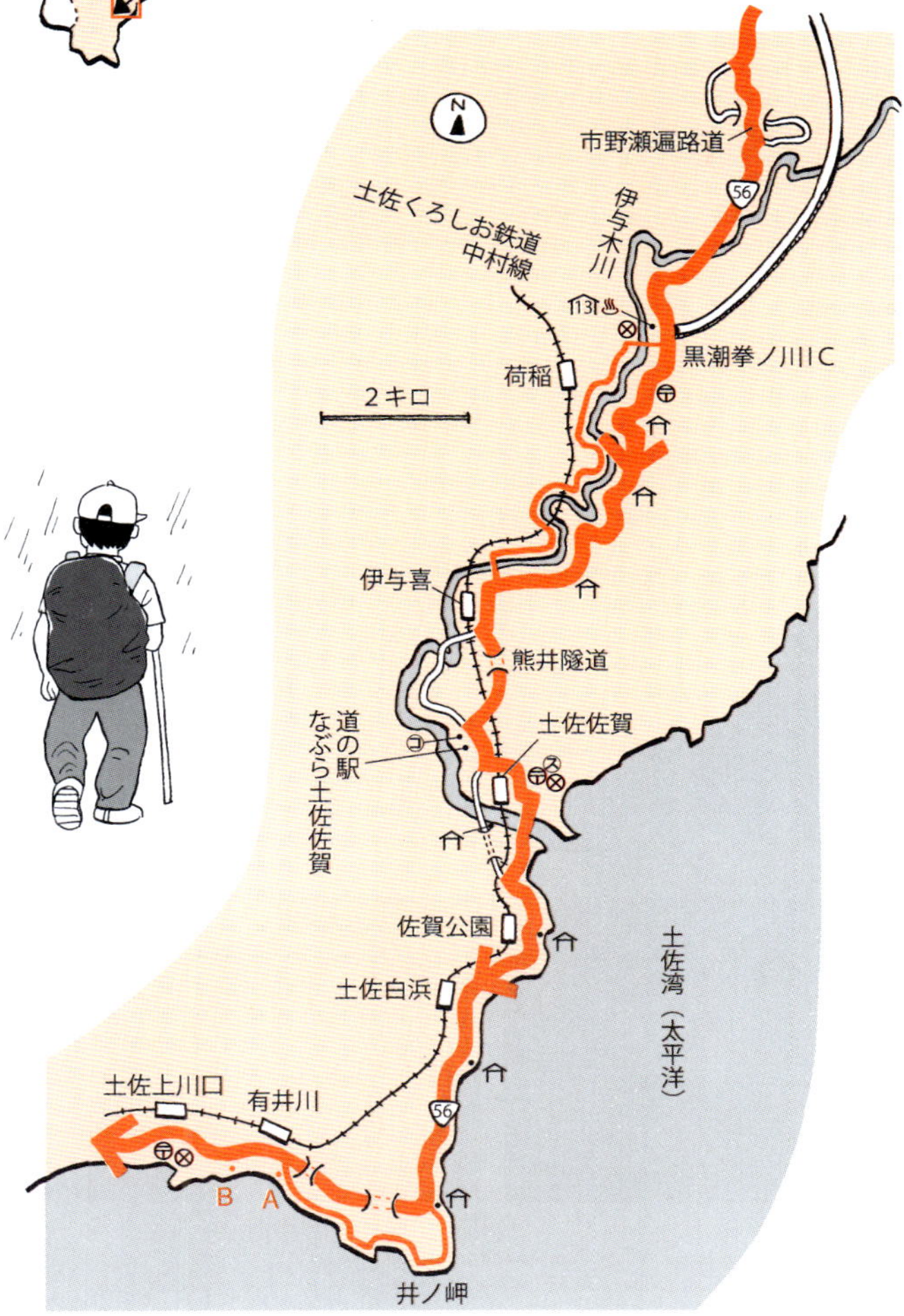
市野瀬遍路道
56
土佐くろしお鉄道
中村線
伊与木川
13
黒潮拳ノ川IC
荷稲
2キロ
伊与喜
熊井隧道
道の駅
なぶら土佐佐賀
土佐佐賀
佐賀公園
土佐白浜
土佐湾（太平洋）
土佐上川口
有井川
56
B
A
井ノ岬

再び海と語り合い歩く。

絶景海岸の連続！

土佐佐賀駅を越えると、国道56号は久しぶりに海岸に出る。ここから先は太平洋が一望できる絶景の連続だ！土佐西南大規模公園（佐賀地区）として整備された展望台があり、そこからの眺望が素晴らしい。

少し先の白浜海岸の板状の黒い岩が広く連なる様子や、前方にいくつもの岬が重なり合っている様子は、どこか室戸岬を彷彿とさせる景色で懐しく感じる。

海が気に入った人は、井ノ岬（伊ノ岬）はトンネルを通らずに海岸沿いの旧道を歩き、岬の先端まで行くといい。人里離れた寂しい道だが、海を間近に感じられる。岬の西側からは、天気がよければ次の目的地である足摺岬も見える。でもまだまだ遠いぞ！

国道56号（海岸沿い）

土佐佐賀駅を越えると海に出る。広々とした雄大な海景色が楽しめる。

国道56号（伊与木川沿い）

黒潮町に入ってからしばらくは、川沿いの道路をくねくねと歩く。山間の単調な道が続く。

ここにも注目!

施設

土佐西南大規模公園（佐賀地区）

佐賀地区、大方地区、四万十地区の複数個所にまたがって整備されている公園。

道

歩道の行き止まり

たまに歩道が突然行き止まりになることがあり、がっかり。歩道から出るときは、後ろから来る車に注意。

歴史

熊井隧道

1905年に作られたトンネルで、長さは90メートル。中は暗く、一人で入るのがためらわれるほど怖い。

自然

岩が見事な海岸

白浜海岸には岩が広がり、ダイナミックな景観が楽しめる。

日本で一番高い津波が来る町

黒潮町は、南海トラフ巨大地震が起きた場合の最大津波高が34.4メートルと公表された。町は防災・避難インフラの整備や防災文化の定着、備蓄品の産業化などの取り組みを進め、先進的な「防災の町」として知られるようになっている。

高知県編

18日目 38 金剛福寺へ ～その2～

くじけそう……でも、まだまだやれる！

道の駅ビオスおおがたを目印に、国道から左に外れて入野松原を通る。海沿いの防風林として松が植栽されており、木々の間に見える青い水平線が一人旅の話し相手になってくれる。

再び海から離れ、山間の道路を歩く。静かな道だ。さすがにこれまでの疲労が溜まりに溜まっている。痛い、暑い、のども渇いて、もうダメかもしれない……。ようやく見つけた自動販売機に倒れ込んだその瞬間、車が来て止まり、お兄さんが「がんばってください」とお菓子をお接待してくれた。

ああ、本当に弘法大師はいるのかもしれない。

四万十川に着いた。ここは河口に近く、川の流れはゆったりと、広々としている。土手に座ってしばし休憩をする。歩いて考え続けている、これまでのこと、これからのこと。人はいつか死ぬんだ。やりたいと思ったことは、やってみようかな。

		P 民宿 鈴 0880-34-5655
J 民宿さくら 0880-34-3062	M 中村第一ホテル 0880-34-7211	Q 福田旅館 0880-35-4108
K 宿なかむらや ZAKONE 0880-34-0036	N 民宿中村 0880-34-3059	R 中村プリンスホテル 0880-35-5551
L 民宿土佐 0880-34-2929	O 民宿こばん 0880-34-5923	S 四万十キャンプ場 0880-37-0608

行程マップ

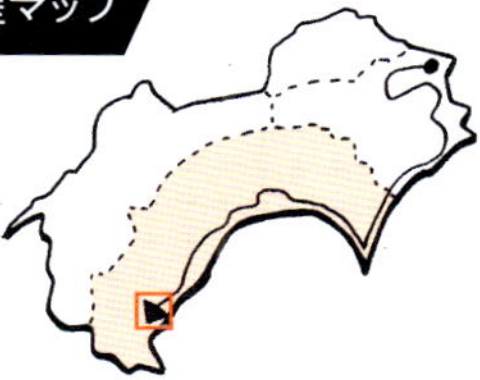

縦断図

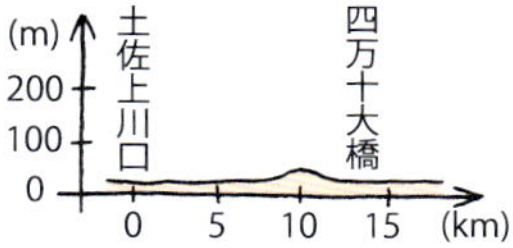

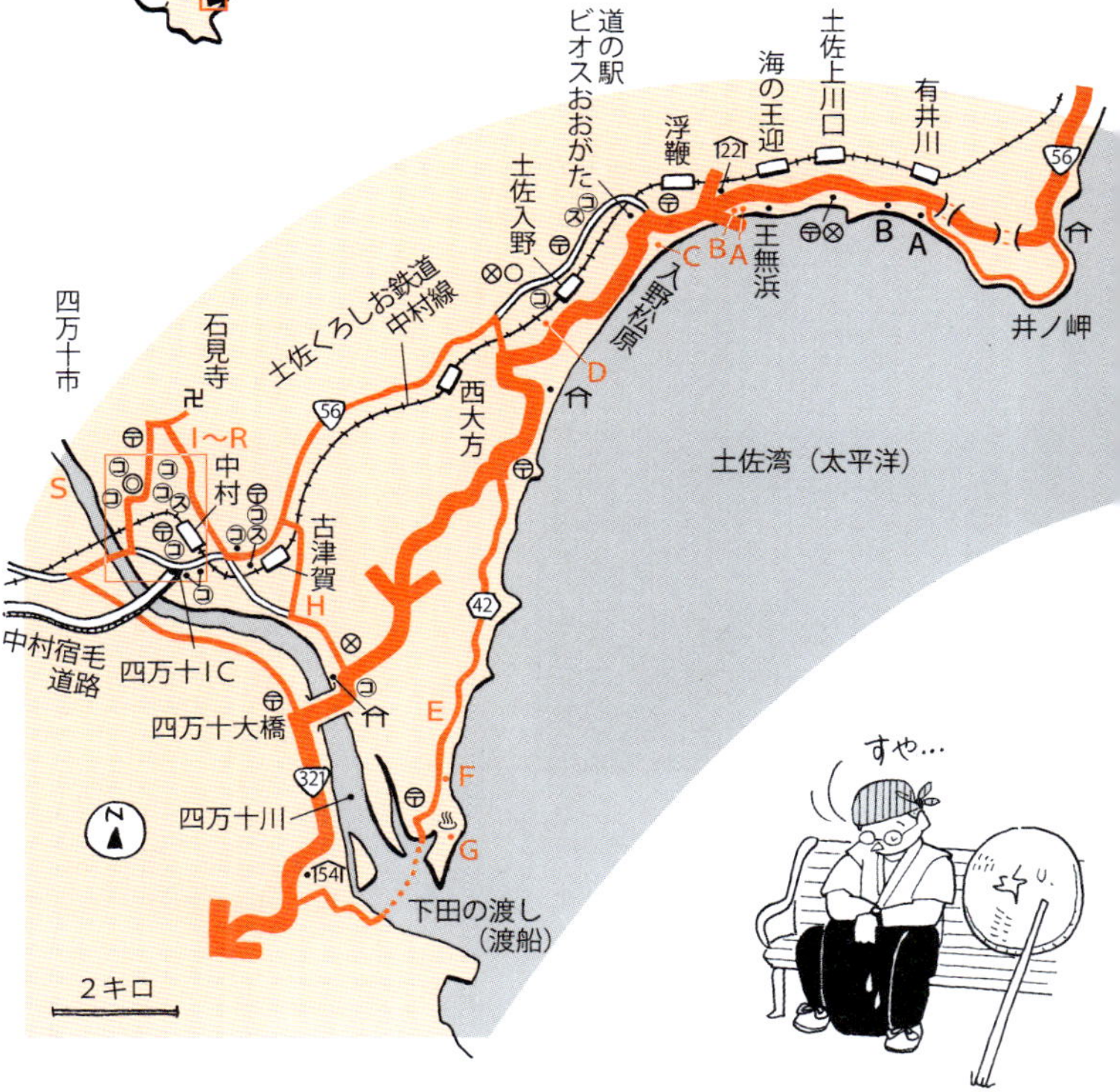

札所と宿

A 民宿みやこ 0880-44-1485	D ネスト・ウエストガーデン土佐 0880-43-0101	G 四万十の宿 0880-33-1600
B 浮津キャンプ場 0880-43-0881	E ペンションひらの 0880-33-1839	H 民宿月白 0880-34-2552
C 入野松原キャンプ場 0880-43-0105	F オートキャンプ場「とまろっと」 0880-33-0101	I 民宿四万十川 0880-34-4100

四万十大橋を越え土佐清水市へ

マップでは有井川《ありいがわ》駅付近から四万十川までの行程を紹介しているが、距離が20キロ未満と短いので、もちろんもっと先へ進める。伊豆田《いずた》トンネルを越えれば、下ノ加江《しものかえ》から先には民宿が数キロおきにあるので、そこを宿泊地の目標にしよう（↓94ページ）。宿の場所によっては、連泊して荷物を置き、空身で足摺岬まで往復する手もある（例えば大岐《おおき》から足摺岬への往復は30キロ程度の距離）。

ただし、四万十大橋から下ノ加江川の河口までは15キロほどあるし、伊豆田峠の山道をとる場合はもっと難儀する。野宿装備のない人は、時間を計算したうえで、無理そうなら峠手前の四万十川沿いや宿の多い中村で一泊しよう。四万十川の土手を歩くのも楽しい。

入野松原
防風林として松が広く植栽されている。木々の間から海が見える気持ちのいい道。

四万十川
全国的に有名な四万十川は、四国で一番長い川。お遍路では河口に近い部分を見ることになる。

とにかく素晴らしい海岸線は、見飽きることがない。

ここにも注目！

歴史

王無浜《おうなしはま》と海の王迎《おうむかえ》駅

この変わった地名と駅名は、鎌倉時代の後醍醐天皇の第一皇子である尊良《たかよし》親王が土佐に流された際、この浜に上陸したという故事によるもの。

施設

土佐西南大規模公園（大方地区）

入野松原を含めたこの公園の中を遍路道が通っている。ありとあらゆるスポーツ施設やキャンプ場などがあり、とにかく広い。

施設

四万十川の沈下橋

欄干がない作りの橋を沈下橋といい、四万十川の名物となっている。沈下橋巡りをするなら、中村駅近くの観光協会でレンタサイクルできる。上流の江川崎《えかわさき》駅で乗り捨て可能。

文化

小京都・中村

四万十市中村は、碁盤の目の町づくりや大文字の送り火の文化など、京都と歴史的に繋がりがある。

お遍路中は
スマホを機内モードに

宿の予約や天気予報のチェック、非常時の連絡など、歩き遍路にとってスマホは必需品である。しかし、せっかく旅に出ているのだからネットはたまに見る程度にして、ボーっと何もしない時間を大切にしよう。スマホバッテリーの節約にもなる。

高知県編

19日目 38 金剛福寺へ ～その3～

1キロ以上の砂浜の遍路道

四万十市から伊豆田峠、あるいはトンネルを越え、土佐清水市に入る。足摺岬まであと30キロを切った！　下ノ加江川に沿って下っていくと再び海が見えるようになり、気持ちもたかぶってくる。

途中に、大岐の浜という砂浜がある。足摺宇和海国立公園の景勝地のひとつで、1キロ以上もの浜辺が遍路道に指定されている珍しい場所だ。右手に低木の林、左手に太平洋が広がる。中ほどに東屋があり、休憩がてら海景色をじっくり味わおう。

浜の最後には小さな川があり、靴を脱いで渡渉する。対岸の木にブイがぶら下がっているので、それを目印に林の中を上がると道路に復帰できる。なお、増水時はこの川は渡れないようだ。

その後は県道27号を南下して、一路、足摺岬へ。

札所と宿

A Guesthouse創楽屋(そらや) 090-8375-6747	C 民宿大岐の浜 0880-82-8304	D 民宿 旅路 0880-82-8428
B 民宿いさりび 0880-84-0900		

行程マップ

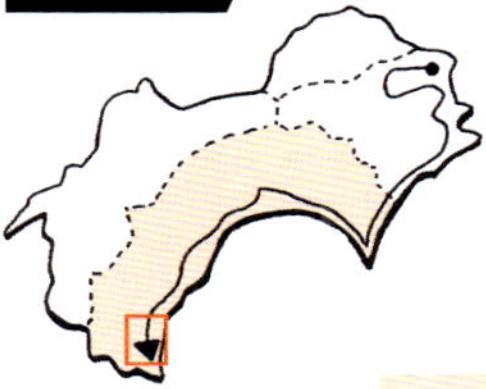

縦断図

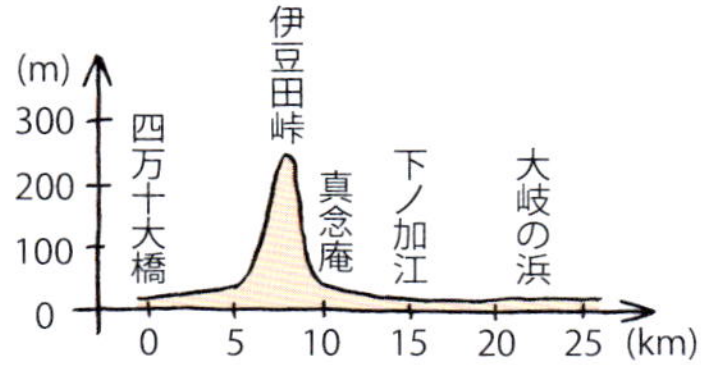
(m)
300
200
100
0
四万十大橋
伊豆田峠
真念庵
下ノ加江
大岐の浜
0
5
10
15
20
25
(km)

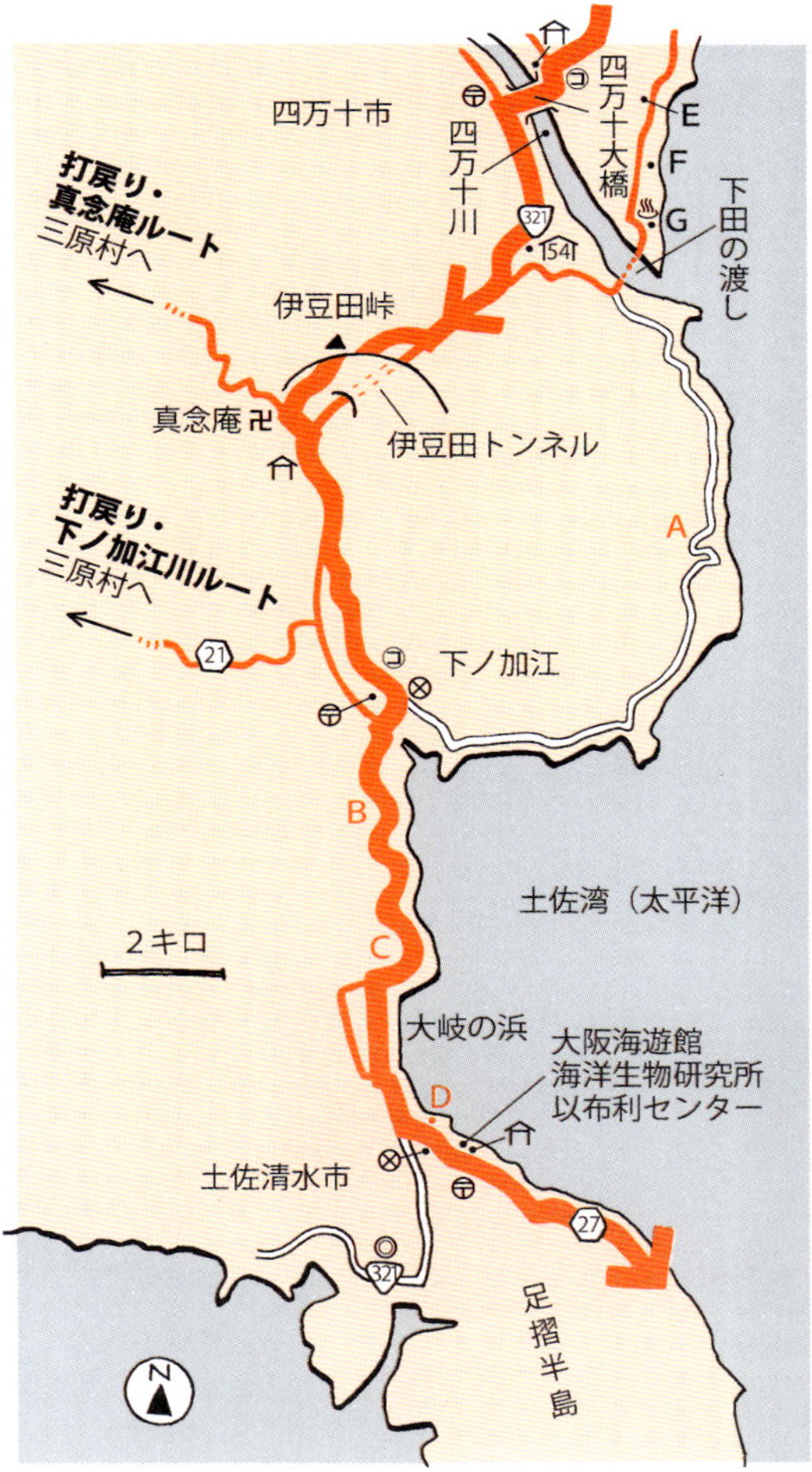
四万十市
四万十大橋
四万十川
321
154
E
F
G
下田の渡し
打戻り・
真念庵ルート
三原村へ
伊豆田峠
真念庵
伊豆田トンネル
A
打戻り・
下ノ加江川ルート
三原村へ
21
下ノ加江
B
土佐湾（太平洋）
2キロ
C
大岐の浜
大阪海遊館
海洋生物研究所
以布利センター
D
土佐清水市
27
321
足摺半島
N

大岐の浜。広大な砂浜を一歩一歩踏みしめて歩く。

悩みどころ？ 足摺岬周辺はルートがたくさん

伊豆田トンネル以降は、すれ違う歩き遍路の人数が増える。というのも、この道を引き返す（打戻り）のが38番金剛福寺から次の39番延光寺《えんこうじ》への最短ルートだからだ。

打ち戻って、伊豆田トンネル手前で左に折れ、真念庵《しんねんあん》を経て山奥の三原村を通り、宿毛《すくも》市の延光寺へ至るルートが約50キロ。一方、打ち戻らず、足摺岬から西岸を進み、そのまま大月町《おおつきちょう》へとぐるっとまわるルートは約70キロと、歩くと1日近く差が出る。人気なのは前者の真念庵打戻りルートだが、時間があるなら大月ルートがおすすめ。お遍路としてはここでお別れとなる太平洋の雄大な景色や、奇岩が見事な竜串《たつくし》海岸、いにしえの雰囲気の残る月山《つきやま》神社など、見どころは多い。

なお、この2ルート以外にも3つルートがあるが、店や人家が少ない山奥の道だから、歩く人はほとんどいない。

真念庵

江戸時代の僧、真念法師が建てたお堂。当時から打戻りの宿や荷物置場として遍路に利用されていた。

伊豆田トンネル

四万十市から土佐清水市へ抜ける全長1.6キロのトンネル。

ここにも注目!

自然

亜熱帯らしい森

足摺岬周辺はウバメガシなど照葉樹林が残っており、ほかの地域とは異なる趣の緑の風景を楽しませてくれる。足摺岬のシンボル、ヤブツバキの赤い花は2月ごろに見られる。

施設

大阪海遊館
海洋生物研究所以布利《いぶり》センター

大阪にある水族館「海遊館」の研究施設。ジンベエザメをはじめ、展示される生き物の収集や飼育、研究を行っている。通常は一般公開していない。

足摺岬周辺広域マップ

38 20日目 金剛福寺

来たぜ！ 歩いて足摺岬

足摺岬への道はいよいよ核心部へ入った。時折、林の間から下方に荒々しく波打つ岸壁が見えるが、海水面と道とに高低差があるから、海と触れ合っている感覚は乏しい。ただ、辺境らしさは十分にある。車通りの少ない細い道を、吸い込まれそうなほど遠い水平線を横目に歩くのは、これ以上ないほどの贅沢な時間だ。

鬱蒼《うっそう》とした木々に覆われた道路を抜けると、開けたところに出る。ついに……、ついに足摺岬に着いたのだ。左手に展望台、少し進むと売店、その向かいが38番金剛福寺。境内には中心に大きな池があり、アコウやツバキが生え、南国的風情に満ちた良いお寺だ。80キロもの距離を経てようやくたどり着いた達成感と充実感で胸がいっぱいになる。

次の札所は、高知県で最後となる39番延光寺。西岸を進む大月ルートで約70キロだ。まだまだ長いけど、がんばろう！

札所と宿

38 金剛福寺 0880-88-0038	F 民宿福田家 0880-88-0529	L 民宿みかんの家 0880-83-0121
A ホテル足摺園 0880-88-0206	G 農家民宿あさり 0880-88-0100	M ホテルしみず 0880-87-9123
B 民宿ことぶき 0880-88-0513	H 足摺サニーサイドホテル 0880-88-0331	N 南粋旅館本館 0880-82-0043
C 民宿田村 0880-88-0605	I ペンションつりの里 0880-88-0335	O ビジネス南粋 0880-82-2777
D 民宿 冠 0880-88-0059	J 民宿青岬 0880-88-1955	P 民宿清龍 0880-82-0606
E 足摺国際ホテル 0880-88-0201	K 民宿夕日 0880-82-9864	Q 民宿はやかわ 0880-82-0889

行程マップ

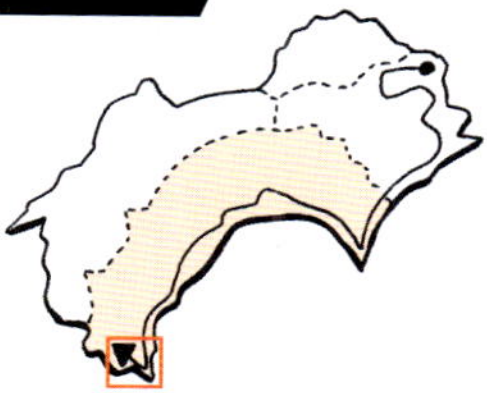

縦断図

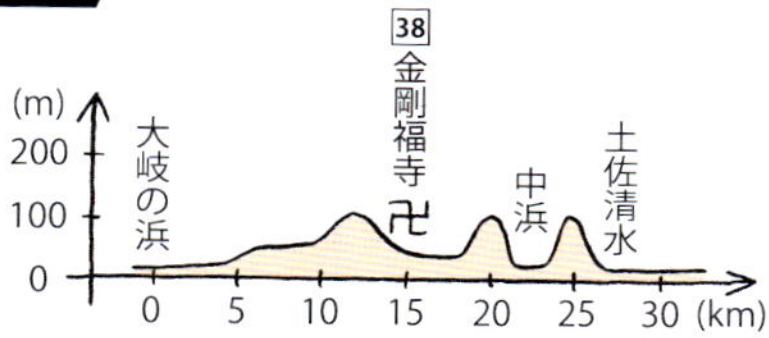
38
金剛福寺
(m)
200
100
0
大岐の浜
中浜
土佐清水
0
5
10
15
20
25
30
(km)

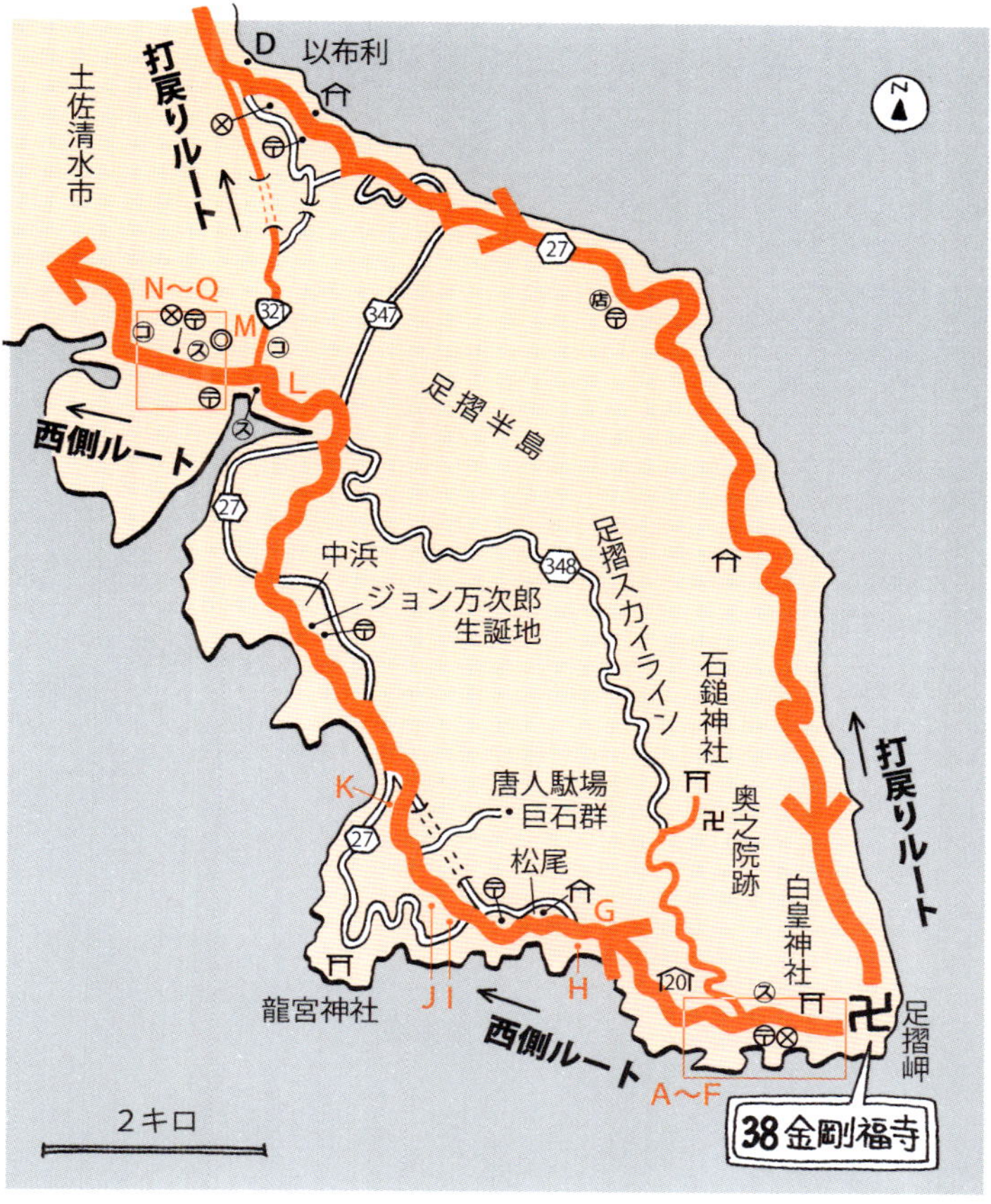
D
以布利
打戻りルート
土佐清水市
27
N～Q
M
321
347
L
西側ルート
足摺半島
27
348
足摺スカイライン
中浜
ジョン万次郎
生誕地
石鎚神社
打戻りルート
K
唐人駄場
巨石群
奥之院跡
27
松尾
G
白皇神社
201
龍宮神社
J
I
H
西側ルート
A～F
足摺岬
38金剛福寺
2キロ

ジョン万次郎の生誕地・中浜

足摺岬の西岸は見どころがたくさんある。まずは松尾の集落が素晴らしい。すり鉢状の斜面にへばりつくように民家が建ち並び、それが海まで続いている。よく見ると段々畑のように積まれた石垣が残っており、まるでここだけ昔から時が止まったかのような錯覚を覚える。

遍路道から少し外れるが、古代人による山岳祭祀遺跡とされる唐人駄場《とうじんだば》巨石群や、臼碆《うすばえ》海岸の断崖の絶景、その岩の上にある龍宮神社に立ち寄るのも良い。

中浜《なかのはま》という集落へも遍路道が通っている。ここは有名なジョン万次郎（中浜万次郎）の生誕地だ。江戸末期、出漁時に遭難し、捕鯨船に助けられて渡米した人物である。防波堤に解説パネルが貼られているほか、復元された生家もある。興味の湧いた人は、6キロ先のジョン万次郎資料館もあわせてどうぞ。

足摺岬展望台

広大な太平洋と荒々しい岸壁を見渡すことができる絶景ポイント。

38番金剛福寺

足摺岬先端にある札所。南国的風情をそなえている。

足摺岬では、かつて捨身行である補陀落渡海《ふだらくとかい》が行われていたとされる。

ここにも注目!

自然

最果ての地

足摺岬周辺の海には「果てしない」という言葉が似合う。密入国・密輸入防止を喚起する看板も立ち、どことなく寂しくて怖い雰囲気だ。

文化

松尾の集落

海に向かう斜面に見事な石垣が積まれている。県道のバイパスではなく、ぜひ集落内の道を歩こう。

歴史

唐人駄場巨石群

古代人による山岳祭祀遺跡とされる。たくさんの巨大な岩々や、ストーンサークルがある。

歴史

復元されたジョン万次郎生家

中浜は、ジョン万次郎の郷里である。その生家が集落内に復元されており、見学可能。

やや荒れている足摺岬西側の山道

季節にもよるが、一部の山道では背丈ほどの雑草の繁茂や倒木、道が沢のように水浸しになるなど、整備が間に合っていない箇所がある。写真の看板は、刈込バサミが置かれ、歩き遍路に「草刈り接待」を求めている。ぜひ協力しよう。

21・22日目
39 延光寺

西側・大月ルートで海と語り合おう

繰り返しになるが、金剛福寺から延光寺までは複数のルートが存在し、その中で現実的な選択肢は2つ。西側・大月ルートか、打戻り・真念庵ルートである。

本書のおすすめは西側・大月ルート。足摺岬から海岸線沿いに西へ進み、大月町と宿毛市を通る。約3日間の行程となる。距離は長いが太平洋の絶景を味わえる。

一方で、打戻り・真念庵ルートは足摺岬から東へ打戻り、山深い三原村を越えて宿毛市に至る。前者と比べて1日分短縮でき、宿も多いので、こちらを選ぶ人が多い。ただし、三原村に入ってからは買い物できる場所が無いため、下ノ加江のコンビニなどで必ず買い出ししておこう。

左ページに両ルートの縦断図を併記する。広域マップと照らし合わせて、どちらを歩くか比較検討してほしい。

札所と宿

A ホテル南国 0880-85-0109	I 清水川荘 090-4334-0661	P ビジネスホテルあさひ 0880-65-6707
B 民宿竜串苑 0880-85-0608	J 大月アウトドアフィールドKASHINISHI 090-1202-1696	Q ホテルマツヤ 0880-63-1185
C スノーピーク土佐清水キャンプフィールド 0880-87-9789	K 幡多郷 0880-73-1324	R ホテルアバン宿毛 0880-63-1180
D ホテルオレンジ 0880-85-0146	L 宿毛リゾート 椰子の湯 0880-65-8185	S まなべ旅館 0880-63-3408
E 農家民宿今ちゃん 0880-46-2050	M すくもBOX 080-4410-2441	T 米屋旅館 0880-63-3141
F 三原キャンプ場 0880-46-2437	N ゲストハウスさくら 0880-63-9841	39 延光寺 0880-66-0225
G 農家民宿くろうさぎ 0880-46-2505	O ALBERGUE SAKURA 同上	U 鶴の家旅館 0880-66-0007
H 農家民宿森本㋮㋸ 0880-46-2622		

行程マップ

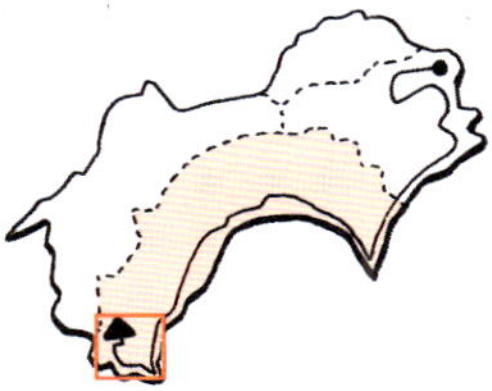

縦断図

① 西側・大月ルート

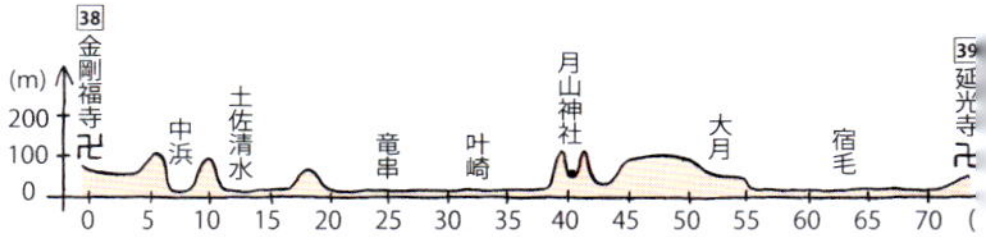

② 打戻り・真念庵ルート

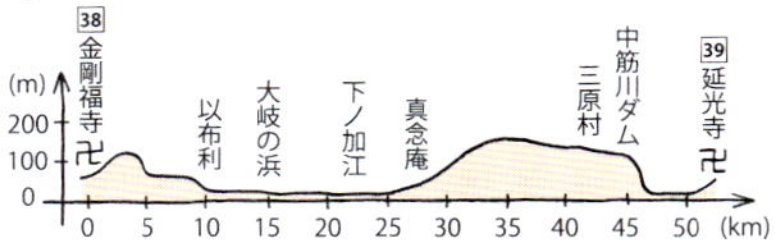

竜串海岸の奇岩群の広さに驚く！

名勝竜串海岸は、遍路道である国道321号のすぐそばにある。圧巻のスケールに大満足すること間違いなし！　なにしろ、海岸一帯がすべて奇岩なのである。しかもその奇岩の上が遊歩道になっており、自由に歩ける。もちろん手すりなどは無く野性味にあふれる。

「大竹・小竹」と名付けられた岩があることからも分かるように、岩が波や風に浸食を受けて竹のような円柱状の形をしており、それがデコボコと列状に連なっている。

同じ海域にはほかにも、弘法大師がすべてを見て回れなかったと言われる見残し海岸の奇岩群があり、グラスボートで行ける。また、足摺海洋館SATOUMIや足摺海底館（海中展望塔）という施設もある。そろそろ太平洋との別れのときも近い。歩みを止めて、とことん海とたわむれてみてはいかがだろうか。

叶崎《かなえざき》
西の足摺岬といわれ、断崖が連なる絶景を見渡せる。岬の先端に灯台あり。

海岸線に沿って歩く
大月方面へは、土佐清水市街地から国道321号を西へ進む。

竜串海岸の奇岩群は一見の価値あり。

ここにも注目!

グルメ

宗田節《そうだぶし》

土佐清水市はメジカ（ソウダガツオ）を原料とする宗田節が名産。宗田節のお茶漬けやダシの効いたうどんなど、食べてみよう。

施設

ジョン万次郎資料館（海の駅あしずり）

中浜出身の万次郎は、14歳のとき出漁中に遭難し、無人島で仲間と143日間生き延びたあと捕鯨船に助けられ渡米した。その壮絶な人生を学ぶことができる施設。

施設

道の駅めじかの里 土佐清水

2023年にリニューアルオープン。レストランもあり、宗田節をはじめ地元の海鮮を味わえる。筆者が立ち寄った際は、売店に並んでいた藁焼きしたてのカツオのたたきが非常に美味しかった。

自然

竜串海岸

細長い岩や、蜂の巣構造の岩など、不思議な造形のさまざまな奇岩が広い面積にわたって続く景勝。必見だ。

宿が少ない大月ルート

大月ルートは宿に困る。竜串から宿毛市中心部までの40キロは宿の数が少なく、思うように予約がとれないかもしれない。長丁場を覚悟しよう。不安な人は、金剛福寺以降は東へ打ち戻り、真念庵ルートを行く方が無難。もしくは足摺半島だけは西岸を歩き、土佐清水市街地で右折して以布利側へ戻り、真念庵に向かうのも良い。

なお野宿適地は海沿いの東屋などあちこちにある。野宿の人はぜひ大月ルートへ。

月山神社は大月町の山間にひっそりとたたずんでいる。

いにしえの香りが残る 月山神社

大月町に入り、大浦分岐で左折。「大月へんろ古道」として整備された山道を越え、ふたたび車道に復帰。少し進むと、木々に囲まれ薄暗い道路の脇にひっそりと月山《つきやま》神社が姿をあらわす。他の霊場とは一線を画す、いにしえの雰囲気に圧倒される。

月山神社は、縁起によれば修験道の開祖といわれる役行者《えんのぎょうじゃ》（役小角《えんのおづぬ》）がこの山で月影の霊石を発見したことによるとされ、歴史は古い。神社そのものはこぢんまりとしているが、往時が偲ばれる厳かな雰囲気や、名前の良さ、ここに至るまでの道のりの苦しさなど、トータルで味わい深い参拝となる。

寂しい道はまだまだ続く。時折見える海景色もどこか切なく感じる。でも心のどこかで、ここまで歩いてきてよかった、と静かな感動が残るに違いない。

39番延光寺

高知県最後の札所。御朱印には亀の絵が入り、20番鶴林寺の鶴の絵とあわせて縁起が良いと白衣の背中に２ヶ寺の御朱印をもらう人もいる。

月山神社

御神体は月型の石であるが、沿道に置かれている石ではなく、神社本殿の裏山の上方20メートルにあるものが御神体とのこと。見落とし注意。

高知最後の札所、延光寺

宿毛市中心部から東に8キロほどで延光寺に着く。しばらく寂しい道が続いただけに、久しぶりの市街地の賑やかさにホッとする。

さて、これで高知県の札所はおしまい。ここから先、愛媛県の遍路道はしばらく海とお別れし、山奥へと入っていく。場所によっては峠が連続し、久万高原町《くまこうげんちょう》でそのピークを迎える。高知では少なかった山歩きの修行が待っているが、そろそろ足は仕上がってきただろうか？ 通し打ちで痛みがある場合は、1日でもいいので休足日を設け、回復に努めよう。怪我によるお遍路中断は避けたい。通し打ちとは結果論である。結願《けちがん》するまでは通し打ちになるかどうかは分からないのだ。

ここにも注目!

ルート

三原村

打戻り・真念庵ルートを選んだ場合、山奥の三原村を通る。自然豊かな農村で、どぶろくが有名。

文化

さんご採取発祥地記念像

わらべ唄およびそれを題材とした絵本「お月さん ももいろ」の舞台はここ大月町月灘《つきなだ》である。江戸時代、土佐藩によってサンゴの採取や所在の口外が禁じられていた。

四国遍路の真ん中はどこ？

四国四県のうち、徳島と高知の二県を歩き終えた。ここまで550キロ程度歩いたわけだが、遍路道の全長を1100キロとすると、ここがおおむね中間地点である。一方、札所の数は88のうちまだ39。中間地点の44番は、ここから200キロほど先、愛媛県久万高原町の大寶寺《だいほうじ》だ。札所の少ない区間がまだしばらく続く。

コラム

ネット時代の歩き遍路

旅の模様をネットにアップすれば、その感動をリアルタイムに知人と共有できるし、見る側にとっても生存確認ができて安心だ。一方で、ひとり歩き旅という特殊な事情ゆえ、公開する情報の取捨選択には気を配る必要がある。

防犯の観点を意識すること。場所が分かる情報や写真は、時間をずらして投稿する。また、ザックや服など個人を特定できる写真は投稿しない。車に乗ってストーカーされると、徒歩では太刀打ちできない。

ノートPCやタブレット、撮影機材を持参し、夜にブログや動画を編集してリアルタイムにアップする人もいるが、あまりおすすめしない。夜はネット越しの誰かではなく同宿の人との一期一会の交流を大切にすべきだ。もしくは早く寝て、疲労回復につとめた方が良い。そもそも、荒っぽく扱う荷物の中で、精密機器は壊れてしまう可能性も高い。

また、旅の最中、帰宅後にかかわらず、野宿場所の詳細のネット公開はできれば避けること。地域住民の迷惑になる可能性がある。

女性の歩き遍路

女性の歩き遍路について、筆者は男性なので詳しいことは分からないが、見聞きした話を列挙する。参考にしていただきたい。

安全面に関しては基本的には問題ないと思うが、女性を狙った不審な声がけなどもあるようだ。車お接待には用心すること。防犯ブザーがあると安心。

相部屋の宿に泊まる場合、女性専用ルームがあるかどうか、鍵の有無を予約時に聞いておく。善根宿や通夜堂は一部屋しかないところが多いが、男性もいる場合は他の場所を案内してくれるなど配慮してもらえる場合がある。ただ、こういった場所には女性は泊まらない方がいいという声も聞く。

町から外れた地域ではトイレが少ないため、地図であらかじめ目星をつけておく。

遠くから男性に見える格好をする。たとえば、ザックは青や黒系統にする、短髪にする、など。

野宿する女性は少ない。体力、衛生、防犯の面での負担が大きい。ただ、外国人女性で野宿遍路をしている人はそれなりにいる印象。

愛媛県編

西日本最高峰・石鎚山を擁する愛媛県内の霊場は、4県のうち最多となる26ヶ所にのぼる。前半は山々が連続する険しい道のりだが、後半は穏やかな瀬戸内海の美しい風景に癒される。

県境の松尾峠を越えて、愛媛県へ突入！

宿毛市中心部を外れ、遍路道は山側へ。林や集落を抜ける細い道が続く。季節によっては雑草が繁茂して歩きにくい箇所もあるので注意しよう。急な山道を登ると見えてくるのは松尾峠。ここが高知と愛媛の県境だ。

古くはここには街道が通り、幕府の巡見使《じゅんけんし》、旅人やお遍路の通行が盛んで、日に200人も通ったという。昭和初期までは茶屋もあったようだ。今では木々に覆われ、往年の活気はない。

眼下には宿毛湾が一望できる。昔の人も、今の我々と同じようにこの景色を見たんだろうか、茶屋で買ったお団子でも食べながら……。

一服したら、峠を下って愛媛県愛南町《あいなんちょう》に突入だ。急に道の整備状況が良くなり、まるで遊歩道のよう。同じ山道なのに、県によって差があって面白い。

朝に宿毛市の宿を出れば、夕方には愛媛県最初の札所である40番観自在寺《かんじざいじ》に着く。

県境の峠から宿毛湾を望む。

行程マップ

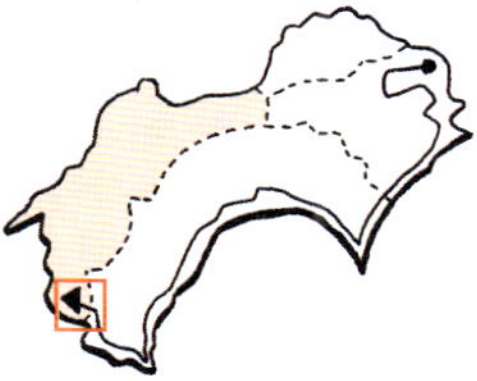

縦断図

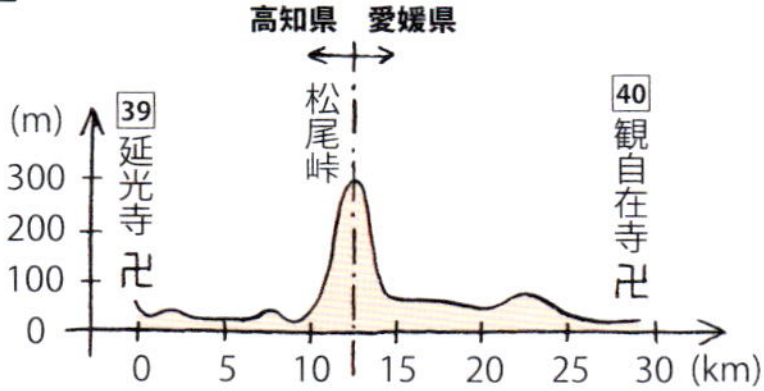

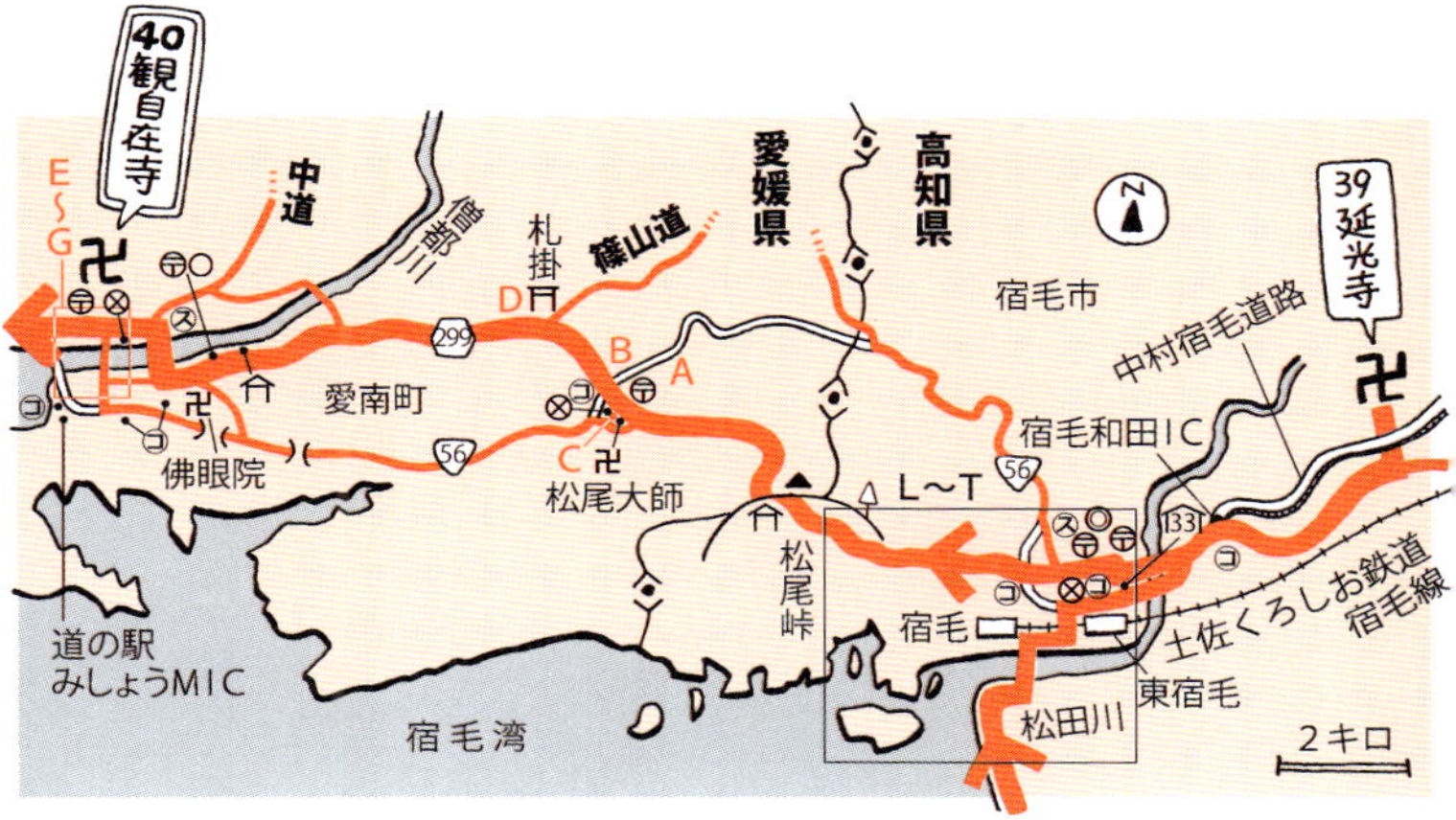

札所と宿

- A 一本松温泉あけぼの荘　0895-84-3260
- B ホテルセレクト愛媛愛南町　0895-84-3311
- C 大盛屋　0895-84-3292
- D 札掛の宿　0895-84-2223
- E ビジネスホテルプラザ御荘　0895-73-1826
- 40 観自在寺　0895-72-0416
- F 山代屋旅館　0895-72-0001
- G 青い国ホテル　0895-72-2131

篠山神社と札掛

篠山《ささやま》神社は、愛媛県愛南町と高知県宿毛市の県境にある篠山（標高約1000メートル）の山頂にある番外霊場である。八十八ヶ所には含まれないものの、古来より重要な場所として位置づけられてきた。江戸時代の遍路では、高知県の月山《つきやま》神社かここ篠山神社のどちらかは参拝するという不文律があったようだ。

現代では篠山神社へ登拝する遍路はごくわずかである。理由は通常の遍路道から大きく迂回する行程になること、標高が高いこと、前後に宿や店がほとんど無いことなどが考えられるが、そもそも一般的に八十八ヶ所以外の霊場への関心が薄いことも大きいだろう。

もっとも、はじめてのお遍路のときは心身ともに余裕がないのが実情で、こういった歴史や文化に関心が向き、立ち寄るようになるのは2周目、3周目以降だという意見はよく聞く。

愛南町一本松、遍路道沿いの「札掛《ふだかけ》」という地名は、篠山参りを果たせなかった遍路が札を掛け、篠山を遥拝《ようはい》した名残だ。篠山神社の一の鳥居もここにある。篠山へ向かう、いにしえの信仰の旅路に思いを馳せてみてはいかがだろうか。

松尾峠

標高300メートルにある、高知・愛媛県境の峠。茶屋跡にベンチがある。ここでおにぎり休憩しよう。

40番観自在寺

1番札所霊山寺《りょうぜんじ》から最も遠い札所。町の中心部に建ち、周囲は門前町の雰囲気が残る。

ここにも注目!

交通

宿毛を基点に一国参り

区切り打ちの場合、宿毛を基点とすればアクセスが良い。高速バスなら近鉄バスで関西まで。あるいは土佐くろしお鉄道で中村駅へ、JRに乗り換えて高知駅へ。

ルート

松尾峠への山道

宿毛市中心部から先は、山あいの集落をいくつか通り抜け、急登ののち県境の松尾峠に至る。昼食や飲み物の買い物は宿毛市で済ませておくこと。

歴史

国境の石柱

松尾峠には石柱が2本立つ。「従是東土佐國」「従是西伊豫國宇和島藩支配地」と彫られている。

ルート

僧都川《そうず》

川の土手が遍路道になっている。観自在寺まであと少し！

菩提《ぼだい》の道場

愛媛県は「菩提の道場」と呼ばれている。菩提とは悟りのこと。ここからまだまだ続く長い道のりを経て、各々が抱える課題に対して何か大切な気づきがあるかもしれない。

24日目

41 龍光寺へ ～その1～

愛媛県編

柏坂からの絶景は必見！

観自在寺の先は、国道56号を西へ北へ、宇和島市に近づいていく。

愛南町と宇和島市津島町の境に柏坂《かしわざか》という峠がある。標高500メートルほどの登山で体力的にはしんどいが、ここから見える景色が絶景だ！　ぐねぐねと曲がって伸びる由良半島の、山がそのまま水没したような複雑な海岸線がかっこいい。天気が良ければ、遠くに九州も見える。

柏坂を登らずそのまま国道を進むルートも、海のすぐそばを歩くことになるので良い眺めだ。この地域は真珠養殖が盛んで、丸い浮き球が海にずらりと並ぶ様子を見ることができる。

宿泊は柏坂の麓、あるいは津島町岩松まで行く。野宿の人はキャンプ場利用か、野宿適地も探しやすい。海の夕暮れを楽しみに、のんびり行こう。

札所と宿

A 柏坂 080-6392-9170	D 須ノ川公園キャンプ場 0895-85-0200	G よしのや旅館 090-5915-9869
B かめや旅館 0895-85-0007	E レジャー民宿・西遊魚センター 0895-35-0917	H ホテルアイリン 0895-20-8211
C かしわ 0895-85-0417	F 三好旅館 0895-32-2107	

行程マップ

縦断図

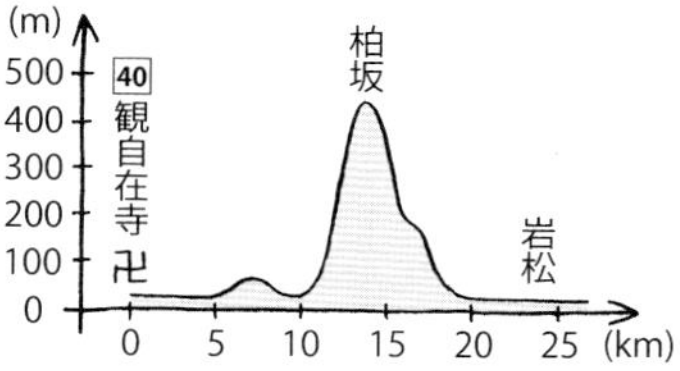
(m)
500
400
300
200
100
0
40
観自在寺
柏坂
岩松
0
5
10
15
20
25
(km)

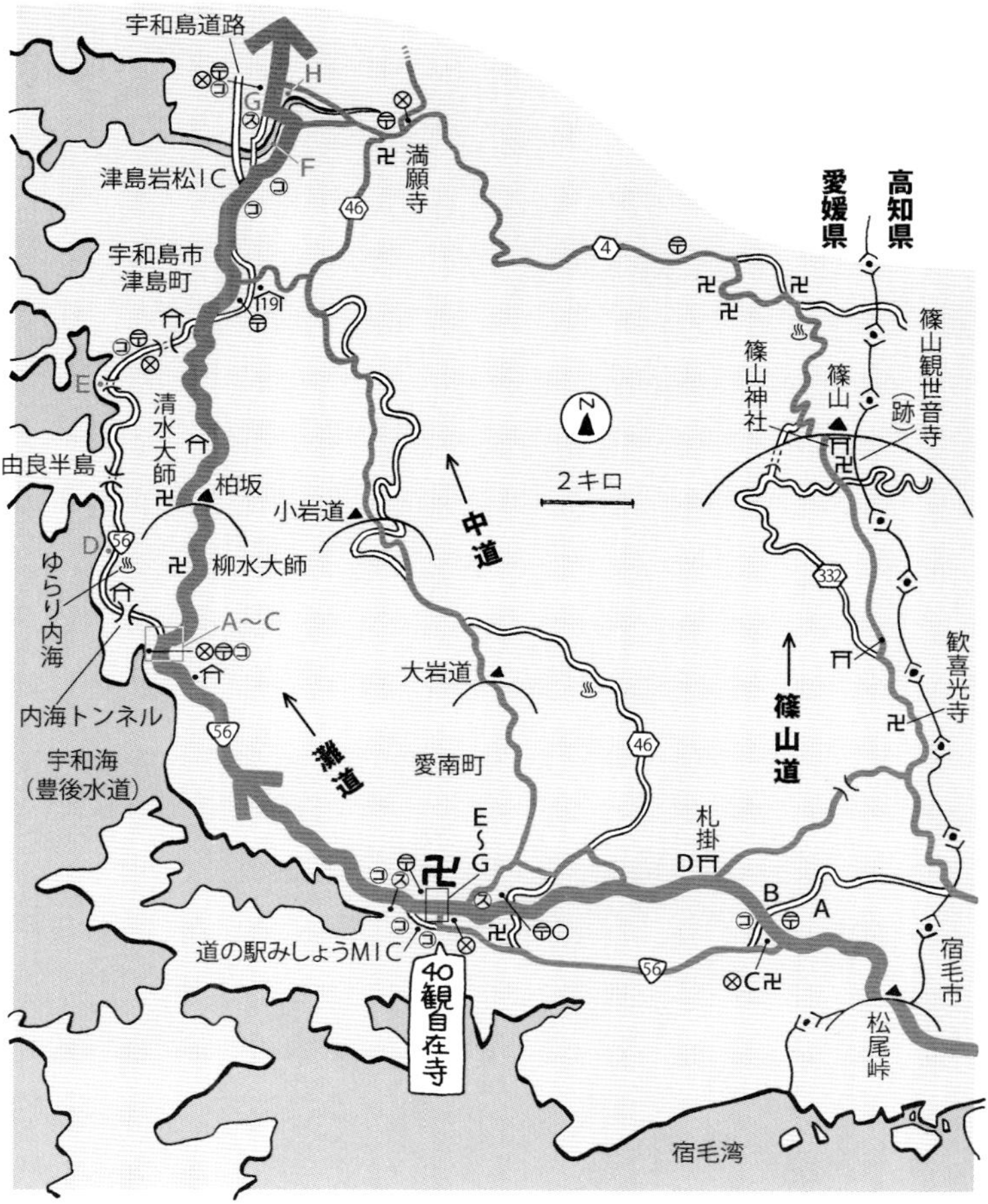
宇和島道路
H
G
F
津島岩松IC
満願寺
46
4
愛媛県
高知県
宇和島市
津島町
119
篠山観世音寺(跡)
篠山神社
篠山
E
清水大師
由良半島
柏坂
2キロ
小岩道
中道
D
56
ゆらり内海
柳水大師
332
A～C
内海トンネル
大岩道
歓喜光寺
篠山道
56
宇和海
(豊後水道)
灘道
愛南町
46
E～G
札掛
D
B
A
道の駅みしょうMIC
40
観自在寺
56
C
宿毛市
松尾峠
宿毛湾

柏坂つわな奥展望台より。由良半島の海景色。

灘道、中道、篠山道

江戸時代、40番観自在寺から41番龍光寺《りゅうこうじ》にかけては灘道《なだみち》、中道《なかみち》、篠山道《ささやまみち》の３ルートが遍路道として使われていた（中道はのちに宇和島藩の統制により通行が禁じられた）。

はじめての歩き遍路では灘道を選ぼう。現代遍路のほとんどが選ぶのは灘道である。宿や店があり、眺めもいい。

中道は標高５００～６００メートルの大岩道《だいがんどう》、小岩道《しょうがんどう》を越える道。近年復元された。

篠山道は、篠山神社へ登拝する歴史ロマンの道。観自在寺から引き返し、標高１０００メートルの登山が待ち構える。山頂から津島町側に下山する山道は未整備の場所が多いため注意。山深く、体力のみならず勇気も必要なハードな道のりとなる。挑戦する場合は食料や寝床など、登山計画を十分に練ること。

３ルートの合流地点にあるのが満願寺《まんがんじ》。歴史的に重要なこの番外霊場の境内には、今日も静かに風が吹いている。

柏坂
かわいい道しるべを目印に山道へ。途中に掲示されている文言が沁みる。「時と金かけて歩くはへんろ道 この傷みこの疲れこそ有難きかな」

満願寺
宇和島市津島町にある番外霊場。真念《しんねん》著『四國《しこく》遍路道指南《へんろみちしるべ》』でも紹介されている。

ここにも注目!

ルート

内海トンネル

自動車用とは別に歩行者用の小さなトンネルがあり、快適。あまりにも真っすぐなので目が変になる。

施設

ゆらり内海

日帰り温泉やレストランがある。入浴後、近くの須ノ川公園キャンプ場でテント泊が可能で、野宿遍路にとって便利。

産業

真珠の養殖

愛南町内海地区では、リアス海岸を活かした真珠養殖が盛ん。

ルート

篠山神社　二の鳥居

篠山道ルートは、観自在寺から東進したのち県境を流れる篠川に沿って北上。鳥居が篠山の登山口である。ここから山頂までは尾根沿いに約5キロの道のりだ。

実はかなり臭う野宿遍路

野宿遍路は、数日間お風呂に入れなかったり洗濯できなかったりして、知らず知らずのうちに汗臭く不衛生となり、お店の人や住民に不快な思いをさせてしまっていることが多い。こまめなコインランドリーの利用や、日帰り入浴、ボディシートの活用など、やれることはやろう。

愛媛県編

41 25日目 龍光寺へ ～その2～

愛媛県で中だるみ⁉

愛媛県最初の札所の観自在寺から次の龍光寺までは約50キロ。果てしなく感じた足摺岬の金剛福寺前後と比べると目立たないが、実はけっこう離れている。

眠い、お腹が空いた、飽きた。どうして自分はこんなことをしているんだろう。無目的に歩いている感覚がまとわりつく。毎日のドラマチックな出来事にも慣れ、麻痺し、感動のスイッチが鈍くなってくる。もしくは妙に感傷的になり、突然涙があふれることもある。

愛媛県に入ると、このように中だるみに陥ってしまうお遍路が一定数いる。

原因は、体力がついたことで心理面にゆとりが生まれ、緊張感がなくなることや、足摺岬という難関をクリアし、高知県の札所をすべて打ち終えた燃え尽き症候群による脱力感などが考えられる。

そして何より、海が見えないのがつらい。この先5、6日ほどは山奥の道が続く。高知県でずっと見てきた海がいかに開放感を与えてくれていたか、痛感することになるだろう。

何か次の目標を立てよう。そうだ、大都会、松山市に着いたら観光しよう、道後温泉に入ろう！　そうやって自分を鼓舞し、どうにか松山市に着いたら着いたでまた別の壁が立ちはだかるのだが、それはまた次のお話……。

札所と宿

Ⓐ 民宿奴
0895-22-1545

Ⓑ JRホテルクレメント宇和島
0895-23-6111

Ⓒ DearUうわじまゲストハウス&カフェ
070-9028-5546

Ⓓ 宇和島オリエンタルホテル
0895-23-2828

行程マップ

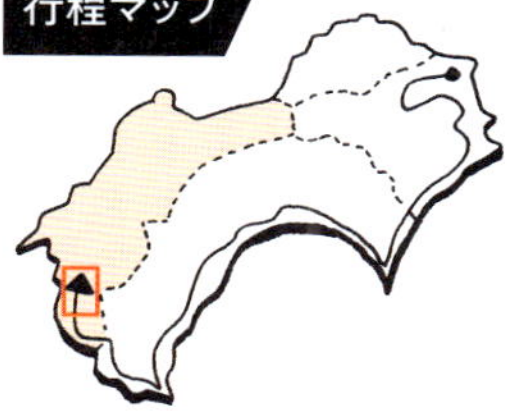

縦断図

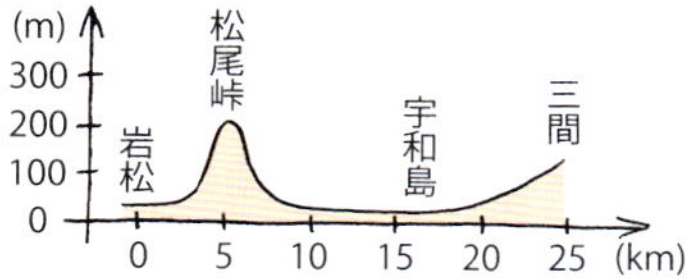
(m)
300
200
100
0
松尾峠
岩松
宇和島
三間
0
5
10
15
20
25
(km)

三間IC
務田
高光
JR予讃線
JR予土線
宇和島北IC
宇和島朝日IC
北宇和島
道の駅
みなとオアシス
うわじま
きさいや広場
鯨大師
※宇和島市中心部
スーパー・コンビニ
多数あり
A～D
宇和島
別格6番龍光院
宇和島城
馬目木大師
宇和島坂下津IC
宇和島別当IC
宇和島南IC
宇和島道路
2キロ
松尾峠
津島高田IC
道の駅
津島やすらぎの里(休止中)
H
G
F
津島岩松IC
岩松川
満願寺
篠山道
灘道
中道
E

じゃこ天、鯛めし……宇和島は海鮮の宝庫！

「海鮮？　高知県の民宿でカツオのたたきがたくさん出てきて、十分堪能したよ」という声が聞こえてきそうだが、ここは愛媛県。海域が違えば美味しい魚も変わる。

宇和島市で有名な海鮮グルメといえば鯛めし。松山市の鯛めしはご飯と鯛を一緒に炊き込むが、宇和島市の鯛めしは刺身とタレと卵を混ぜてご飯に載せるタイプだ。今回、歩き遍路としておすすめしたいのは、じゃこ天の食べ歩き！

宇和島市内には、その場でじゃこ天を食べられるかまぼこ屋が何軒もあるほか、近隣の道の駅にも出店しているので、道中で自然と目にする機会はあるし、何より気軽に買えるグルメである。

揚げたてのじゃこ天は、ふわふわもちもちと弾力があり、香りが良い。骨のじゃりじゃり感もいいアクセントで、魚の美味しさが詰まっている。おやつ感覚でぜひご賞味あれ。

松尾峠

ルートは毎度おなじみ、峠道とトンネルの2択。トンネル入口のすぐ左手に峠道の入口あり。

津島町岩松の町並み

岩松川に沿って古い町並みが保存されており、その中を歩く。

宇和島市街地へ、国道56号を進む。

ここにも注目!

グルメ

じゃこ天

南予地方の名物、魚のすり身の揚げ物。皮や骨ごと入っており、じゃりじゃり食感があるのが特徴。

文化

闘牛

宇和島では年に四度行われるほど闘牛が盛んだ。宇和島駅前には闘牛のモニュメントがある。

言葉

きさいや

宇和島駅前のアーケード商店街「きさいやロード」。「きさいや」とは方言で「来てくださいね」の意味。近くにある道の駅の名前も「きさいや広場」。

産業

耕して天に至る

海沿いの急斜面に石垣を積み上げ作られた段畑《だんばた》は、南予《なんよ》の象徴的風景。柑橘類やイモなどの栽培が行われている。写真は遊子水荷浦《ゆすみずがうら》の段畑（遍路道沿いではない）。壮観だが、実際の農作業は大変。

山道と道路の交差に注意

松尾峠の後半、遍路道は山道と舗装道路を出たり入ったりする。道しるべを常にチェックしていないと、山道への分岐を見落としてそのまま舗装道路を全然違う方向に行き、迷子になるかも！ 道しるべを30分間見なくなったら間違ったと判断し、最後の道しるべまで引き返すべし。筆者はこれで1時間ロスした。

26日目 41 龍光寺〜43 明石寺

久しぶりの参拝、参拝、参拝！

この日は41番龍光寺《りゅうこうじ》、42番仏木寺《ぶつもくじ》、43番明石寺《めいせきじ》と3ヶ所もの札所を続けて参拝する。札所間距離はそれぞれ3キロ、10キロ程度と短いが、仏木寺と明石寺との間には歯長《はなが》峠がある。愛媛前半部はこのように峠が毎日のようにあり、気が抜けない！

峠の向こう、まわりを山で囲まれた盆地に開けた西予《せいよ》市宇和町は、穏やかでホッとする印象の町。卯之町《うのまち》には古い町並みも残されている。そこから少し山側に上ったところに明石寺がある。境内は緑に囲まれ、階段が多く立体的な作りだ。

寺号の読みは「めいせきじ」が一般的だが、「あげいしじ」とも呼ばれる。御詠歌《ごえいか》は「聞くならく千手の誓いふしぎには大盤石もかろくあげ石」。

さて、明石寺から次の44番大寶寺《だいほうじ》までの距離は約70キロ。またまた非常に長い！　くじけずに行こう。

札所と宿

41 龍光寺 0895-58-2186	43 明石寺 0894-62-0032	D まつちや旅館 0894-62-0126
42 仏木寺 0895-58-2216	B 第1ビジネスホテル松屋 0894-62-3232	E 宇和パークホテル 0894-62-2211
A ゲストハウスうめや 090-2892-1924	C 冨士廼家旅館 0894-62-0050	

行程マップ

縦断図

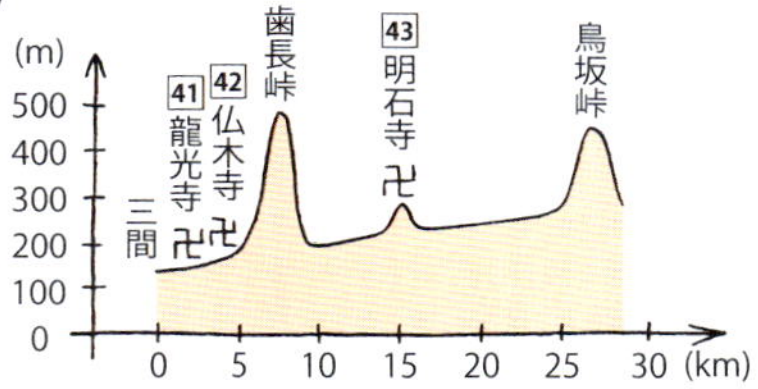
(m)
500
400
300
200
100
0
三間
41 龍光寺
42 仏木寺
歯長峠
43 明石寺
鳥坂峠
0
5
10
15
20
25
30
(km)

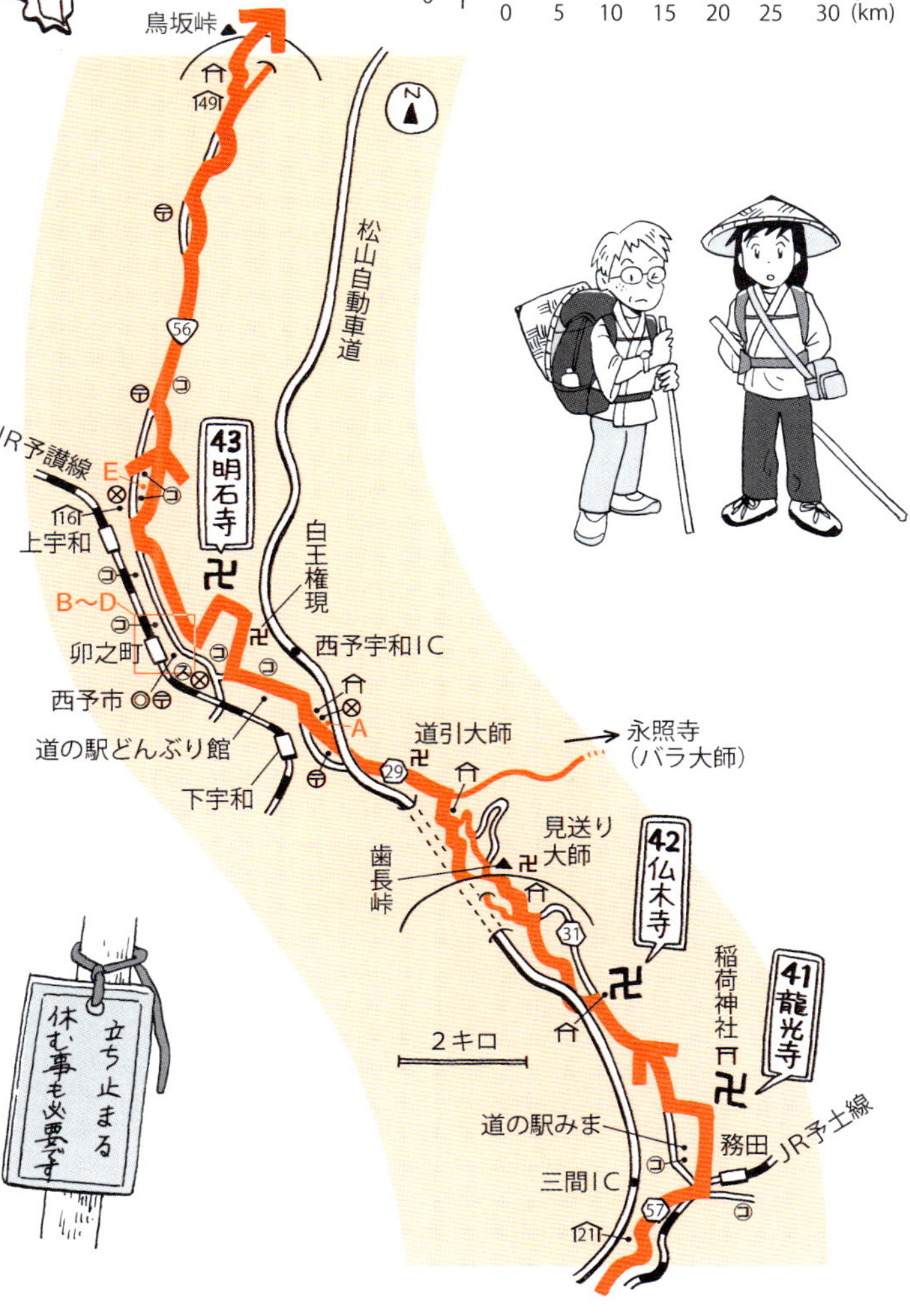
鳥坂峠
149
56
松山自動車道
JR予讃線
E
43 明石寺
白王権現
116
上宇和
B～D
卯之町
西予市
西予宇和IC
A
道の駅どんぶり館
下宇和
道引大師
29
永照寺（バラ大師）
見送り大師
歯長峠
42 仏木寺
31
稲荷神社
41 龍光寺
2キロ
道の駅みま
務田
JR予土線
三間IC
57
121
立ち止まる
休む事も必要です

田園風景が広がる三間《みま》平野。

崩れやすい？ 歯長峠

　歯長峠はその面白い名前のインパクトに加え、近年歩き遍路をした人なら「通行止めの峠だね」と思い出す場所である。峠道の序盤にがけ崩れがあるのだ。崩れやすい地形なのか、同じ斜面が何度も崩れている。そのたびに通行止めと復旧工事が行われ、崩落箇所の上を迂回するように新しい道が作られたり、また崩れたので更に上にはしごが設置されたりして、結局今は通れるのか通れないのかと、なにかと歩き遍路同士で話題にのぼりやすい峠である。

　峠の向こう側も、倒木や増水時の川の渡渉不可など、道は荒れがちで険しい。

　最新の通行情報は、仏木寺や峠の手前に掲示されている注意書きを確認するほか、逆打ち遍路に話を聞く。不安な場合は無理せず県道31号へ迂回する。豪雨の直後も、現地調査がすぐに行われるとは限らず、また落石の危険性も高いので迂回する。

42番仏木寺

龍光寺からわずか3キロの距離にある。門前に立派な東屋《あずまや》があり、休憩にもってこい。地元では「お大日さん」として親しまれる。

41番龍光寺

三間平野を見下ろすように高台に建つ。山号は稲荷山。地元では「おいなりさん」として親しまれる。

ここにも注目!

ルート

歯長峠の崖崩れ

遍路道が大きく崩れている箇所あり。上方に迂回路が設けられている。通行注意。

番外霊場

送迎庵 見送り大師

歯長峠にある霊場。お堂に石仏が祀られている。

施設

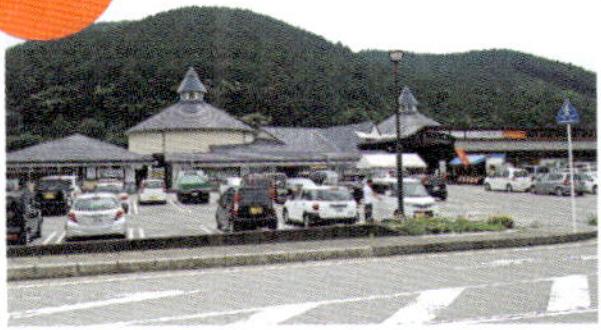

道の駅どんぶり館

明石寺の手前にある道の駅。レストランでたくさん食べて体力をつけるべし。

文化

卯之町の古い町並み

明石寺のそばには古い町並みが残る。周辺には博物館があり、店や宿も多い。

無縁仏

かつて我々と同じように四国を歩き、行き倒れたお遍路さんの墓が各地の道沿いに残っている。四国遍路は病気や偏見、貧困で故郷を追われ、帰る場所のない人の最後の受け入れの場として機能していたのだろう。今では薄くなった「死出の旅」としての側面が垣間見える。

愛媛県編

27日目 44 大寶寺へ ～その1～

大洲市に内子町 風情ある町並みの連続で文化的な気分！

大洲《おおず》市は伊予の小京都と呼ばれ、城下町ならではの町並みが残る。そばには肱《ひじ》川が市を囲むように流れ、そこに架かる大きな橋からは左手に大洲城の天守閣が望める。市の中心部は国道を軸に賑わっており、店や宿も多い。

続いて向かう内子町《うちこちょう》は、こちらも伝統的な町並みが有名な人気観光地だ。その中心となる八日市《ようかいち》・護国《ごこく》地区は土壁の建物がかなり広い区間にわたって保存され、見応えがある。芝居小屋・内子座も必見。

さて、内子町から先は山深い坂道が続き、最後には久万高原町《くまこうげんちょう》中心部に至る峠越えが待っている。

考えられる行程は、大洲市を出発し峠の手前で宿をとるか、内子町を出発して一日で峠を越えて久万高原町で宿をとるか、となる。どちらも30キロ以上もの長丁場だ。短めにして、空いた半日を大洲市や内子町での観光に当てるのも良い。

野宿遍路の場合は、川原、茂み、東屋など野宿適地は見つけやすく、行動の自由度は高い。ただ、食べ物は必ず内子町で多めに買い溜めておく。

札所と宿

A 松楽旅館 0893-24-4143	D 料苑たる井 0893-24-4585	F HOTEL AZ 愛媛内子店 0893-44-3371
B ときわ旅館 0893-24-3634	E オオズプラザホテル 0893-25-1100	G 民宿シャロン 0893-44-3339 / 080-5664-4090
C ホテルオータ 0893-24-3533	別格7 出石寺（宿坊） 0893-57-0011	H 古民家ゲストハウス&バー内子晴れ 0893-57-6330

行程マップ

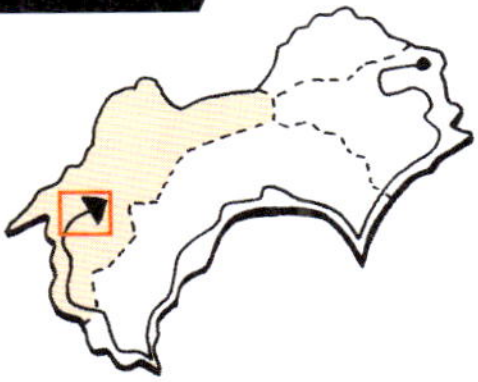

縦断図

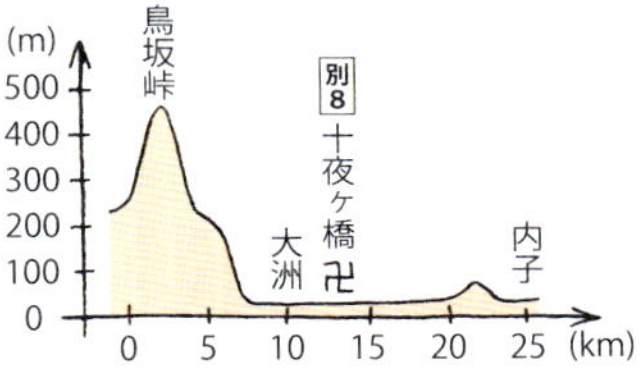
(m)
500
400
300
200
100
0
鳥坂峠
別8
十夜ヶ橋
大洲
内子
0
5
10
15
20
25
(km)

遍路道

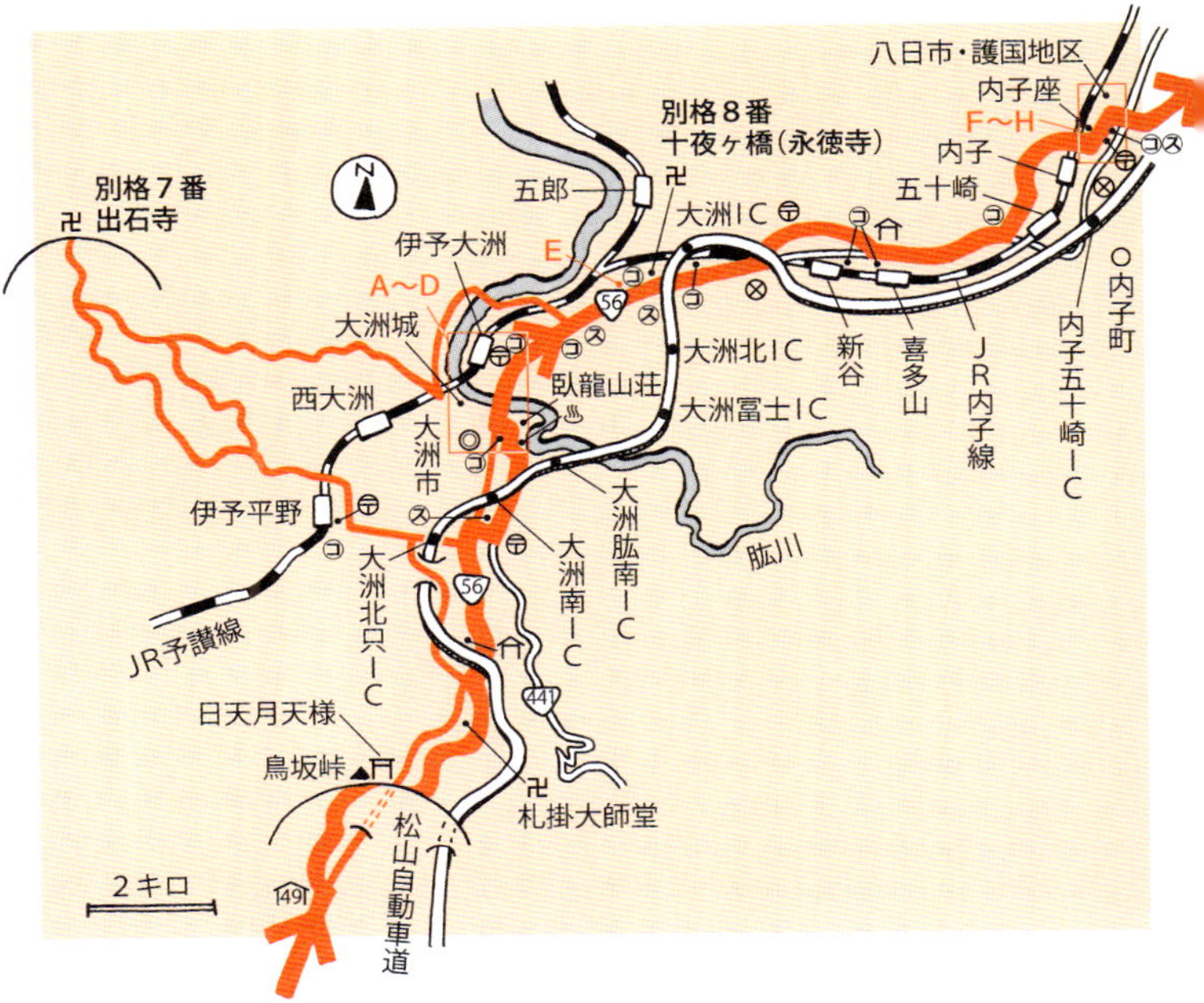
別格７番
出石寺
別格８番
十夜ヶ橋（永徳寺）
八日市・護国地区
内子座
F～H
内子
五十崎
五郎
大洲IC
伊予大洲
E
A～D
大洲城
西大洲
臥龍山荘
大洲北IC
大洲富士IC
新谷
喜多山
JR内子線
内子五十崎IC
○内子町
大洲市
伊予平野
大洲北只IC
大洲南IC
大洲肱南IC
肱川
JR予讃線
日天月天様
鳥坂峠
札掛大師堂
松山自動車道
56
441
197
2キロ

別格霊場7番8番

大洲市には別格霊場が2ヶ所ある。別格7番出石寺《しゅっせきじ》と、別格8番十夜ヶ橋《とよがはし》（永徳寺《えいとくじ》）だ。

出石寺は標高約800メートルの山頂にあり、若き日の空海が修行したと伝えられている。その山道は険しく、大洲市街地から往復で丸一日かかる。挑戦する場合は、宿坊（素泊まりのみ）を利用するか、麓に宿をとって連泊するのも良い。

十夜ヶ橋は国道の遍路道沿いにあって立ち寄りやすい。名の通り、かつて空海がこの橋の下で野宿した際に衆生済度《しゅじょうさいど》のもの思いに耽《ふけ》られ、それはわずか一夜であったが十夜のように長く感じられたという伝説があり、野宿遍路の聖地と言える。

また、歩き遍路のルールとして橋の上では金剛杖《こんごうづえ》をついてはならないという風習があるのだが、それもここが由来で、橋の下で寝ている空海を起こさないようにとの配慮だ。

別格8番十夜ヶ橋（永徳寺）

橋の下に野宿大師像がある。本堂、大師堂は地上。

鳥坂《とさか》峠

西予市と大洲市との市境。日天月天様《にってんがってんさま》という神様が祀られている。

内子町八日市・護国地区の町並み。

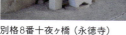

ここにも注目!

ルート

鳥坂トンネルは危険!

トンネル内の歩道は白線が引いてあるだけで狭く危険なうえ、距離が1220メートルと長い。反射タスキ必須。できれば峠道を選択した方がよい。

観光

大洲市の古い町並み

大洲市には城下町の町並みが「おはなはん通り」として保存されている。肱川沿いにある数寄屋《すきや》造りの建造物、臥龍《がりゅう》山荘はその庭園を含めて見応えあり。

文化

内子座

大正時代に建てられた芝居小屋で、現在もコンサートなどのさまざまな芸術文化活動が催されている。保存修理工事のため2024年から長期休館。

自然

ふしぎな流れの肱川

肱川は源流の鳥坂峠からまず南下し、宇和町を通ったあと反時計回りに大きくUターンして、再び鳥坂峠の北側の麓である大洲市に戻ってくるという、かなり遠回りをする川である。

お接待かと思ったら……？

遍路旅に慣れてきた頃にこそ改めて注意したいのが、犯罪被害。残念なことに、お接待に見せかけた迷惑行為がたまにある。特に女性が気を付けるべきは、知らない人からの車お接待だ。お接待は断ってはいけないとは言うが、これればかりは用心した方が良い。「ありがたいのですが、歩き通したいので」と断れば角が立たない。

28日目 44 大寶寺へ ～その2～

愛媛県編

標高８００メートル！鴇田峠を越えて最奥地・久万高原町へ

賑わう内子町を離れ、静かな山奥への道に突入！　この区間は愛媛県で一番、いや、四国遍路全体でも一番山深い遍路道と言ってよいだろう。目指すは久万高原町。標高は５００メートル以上、山に囲まれ、愛媛の中でも寒い地域である。

国道３７９号はずっと坂道で、じわじわと高度を上げる。そばに流れる小田川は川面が美しい。両側を山に囲まれた山村を、ひとりこつこつ歩いて行く。

突合《つきあわせ》の交差点を左折して鴇田《ひわた》峠ルートをとる。内子町から約25キロ地点に一つ目の峠、下坂場《しもさかば》峠。標高５７０メートル。ここから久万高原町に入る。続いて二つ目の峠、鴇田峠。標高７９０メートル。峠の前後の山道は急勾配だがよく整備されており危険はない。

しかし……、ここまでの長い長い坂道の連続は間違いなく足にダメージを与え、心身ともに限界が来ているはずだ。道端に座り込んだっていい。休みながら、飴をなめながら、集中力を切らさず、登っていこう。

峠を下ると視界が開け、久万高原町の賑わう町並みに安堵する。だが、まだ終わらない。山道はもっと続くぞ。がんばれ、がんばれ！

札所と宿

- A 大瀬の館（大瀬自治センター） 080-2982-2052
- B たどビレッジ 090-7145-6664
- C ゑびすや旅館 089-969-2209
- D 大福旅館 0892-52-2402
- E ふじや旅館 0892-52-2002
- F お食事処山宿むらや 0892-52-2120

行程マップ

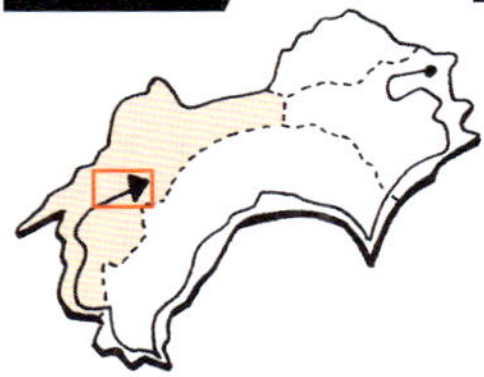

縦断図

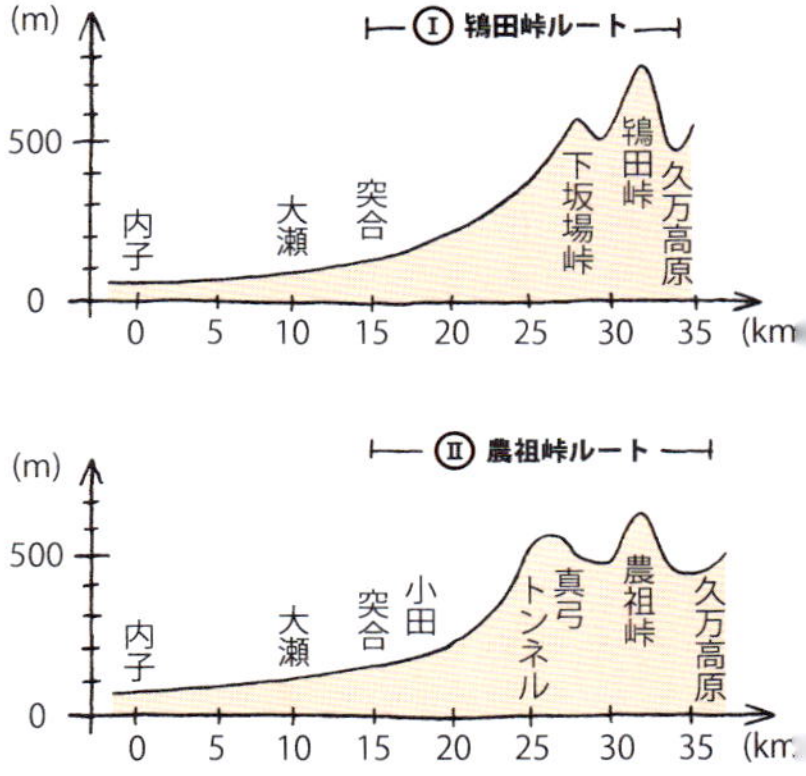
(m)
500
0
Ⅰ 鵯田峠ルート
内子
大瀬
突合
下坂場峠
鵯田峠
久万高原
0 5 10 15 20 25 30 35 (km
(m)
500
0
Ⅱ 農祖峠ルート
内子
大瀬
突合
小田
真弓トンネル
農祖峠
久万高原
0 5 10 15 20 25 30 35 (km

久万高原町
鵯田峠
Ⅰ 鵯田《ひわた》峠ルート
下坂場峠
農祖峠
C
42
B
畑峠
遍路道
真弓峠
露峰交差点
真弓トンネル
379
380
楽水大師堂
松山自動車道
JR予讃線
内子町
F～H
A
379
138
突合
D
E
F
Ⅱ 農祖《のうその》峠ルート
道の駅
小田の郷せせらぎ
2キロ
道の駅内子
フレッシュパークからり
内子
JR内子線

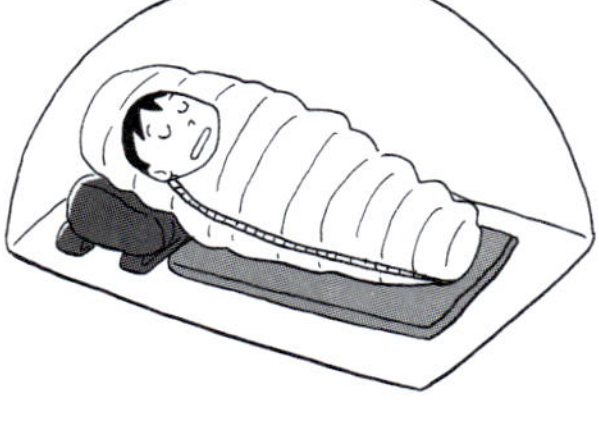

美しい小田川に沿って、山奥へ。

鴇田峠か、農祖峠か？

突合の交差点から久万高原町中心部までは、鴇田峠ルートか農祖《のうそ》峠ルートかを選ばなければならない。どちらも山深く寂しい道が続くが、ほとんどが舗装道路で、山道は峠前後のわずかな区間のみ。宿が少ないので、予約は計画的に。

一般的なのは鴇田峠ルート。峠が2つあるうえ標高が高く、体力的にハードな道のりとなる。峠を越えると久万高原町の中心部に出る。一方で農祖峠ルートは少し南側に迂回する形をとり、距離がほんの少し長いが、峠越えの登山は実は鴇田峠よりもラク。途中の小田地区には道の駅があり食料補給ができる。

どちらを選ぶにしても、大事なのは内子町で食料や飲み物を十分に買っておくこと、そして両ルートの分岐である突合の交差点で道を間違えないことである。

なお、両ルートを真ん中で繋ぐ畑峠《はたのとう》という山道もあるが、歩く人はほとんどいない。

農祖峠

もうひとつの峠。標高651メートル。峠の向こうの林は皆伐が済んでおり、展望がよい。

鴇田峠

久万高原町中心部へ向かう峠のひとつ。標高790メートル。弘法大師ゆかりの伝説が残る。

ここにも注目!

ルート

国道379号

内子町以降は、小田川と並走する国道を長々と上っていく。山々に囲まれ、静かな場所だ。

施設

ヘンロ小屋

突合交差点から鴇田峠ルートに折れてすぐの場所にあるヘンロ小屋内子（38号）には、野宿遍路垂涎のびっくり設備があるぞ！

施設

道の駅小田の郷せせらぎ

農祖峠ルートの立ち寄りポイント。ここで食料を買い足そう。食事処では、小田地区の郷土料理、たらいうどんが食べられる。

施設

バス停で休憩!

国道沿いには簡易的な小屋になっているバス停があり、休憩にもってこい。

宿に関する情報交換

宿泊型のお遍路が意外と苦労するのが、毎日の宿選びだ。当たり外れが大きい。宿の評判は、歩き遍路同士の情報交換においてよく話題にのぼる。食事や睡眠の質、宿での楽しい交流は旅を進めるうえで大事なことだ。集まった情報でうまくやりくりしていこう。

29日目

44 大寶寺 ↓ 45 岩屋寺

愛媛県編

誰もが圧倒される山岳霊場

峠を越え、疲労困憊でたどり着いた久万高原町。国道33号および旧道を軸に、店や宿が並ぶ。44番大寶寺の門前町として発達した高原の町である。中心部から東に折れ久万《くま》川を渡ると総門があり、道なりに上っていくと大寶寺に到着だ。青々とした木に囲まれ、非常に風情ある札所である。

大寶寺から先もまだまだ山道は続く。峠御堂《とうのみどう》と、八丁坂だ。八丁坂は全長2800メートル、約1時間の山道。溜まりに溜まった疲れと足腰の痛みをこらえ、根性を振り絞って登っていく。ここが最後のがんばりどころだ！　途中の茶店跡まで登ってしまえば、その先はほぼ平らな山道になる。

やがて荒々しい岩が姿を現す。なんだ、ここは……。山がまるごと岩なのだ。あちこちに置かれた石仏の間を抜け、下っていくと見えてくるのが45番岩屋寺《いわやじ》。本堂の横には巨岩が壁のように垂直に立ち上がる。見上げる岩肌には無数の穴が開いており、その異様で荘厳な雰囲気、そしてスケールの大きさに圧倒されること間違いなし。

帰りは山道ではなく県道12号で、気楽に国道33号方面へ下ろう。

札所と宿

A へんろ宿OHESO 090-4970-5851	44 大寶寺（宿坊） 0892-21-0044	E 民宿かどた屋 0892-57-0801
B GARDEN TIME 0892-21-0005	D いやしの宿 八丁坂 0892-41-0678	F 国民宿舎古岩屋荘 0892-41-0431
C やすらぎの宿でんこ 0892-21-0092	45 岩屋寺 0892-57-0417	G 民泊高野展望台 090-4472-0143

行程マップ

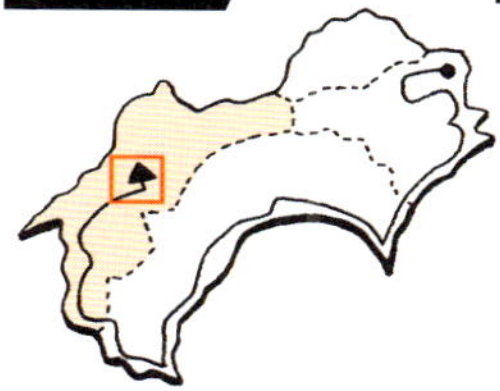

縦断図

Ⅰ 八丁坂ルート

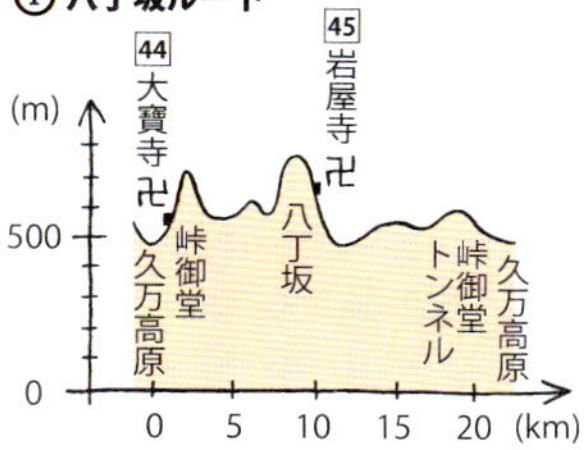

Ⅱ 槙谷ルート

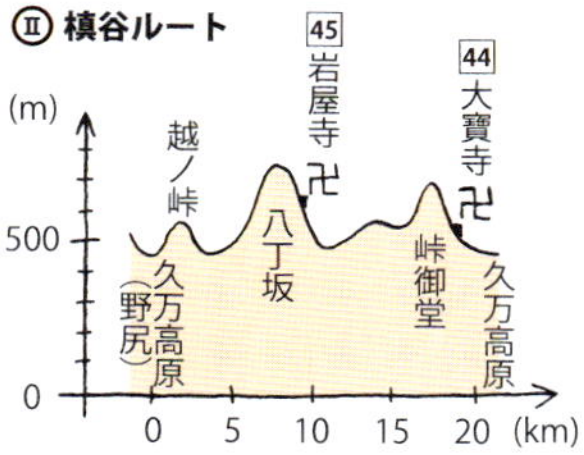

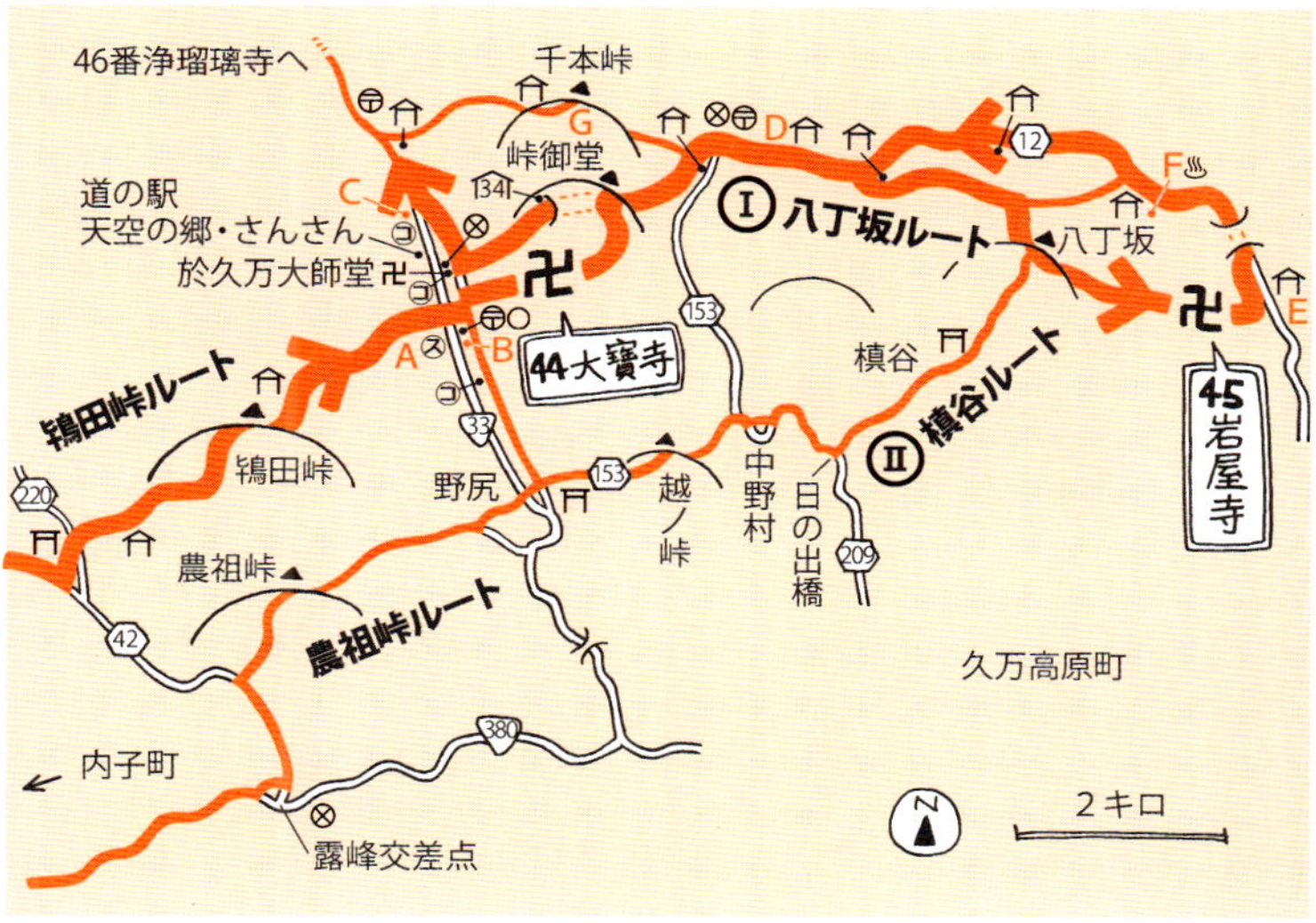

難易度は最高レベル？ 槙谷ルート

ほとんどのお遍路は、まず44番大寶寺を打ち、東進して45番岩屋寺を打ったあと引き返すルートをとるが、別のルートもある。中野村、槙谷《まきのたに》を経て八丁坂の茶店跡に裏側から合流するルートだ。この場合、岩屋寺→大寶寺と部分的に逆打ちになるが、打戻り無しの一筆書きルートとなる。

ただ、この槙谷ルートは安易に選ばない方がいい。中野村以降は人の気配がなく、精神的に参ってしまうほど寂しい地域であることに加え、山道が極めて荒れているからだ。朽ち果てた家が連続する槙谷の最奥の集落からその山道が始まるが、肝心の遍路道は林業用に切り開かれた作業道によって消失しかけ、季節によっては雑草が背丈以上に繁茂して壁となり、まともに歩ける状態ではない。

もし挑戦する場合に必要な条件は以下の通り。中級レベル以上の登山経験と知識があること。コンパスや高度計などの登山装備を持っていること。道探しの勘が冴えていること。孤独に強いこと。

44番大寶寺
境内には俳人、種田山頭火《たねださんとうか》の句碑が立つ。「朝まゐりはわたくし一人の銀杏ちりしく」

45番岩屋寺
かつて山岳修行僧たちは、この山、この岩壁の洞窟で修行に励んでいたという。

鴇田峠を下り、眼下に広がる久万高原町の町並みにほっとする。

ここにも注目!

ルート

八丁坂

八丁坂の山道はしんどいが、だからこそ岩屋寺に着いたときの感動もひとしお。途中の茶店跡には大きな古い石碑がある。

番外霊場

逼割禅定《せりわりぜんじょう》

岩屋寺奥の院。縦に深く割れた巨岩の裂け目を鎖とはしごでよじ登る行場《ぎょうば》で、白山《はくさん》権現《ごんげん》を祀る。施錠されているため、納経所で入山料を納めて鍵を借りる。滑落注意。

ルート

槙谷の山道

槙谷ルートの最後の山道は、たまにしか整備されず、踏み跡も少ないため、季節によっては雑草が背丈以上に生えて非常にキツイ！

施設

国民宿舎 古岩屋荘

宿泊施設だが、日帰り温泉やレストラン（営業時間注意）も利用できる。登山でかいた汗を流してさっぱりしよう！

車遍路にとっても難所の岩屋寺

岩屋寺の駐車場から本堂までは、徒歩で20分も坂道を登らなくてはならず、車遍路の中では大変な札所のうちのひとつだ。境内では、息を切らした車遍路を見かける。

愛媛県編

30日目 46 浄瑠璃寺〜51 石手寺

山村から一変、大都会、松山市へ！

国道33号を登りつめると三坂峠に着く。眼下には広い広い松山平野が海まで続いているのが見える。大都会、松山市だ。久万高原町という山村から峠ひとつ越えるだけで四国最大級の都会に入るという、そのギャップが面白い。

松山市は札所が多い。峠から下って最初に打つのが46番浄瑠璃寺《じょうるりじ》。続いてわずか900メートルの距離に47番八坂寺《やさかじ》。重信《しげのぶ》川を越え、48番西林寺《さいりんじ》。重信川周辺まで飲食店はまったく無いので、食料は久万高原町で調達しておくこと。

住宅街を進む。店も多く、徐々に都会感が増してくる。伊予鉄道を越え、49番浄土寺《じょうどじ》。ゆるやかな坂道をくねくねと登り、50番繁多寺《はんたじ》。

そして51番石手寺《いしてじ》！　全体的に不思議な雰囲気が漂っている。三重塔、宝物館、巨大な大師像、まるで異世界のマントラ洞窟（胎内《たいない》めぐりの一種か？）など、時間をかけて隅々まで見て回りたい。

札所と宿

A 遍路宿 桃李庵 0892-21-1075	49 浄土寺 089-975-1730	G ホテルヴィラ道後 089-934-3216
B 民宿旅館 長珍屋 089-963-0280	D 東道後のそらともり 089-970-1026	H ホテルエコ道後 089-908-5444
46 浄瑠璃寺 089-963-0279	50 繁多寺 089-975-0910	I ホテルルナパーク別邸やすらぎ 089-931-3300
47 八坂寺 089-963-0271	51 石手寺 089-977-0870	J エスポワール愛媛文教会館 089-945-8644
48 西林寺 089-975-0319	E 松山ユースホステル 089-933-6366	K ふじや 080-1750-5454
C たかのこのホテル 089-960-1588	F にぎたつ会館 089-941-3939	L 道後友輪荘 089-925-2013

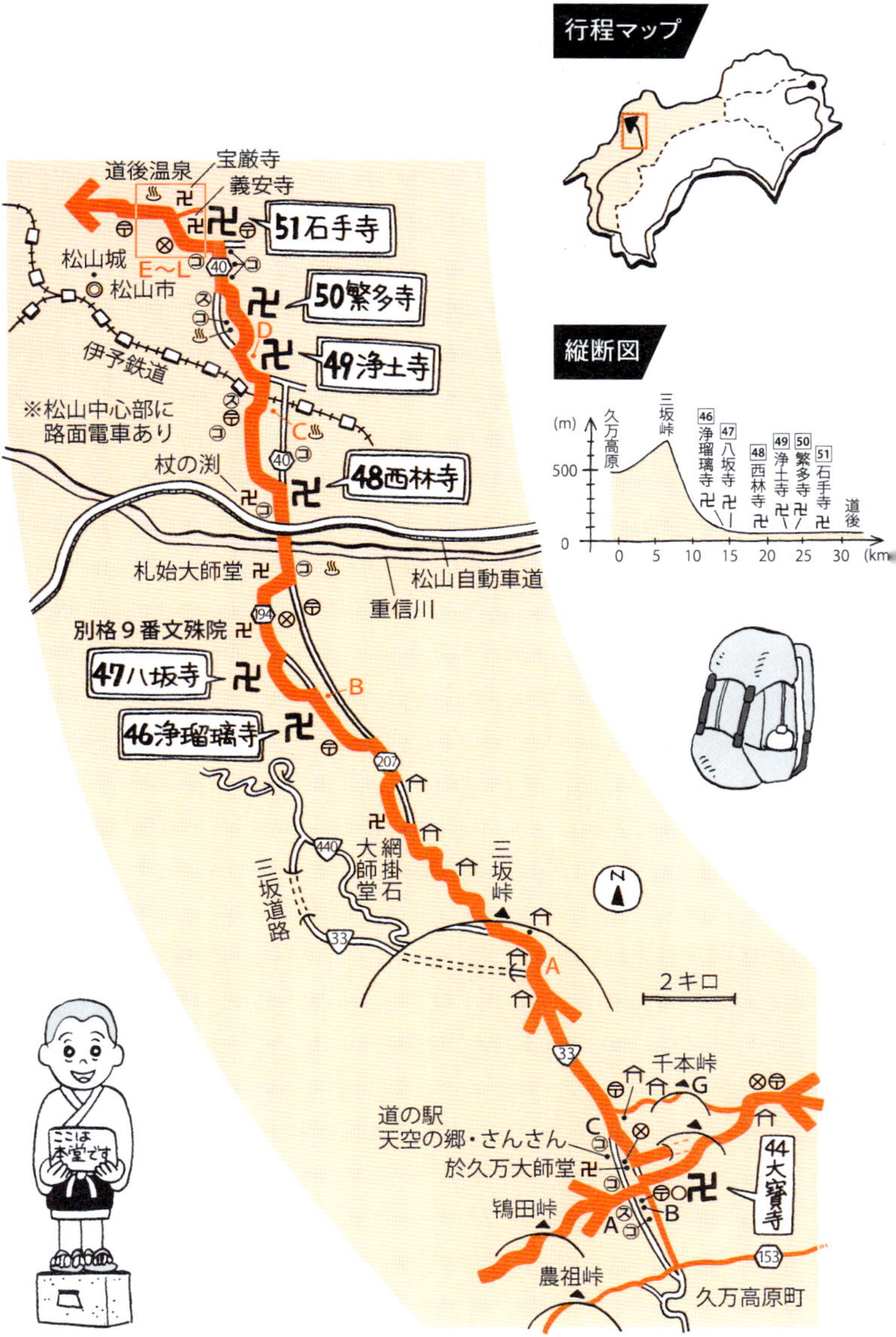
行程マップ
縦断図
(m)
500
0
久万高原
三坂峠
46 浄瑠璃寺
47 八坂寺
48 西林寺
49 浄土寺
50 繁多寺
51 石手寺
道後
0
5
10
15
20
25
30
(km)
道後温泉
宝厳寺
義安寺
51石手寺
松山城
松山市
E〜L
50繁多寺
D
49浄土寺
伊予鉄道
※松山中心部に
路面電車あり
C
48西林寺
杖の渕
札始大師堂
松山自動車道
重信川
別格９番文殊院
47八坂寺
B
46浄瑠璃寺
網掛石
大師堂
三坂道路
三坂峠
A
2キロ
千本峠
G
道の駅
天空の郷・さんさん
C
於久万大師堂
44大寶寺
B
A
鴇田峠
農祖峠
久万高原町
ここは
本堂です

松山城からの展望。松山平野は広大だ。

久万高原町から道後まで一日で行けるかどうかは脚力次第

せっかく松山市まで来たのだから、道後《どうご》周辺の宿に泊まり、道後温泉を満喫したいところ。筆者はこの区間を歩いた際、久万高原町中心部から道後までの約30キロを早朝出立のうえ1日で歩いたのだが、これは人によってはハードである。三坂《みさか》峠から先の長く急な下山道は、登山に慣れていれば駆け下ってすぐ終わるが、不慣れな人は転倒しないように一歩ずつゆっくり下りた方がよく、そのぶん時間がかかる。また、6ヶ所もある札所を急ぎ足で参拝することになり、あわただしい。

三坂峠の前後にある桃李《とうり》庵や長珍《ちょうちん》屋の予約がとれれば、無理のない計画となる。また浄土寺付近の宿に泊まった場合でも、石手寺参拝や道後観光など、いくらでも見どころはあるのであっという間に半日が過ぎる。松山市中心部の大街道や松山城まで足を延ばすのもいい。

ここまでの峠越えの連続で絶対に疲れているのだ。半日と言わず、1日や2日、休んじゃおう！

46番浄瑠璃寺
松山市最初の札所。境内には樹木が多く、木陰が気持ちいい。

51番石手寺
見どころが多く、じっくり参拝したい札所。マントラ洞窟は16時30分で閉まるので注意。

ここにも注目!

歴史

三坂峠

伊予と土佐とを結ぶかつての主要道・土佐街道はここ三坂峠を通っていた。松山平野が一望できるポイントあり。

ルート

住宅街

松山市に入ると徐々に住宅が増え、大都会のど真ん中へ！　なんとなく、おのぼりさん気分。

グルメ

やきもち

あんこが入った平たいおもち。石手寺の門前のお店で買える。

観光

大街道

松山市中心部にあるアーケード街。道後から路面電車で行ける。近くには松山城や「坂の上の雲ミュージアム」などの観光名所がある。

松山市が「へんろころがし」！？

実は松山市で遍路をやめて帰ってしまう人が一定数いる。体力と気力を振り絞り、山を越えてようやくここまで来たのはいいけれど、大都会の安心感や観光地ののんびりした雰囲気にのまれ、急に現実世界に引き戻されたような感覚になる。それであっさり帰宅してしまう。ある意味ここも「へんろころがし」だ。

31日目 52 太山寺～53 圓明寺

愛媛県編

いざ、瀬戸内海へ！

ひさしぶりの海である。ここは瀬戸内海。水色をしたその穏やかな波が目に優しい。海の向こうにも陸地が見えているからか安心感があるが、つまらなくも感じる。世界の果てを冒険しているような荒々しい太平洋とは正反対だ。

コンビニで買ったお弁当を持って砂浜へ。ごろんと寝転んで少し休憩でもしていこう。

旅に出てからもう一ヶ月になる。それは同時に、旅の終わりが近づいてきていることも意味する。歩き遍路の標準的な所要日数は45～50日程度だから、残り2週間ほどで終わってしまう計算だ。

旅の終わりである結願《けちがん》は確実に近づいている。旅のあとのこともチラッと頭をよぎるかもしれない。何となく、意識が現実に引き戻されてしまうような、そんな穏やかな海沿いの道である。

札所と宿

- A ビジネス民宿松山 089-924-8386
- B HOTEL AZ 愛媛松山西店 089-953-3301
- C ファミリーロッジ旅籠屋・松山店 089-909-8848
- 52 太山寺 089-978-0329
- D 民宿上松 089-979-1500
- 53 圓明寺 089-978-1129
- E 宿・清泉フォンティーヌ 089-978-1180
- F レンガの家 089-993-0337
- G カフェと御宿まほろば 089-995-8088
- H シーパの湯 089-993-0101
- I マリーナシーガル 0898-54-3555

行程マップ

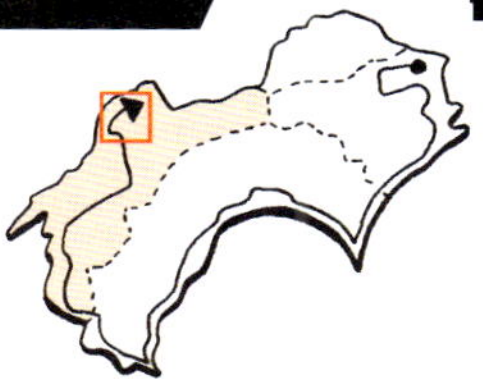

縦断図

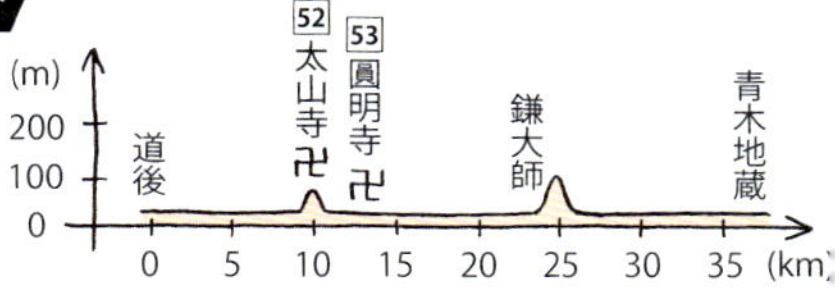
(m)
200
100
0
0 5 10 15 20 25 30 35 (km)
道後
52 太山寺
53 圓明寺
鎌大師
青木地蔵

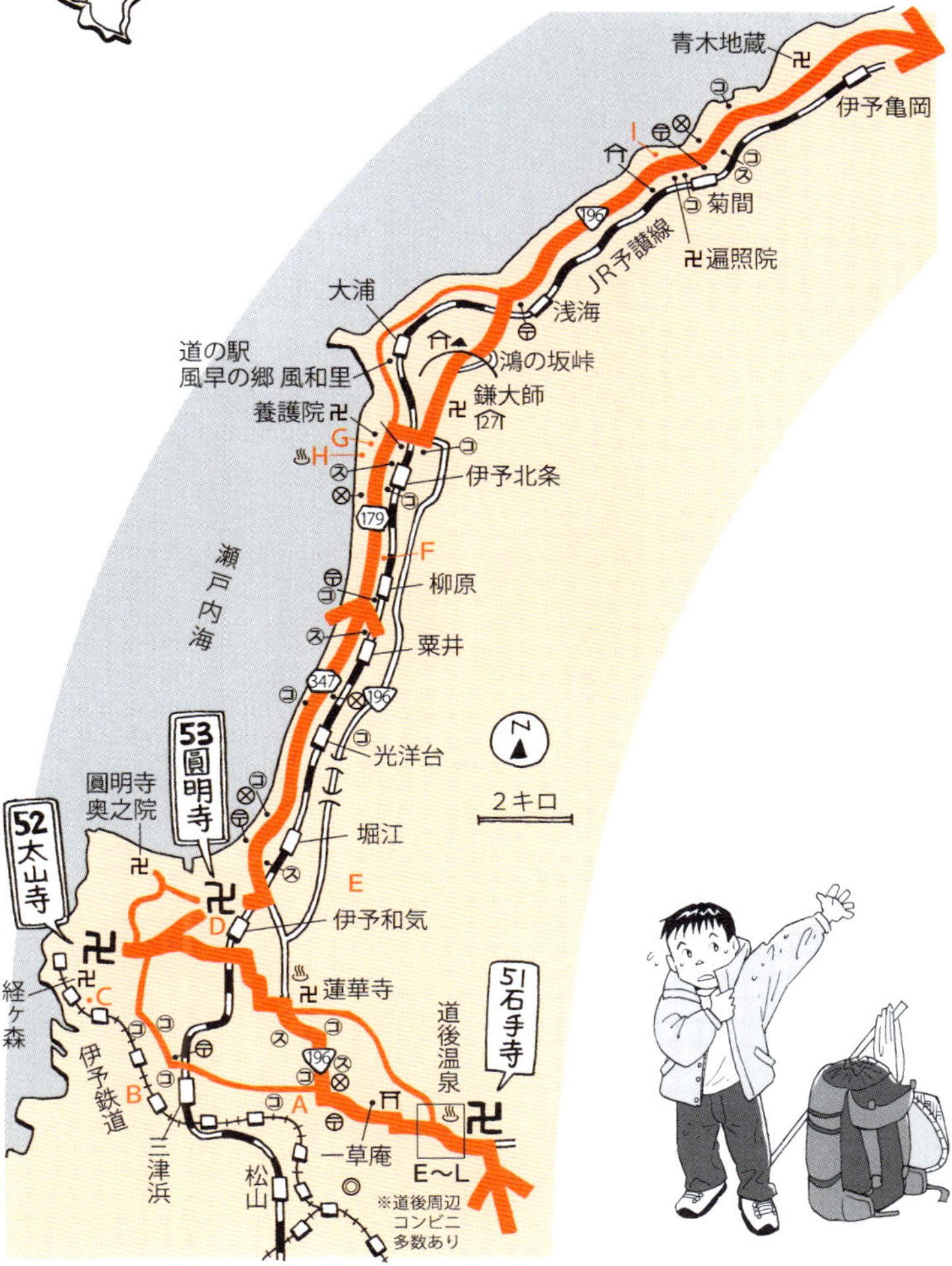
青木地蔵
伊予亀岡
I
菊間
遍照院
196
JR予讃線
大浦
浅海
道の駅
風早の郷 風和里
鴻の坂峠
鎌大師
養護院
G
H
伊予北条
179
瀬戸内海
F
柳原
粟井
347
196
光洋台
53圓明寺
圓明寺
奥之院
52太山寺
2キロ
堀江
E
伊予和気
D
経ケ森
C
蓮華寺
道後温泉
51石手寺
伊予鉄道
B
196
A
一草庵
E〜L
三津浜
松山
※道後周辺
コンビニ
多数あり

俳句の町で一句

道後温泉から遍路道を少し歩いたところに、ひっそりと「一草庵《いっそうあん》」が建つ。ここは自由律俳人・種田山頭火《たねださんとうか》が最晩年の十ヶ月を過ごした終焉の地だ。

敷地の奥にその庵が残っているほか、手前には立派なトイレ兼休憩所と解説パネルが設置されている。そのパネルには年表に合わせて晩年の日記から味わい深い文章がいくつか紹介されており、彼のさすらいマインドと飲んだくれの姿が垣間見える。

そんな山頭火をはじめ、正岡子規、高浜虚子、夏目漱石など、松山市ゆかりの俳人は多い。このことにちなみ市内には「俳都松山俳句ポスト」が80ヶ所以上に設置されている。自作の俳句を投稿できるポストだ。設置場所は主な観光名所やホテル、路面電車内ほか、市内8ヶ所の札所の境内にもある。歩きながら頭に浮かんだ俳句を投稿してみよう。

52番太山寺《たいさんじ》

一の門から山門、そして本堂までの坂道は距離が長く、階段もあり、予想外のしんどさがある。

53番圓明寺《えんみょうじ》

松山市最後の札所。隠れキリシタンの信仰に使われたとされる、キリシタン灯籠がある。

穏やかな瀬戸内海に癒される。

ここにも注目!

文化

一草庵

種田山頭火が最晩年に暮らした庵。山頭火ファンは必見。

ルート

鴻《こう》の坂《さか》峠

番外霊場の鎌大師《かまだいし》の先に小さな峠があり、眺めがいい。休憩所あり。

施設

道の駅 風早の郷 風和里《ふわり》

鴻の坂峠を越えずに国道を海沿いに進むと道の駅がある。海が見える気持ちのいいロケーション。施設内には遍路用の休憩所も作られている。

自然

海の夕焼け

海に沈む夕日はしばらく見納め。この先、進路は東へ向かう。

通夜堂《つやどう》の利用

一部のお寺では、敷地内のお堂や小屋を歩き遍路に開放し、一泊させてくれるところがある。あくまでお寺の善意による寝床なので予約はできないし、必ず泊まれるものでもない。現地で管理者に相談すること。利用する場合はマナーを守り、翌朝は必ず掃除をして出発する。次に来たお遍路が「宿泊禁止」の張り紙を見てがっかりしないようにしたい。

32日目 54延命寺 ▶ 58仙遊寺

愛媛県編

地元の人との交流を大切に

季節によっては自分以外の歩き遍路とあまり出会わないことがある。仲間との交流が少ないのは寂しいが、そのぶん地元の人との交流の機会は増える。道の駅で、清掃の仕事をしているおばちゃんと立ち話になった。ここで働いていると地元の人、観光客、歩き遍路など色々な人と喋ることができて楽しいそうだ。給料で旅行やバス遍路に行けるのも、日々の目標になっているという。

コインランドリーで話しかけてくれた近所のおじちゃん。若い頃に自転車で青森まで行って野宿していたら、熊や鹿に出会って大変だったらしい。若い人が歩き遍路をしている姿を見るだけで元気が出るよ、と言ってくれたおばあちゃんもいた。

ただの通りすがりの人の人生ドラマを垣間見るような経験。「話しかけることができるスピード」の歩き遍路だからこその旅だ。

札所と宿

A ビジネスホテルつよし 0898-53-4116	D 今治ステーションホテル 0898-22-5340	I ビジネス旅館笑福 0898-32-7555
B ますや旅館 0898-53-2104	E ホテルクラウンヒルズ今治 0898-23-0005	56 泰山寺 0898-22-5959
C あさひや旅館 0898-53-2032	F 今治アーバンホテル 0898-22-5311	57 栄福寺 0898-55-2432
54 延命寺 0898-22-5696	G 今治プラザホテル 0898-25-2500	58 仙遊寺（宿坊） 0898-55-2141
55 南光坊 0898-22-2916	H しまなみ温泉喜助の湯 0898-22-0026	

行程マップ

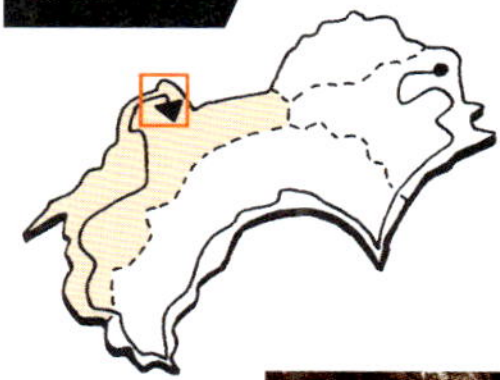

縦断図

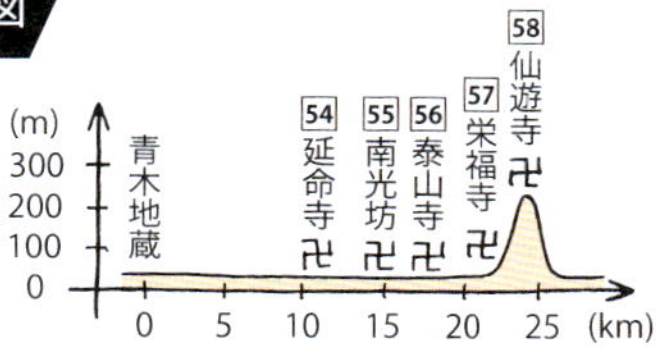
58 仙遊寺
57 栄福寺
56 泰山寺
55 南光坊
54 延命寺
青木地蔵
(m)
300
200
100
0
0 5 10 15 20 25 (km)

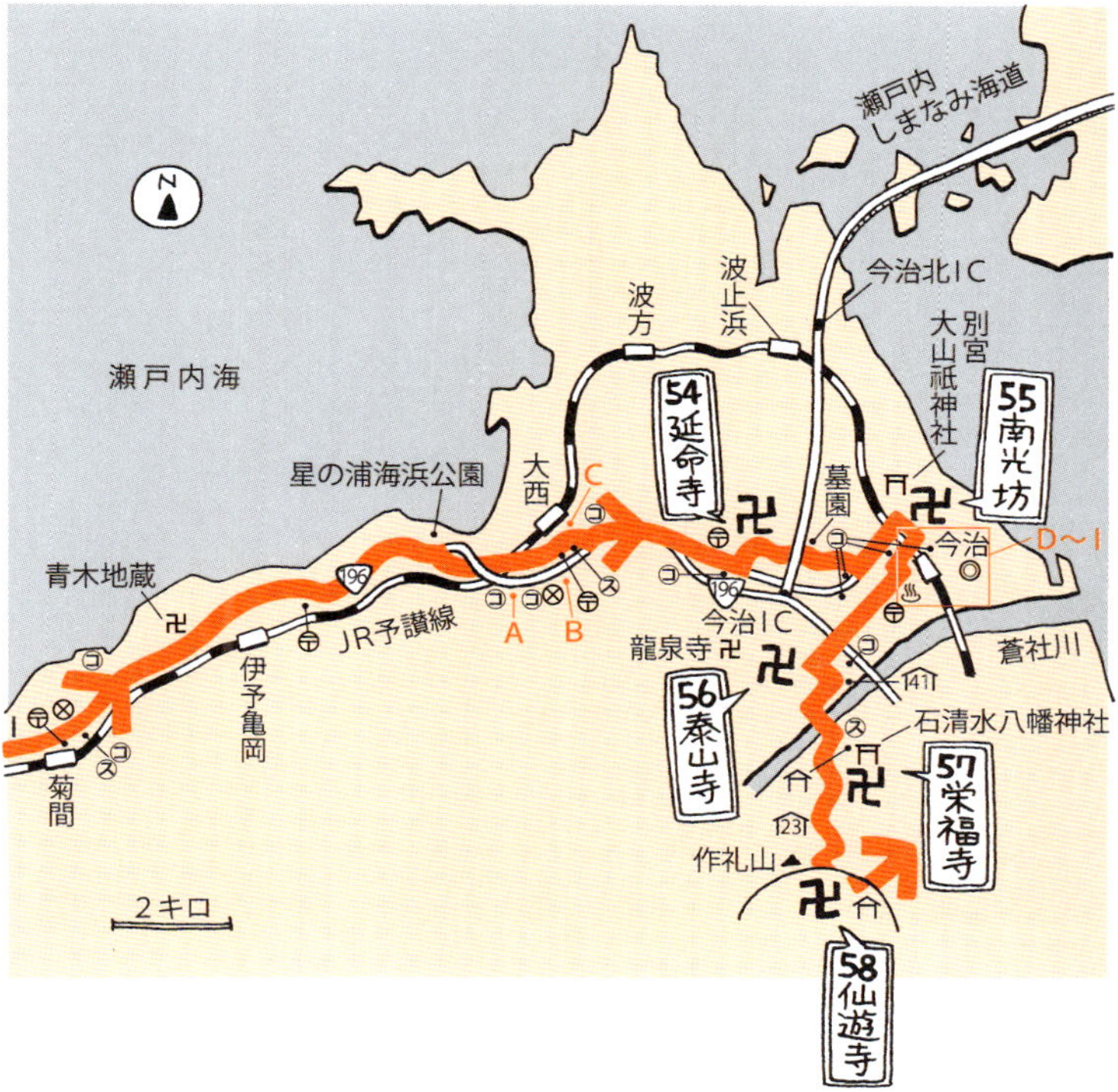
瀬戸内しまなみ海道
今治北IC
波止浜
波方
瀬戸内海
大山祇神社
別宮
54 延命寺
55 南光坊
星の浦海浜公園
大西
C
墓園
今治
D～I
青木地蔵
196
JR予讃線
A
B
今治IC
龍泉寺
蒼社川
伊予亀岡
56 泰山寺
141
石清水八幡神社
菊間
57 栄福寺
123
作礼山
2キロ
58 仙遊寺

仙遊寺からの下山道にて。今治平野と瀬戸内の島々。

今治市でも札所の連続！

星の浦海浜公園を過ぎると、しばらく海景色とはお別れとなる。54番延命寺《えんめいじ》の裏手から細い道を登り、墓園を越え、今治《いまばり》市中心部に入る。

55番南光坊《なんこうぼう》の境内は広々としており、開放的な雰囲気が印象に残る。隣の神仏分離以前の元札所である別宮大山祇《べっくおおやまづみ》神社にも立ち寄ってみよう。この神社の本宮は瀬戸内海の大三島《おおみしま》にある。遠いので歩き遍路中は難しいが、しまなみ海道を観光する機会があれば参拝するとよい。南光坊の御詠歌は「このところ三島に夢のさめぬれば別宮とても同じ垂迹《すいじゃく》」

56番泰山寺《たいさんじ》、57番栄福寺《えいふくじ》と続けて打って、小高い山を登ると58番仙遊寺《せんゆうじ》だ。境内からは木々の間から瀬戸内の島々が見渡せる。

宿泊は今治駅周辺に宿が多くあるほか、仙遊寺の宿坊に泊まるのもいい。朝のお勤めでは住職の説法を聞くことができるし、なんと天然温泉もある。

58番仙遊寺

山門の先、林の中の急な階段を上ると境内に出る。歩き遍路のことを親身になって考えてくださっているお寺。

57番栄福寺

演仏堂《えんぶつどう》という窓だらけの近代的な建物が目を引く。住職は作家としても有名な白川密成氏。

ここにも注目!

景色

国道196号

松山市から続いた海沿いの道はここで一旦終わり。ここから先、遍路道は内陸側へと入っていく。

歴史

古い道しるべ石

旧道には道しるべ石（遍路石）が残っている。時代によって方向を示す手や指の絵に変化があり、面白い。

交通

JR今治駅

松山市以降、遍路道とJRはおおむね並走している。完歩にこだわらなければ、電車移動を組み込むことで宿泊場所や行程の自由度が高くなる。

番外霊場

大山祇神社（大三島）

南光坊の元札所である別宮大山祇神社の本宮は、瀬戸内海の大三島にある。武将からの信仰がきわめて厚く、日本総鎮守と呼ばれ、有名な武将の甲冑刀剣が多く残る。

お接待は当たり前ではない

誰しも毎日のようにお接待を受け続けるうちに、歩き遍路をしている自分は偉いんだと勘違いしてしまいがち。「あの人はお接待してくれなかった」「旅の苦労をねぎらってくれなかった」など傲慢になってしまっていないか、一度初心に立ち返って気持ちを引き締めよう。

33日目 59 国分寺

愛媛県編

住宅街の細い道では、曲がり角に注意！

今治平野と瀬戸内海を眺めながら仙遊寺から下山。1時間半ほど歩くと59番国分寺《こくぶんじ》に着く。そのあとは小松町に向かってしばらく南下する。

立ち寄りポイントは、高速道路のＩＣの近くにある道の駅今治湯ノ浦温泉。美味しい海鮮料理や唐揚げが食べられるのでここでランチにするといい（タンパク質を摂ろう）。

ここから先は、次の札所である60番横峰寺《よこみねじ》の麓へと向かうことになるが、遍路道は住宅街や田畑を通る細い道が続く。このあたりは分岐が多く、迷いやすい。道路をまっすぐ行けばＯＫではなく、右折したり左折したりとややこしいうえ、付近には番外霊場や別格霊場も多く、道しるべが横峰寺ではなくそれらのお寺を示していることもある。目的地をよく確認しよう。特に雨の日は視線がうつむきがちになり、道しるべを見落としがち。いっそのこと、国道196号をずっと南下するのもアリ。

札所と宿

A COZY HOTEL NUKUI shimanami 0898-33-0909	E いしづち安藤家 090-8370-6015	I お宿すけ家 090-1571-1911
59 国分寺 0898-48-0533	F ゲストハウスBEKKU 090-7578-7053	J モンベルアウトドアオアシス石鎚 0898-76-3111
B 汐の丸 0898-47-0707	G 湯の里小町温泉しこくや 0898-76-3388	K ビジネス旅館小松 0898-72-5881
C 休暇村瀬戸内東予シーサイドキャンプ場 0898-48-0311	H ターミナルホテル東予 0898-76-1818	L ゲストハウス氷見 070-4394-6309
D 敷島旅館 090-8155-1288		

行程マップ

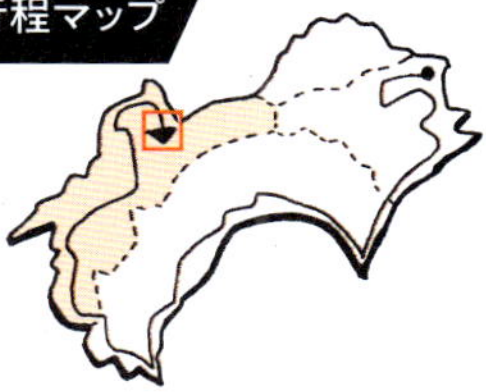

縦断図

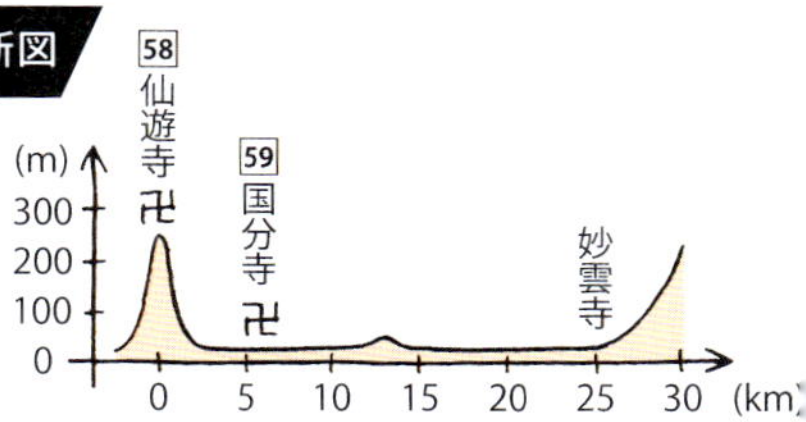
58
仙遊寺
59
国分寺
妙雲寺
(m)
300
200
100
0
0
5
10
15
20
25
30
(km)

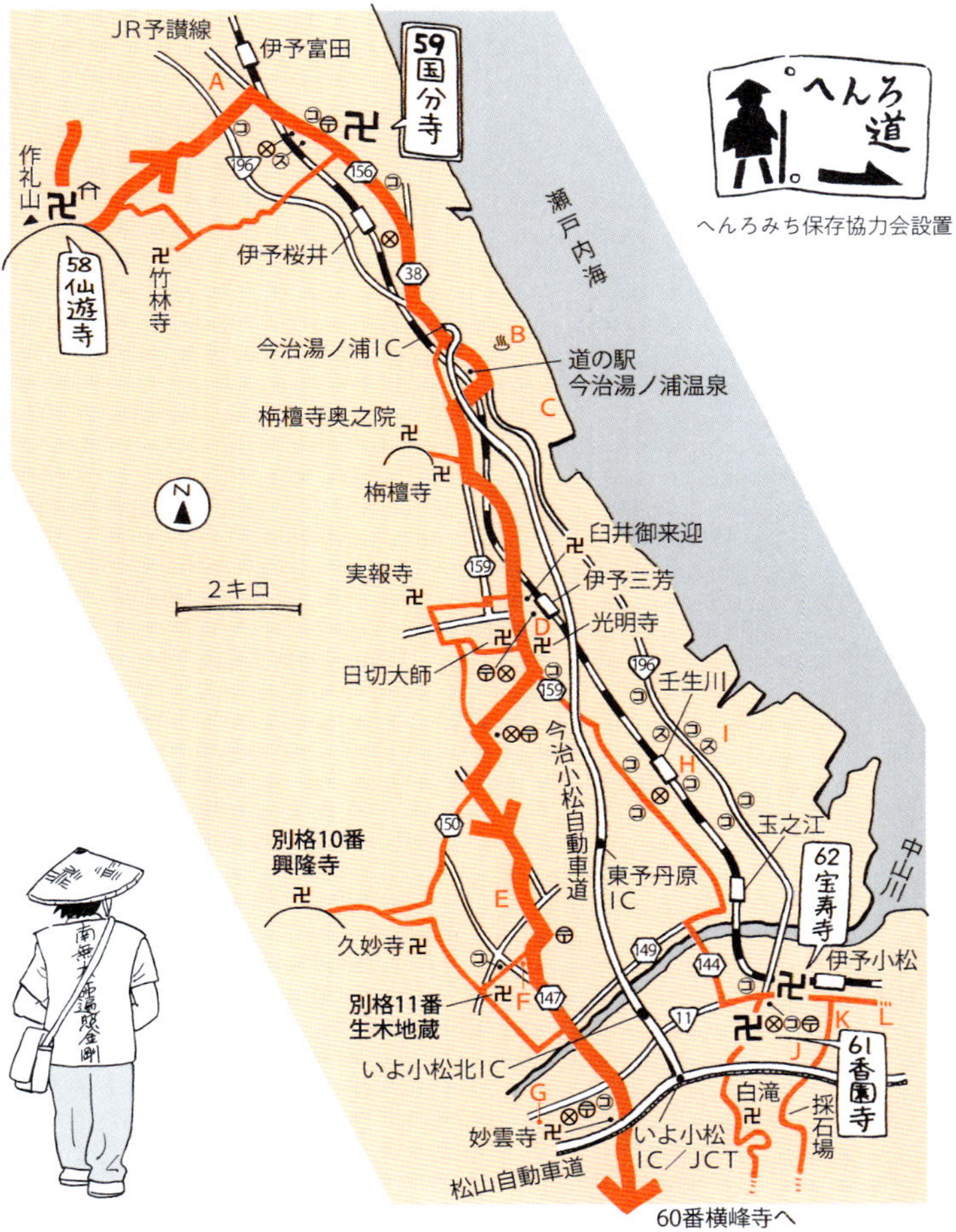
JR予讃線
伊予富田
59
国分寺
A
196
156
作礼山
58
仙遊寺
竹林寺
伊予桜井
38
瀬戸内海
へんろ道
へんろみち保存協力会設置
今治湯ノ浦IC
B
道の駅
今治湯ノ浦温泉
C
梅檀寺奥之院
梅檀寺
臼井御来迎
159
伊予三芳
実報寺
2キロ
D
光明寺
日切大師
196
壬生川
159
I
今治小松自動車道
H
玉之江
150
別格10番
興隆寺
E
東予丹原IC
62
宝寿寺
中山川
久妙寺
149
144
伊予小松
別格11番
生木地蔵
F
147
11
K
L
J
61
香園寺
いよ小松北IC
G
白滝
採石場
妙雲寺
いよ小松
IC／JCT
松山自動車道
60番横峰寺へ
南無大師遍照金剛

横峰寺登山の前日の動き

横峰寺は標高750メートルの山の上にあり、久万高原町以来の久しぶりの難所だ。時間的ゆとりをもって挑むには、早朝から登山を開始するのが基本となる。そこで、前日は麓に宿をとることになるが、その宿の位置によってルートや登山道が決まってくる。

登山道を西から順に紹介すると、①妙雲寺《みょううんじ》→湯浪《ゆうなみ》→横峰寺、②61番香園寺《こうおんじ》→奥の院白滝《しらたき》→横峰寺、③62番宝寿寺《ほうじゅじ》→採石場→横峰寺（途中で②に合流）の3つ。このうち②は下山時に通る人が多いので、選択肢は①か③となる。まず宿の予約をして、予約がとれた宿からアクセスしやすい登山道を選ぶと良いだろう。もしこの周辺で宿がとれなかった場合は、JR石鎚山《いしづちやま》駅や伊予西条《いよさいじょう》駅周辺の宿をとり、電車で行き来することもできる。

61番～63番を先に打っておいてから翌朝60番に登山する人もいる。各々の都合に合わせて、自由に行程を組もう。

仙遊寺からの下山道
眺めの良い下山道。よく整備されている。

59番国分寺
階段を少し上ると境内。お大師様と握手できる像「握手修行大師」がある。

石鎚山《いしづちさん》系の山々が前方に近づいてくる。明日は登山だ。

ここにも注目!

ルート

住宅街

住宅街の旧道を歩く。こうした旧道には古い道しるべが多く残っており、見て回るのも楽しみのひとつだ。

施設

道の駅今治湯ノ浦温泉

ちょうどいい場所にある休憩ポイント。「温泉」と名が付くが道の駅には温泉は無い。近隣に何軒か日帰り温泉アリ。

ルート

田畑

田畑に囲まれたのどかな道を歩く。曲がり角を見落とさないよう、道しるべをこまめにチェックすること。

ルート

国道196号

道の駅以降、国道196号をそのまま直進すれば香園寺の近所までまっすぐ行ける。迷子が不安な人はこのルートへ。

空身の登山はラクだけど？

麓の宿や店に荷物をあずけて空身で登山すれば、当然体力的にはラク。しかし身体は重い荷物に慣れているので、急に軽くなると何となく落ち着かないし、バランス感覚がおかしくなり下山時に転びそうになることも。「荷物も自分の一部なのだから、遍路中はずっと背負っているべきだ」という意見もある。この歩き遍路らしい微妙な心理、あなたはどう感じただろうか？

愛媛県編

34日目 60 横峰寺 ～ 63 吉祥寺

いざ、難所の横峰寺へ登山！

久しぶりの本格的な登山である。宿で朝食を食べたらすぐに出発しよう。妙雲寺近くのコンビニでお弁当と飲み物を買ったら、県道147号の舗装道路を進み、ゆるやかに標高を上げていく。1時間半ほどで湯浪休憩所が見える。ここで標高300メートル。トイレ、水場、東屋があるので小休止できる。

ここから先は山道だ。急勾配なので転ばないように注意。横峰寺までは2・2キロ、1時間～1時間半程度で着く。標高は750メートルと高く、境内にはさわやかな風が吹く。冬場は雪が積もることもあるようだ。

香園寺や宝寿寺方面からの道をとる場合も、登山の難易度は大差ない。登りは採石場経由、下りは白滝経由といったように、往復で道を変えると変化が出る。

横峰寺からほど近い奥の院、星ケ森《ほしがもり》にも立ち寄りたい。ここは四国の名峰、石鎚山の遥拝所。古来より石鎚山信仰および修行における重要な拠点であったのだろう、小さな鉄の鳥居越しに見える石鎚山の重厚さは、今も訪れる人を圧倒し続けている。

ここからまっすぐ石鎚山まで山を下り谷を越えて登る古道もあるが、山頂までは8時間以上かかるうえ現代において通る人はほとんどいない。挑戦する場合は入念な準備を。

札所と宿

60 横峰寺 0897-59-0142	62 宝寿寺 0898-35-5262	A 石鎚神社会館 0897-55-4168
61 香園寺 0898-72-3861	63 吉祥寺 0897-57-8863	B 湯之谷温泉 0897-55-2135

行程マップ

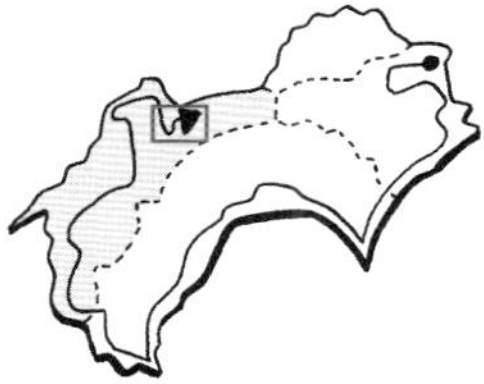

縦断図

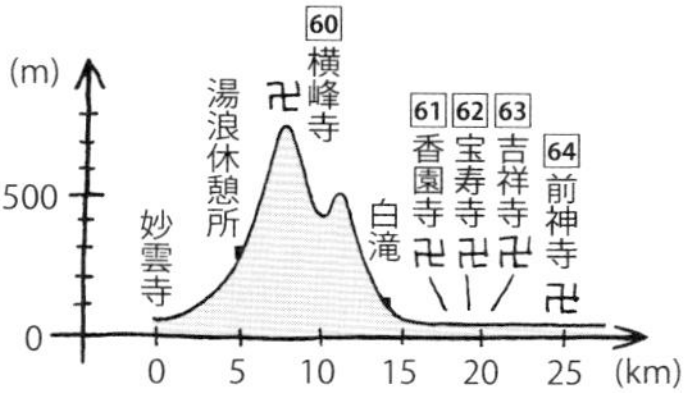

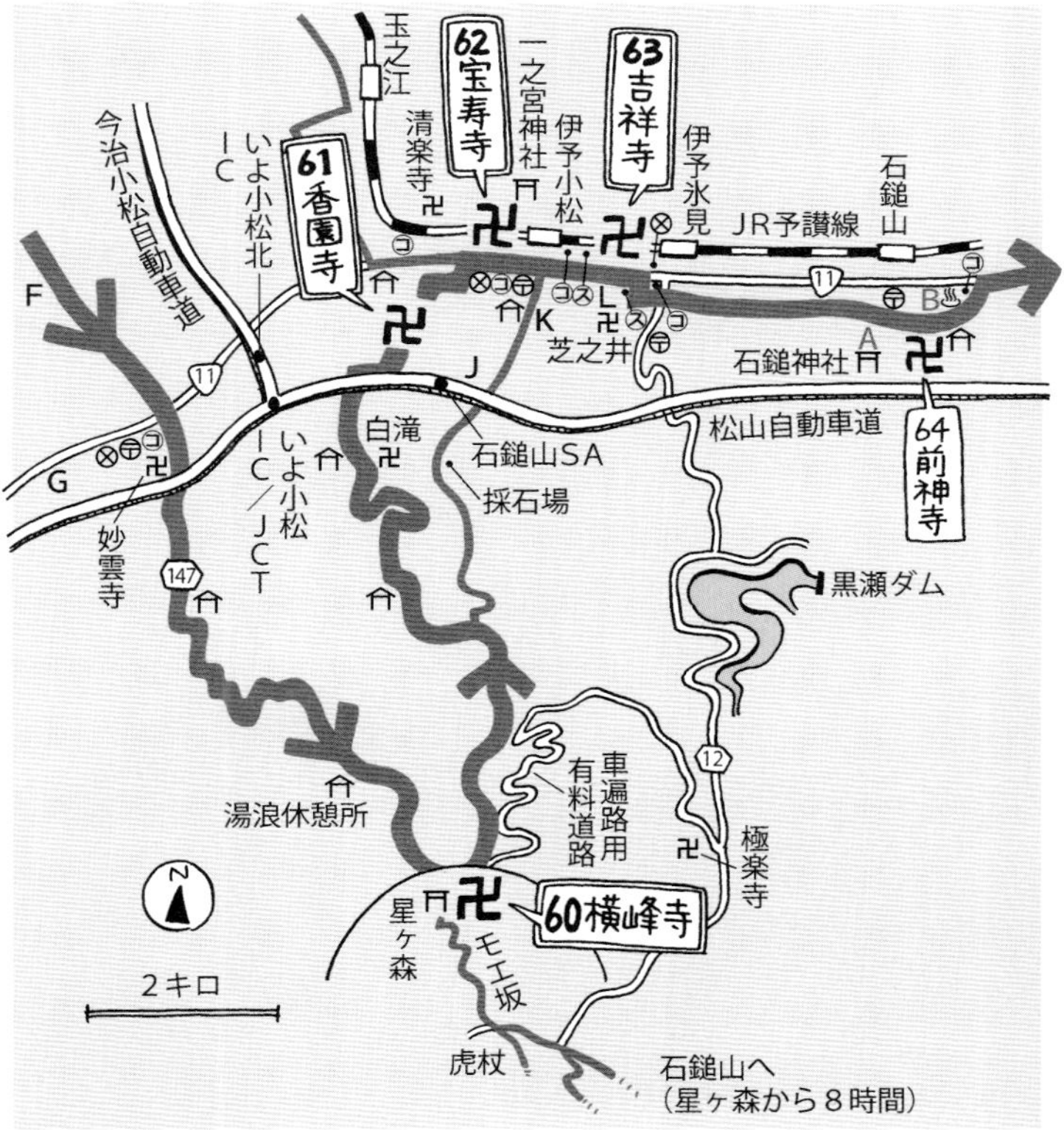

石鎚山登山の詳細は158ページを参照のこと。

横峰寺への登山は、昔から難所のひとつとされてきた。

下山したあとは札所が三連続

横峰寺の参拝が終わったら、遅くならないうちに下山を開始する。まず車遍路用の有料道路方面に進み、途中で左に外れて山道へ入る。よく整備されていて歩きやすい。再び分岐があるので、左側の白滝方面へと下る。このルートをとると、次の札所の香園寺までまっすぐ行けてスムーズ。

香園寺からは、宝寿寺、63番吉祥寺《きちじょうじ》と1～2キロ程の短い間隔で札所が連続している。登山に時間がかかった場合でも、吉祥寺まではその日のうちに打つことができるだろう。

宿はこの近くでとるか、電車移動して離れた宿に泊まってもいい。登山で疲れた足をしっかりと休めよう。ストレッチも入念に。

60番横峰寺

古くは石鎚山の別当寺のひとつだった。シャクナゲが有名で、5月には数百本もの木々にピンク色の花が咲く。

61番香園寺

お寺には見えない現代的な四角い建物にビックリ！　本堂はこの中にある。

ここにも注目!

施設

湯浪休憩所
妙雲寺から県道147号を6キロほど登ると休憩所がある。ここから山道に入る。

ルート

湯浪からの登山道
よく整備された山道。石段や丁石が残り、歴史を感じさせる。

番外霊場

白滝
香園寺の奥の院。不動明王を祀る。横峰寺からの下山ルートはこの白滝への道がおすすめ。

番外霊場

星ヶ森
横峰寺奥の院で、石鎚山の遥拝所。堂々たる霊峰を前に、小さな鉄の鳥居がひっそりとたたずむ、風情ある場所。必見。

昔は車遍路も登山した

車遍路やバス遍路は、黒瀬ダム側から平野林道（有料）を上って横峰寺を打つが、この林道が開通する1984年以前は彼らも登山せねばならなかった。ルートは前述の山道のほかに、星ヶ森をはさんで反対側（石鎚山側）の虎杖《いたずり》からの山道も使われていた。これらは横峰寺を越え石鎚山へと至る参道として歩き継がれていたが、平野林道や石鎚登山ロープウェイの開通によって、後者の道は今ではすっかり廃れてしまった。

ちょっと寄り道
石鎚山

霊峰・石鎚山への登山

若き日の空海も修行したと伝えられている石鎚山。鎖場《くさりば》が有名な信仰の山で、標高は西日本最高峰の1982メートル。歩き遍路として登るのはまさに山岳修行といった趣でロマンがある。登山好きの人は挑戦してみよう。

登山口へのアクセスは、JR伊予西条駅から出ているバスと石鎚登山ロープウェイを利用するのが一般的。奥前神寺《おくまえがみじ》と石鎚神社成就社《じょうじゅしゃ》のある中腹までロープウェイで登ることができる。

鳥居の先から登山道が始まる。1キロほど下り坂が続き、その先から登り坂。よく整備された木の階段がしばらく続いたあと、いよいよ鎖場とご対面だ。試しの鎖、一の鎖、二の鎖、三の鎖とそれぞれ74メートル、33メートル、65メートル、68メートルもの信じられない長さで、しかも傾斜がかなりきついので覚悟すること。不慣れな人は無理せず迂回路へ。

山頂には石鎚神社頂上社があり、御朱印をいただける。パノラマの絶景を満喫しよう。標高が高く寒いので、防寒具（レインウェアなど）は必須。

登山口の旅館や頂上山荘に宿泊すればゆっくり過ごせる（頂上山荘の営業は5月〜11月初旬）。また、遍路装備の重い荷物や金剛杖《こんごうづえ》、菅笠《すげがさ》は鎖場では非常に危険なので、麓でどこかに預かってもらい、サブバッグに必要なものだけ詰めて登るといい。

横峰寺の星ヶ森から南下して石鎚山に至る古道を通ることもできるが、往復の距離が長いうえ土砂崩れなどで荒れており、過酷な道のりとなる。往路8時間、復路5時間半。なお黒川道は閉鎖されており、今宮道しか通れない。

札所と宿

Ⓐ石鎚京屋観光旅館 0897-59-0335	Ⓑ常住屋白石旅館 0897-59-0032	Ⓒ石鎚神社頂上山荘 080-1998-4591

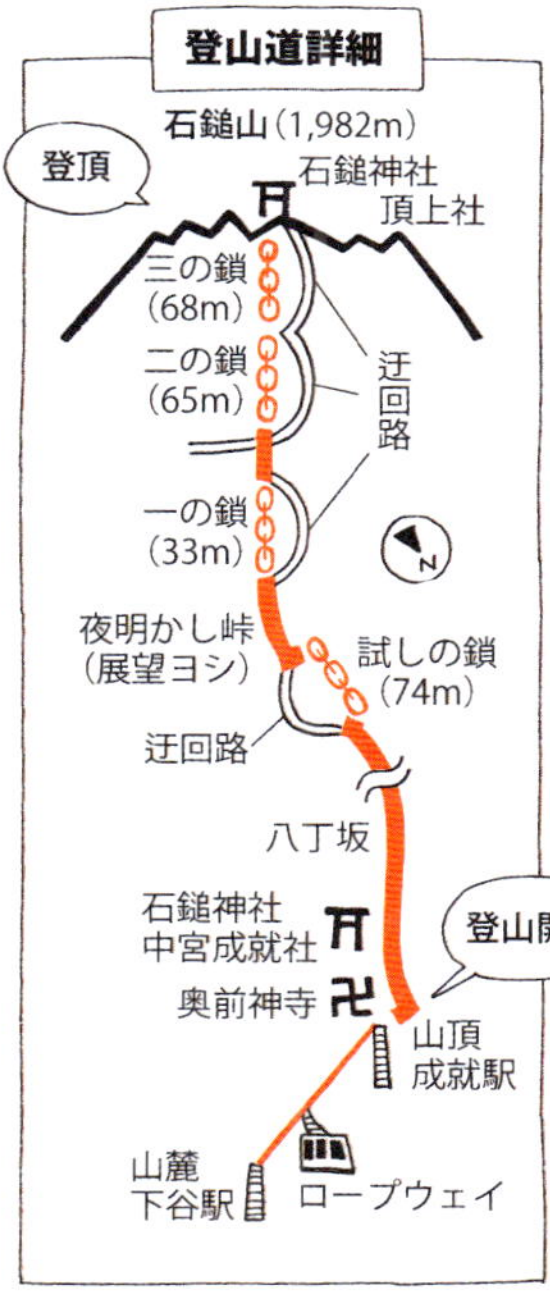

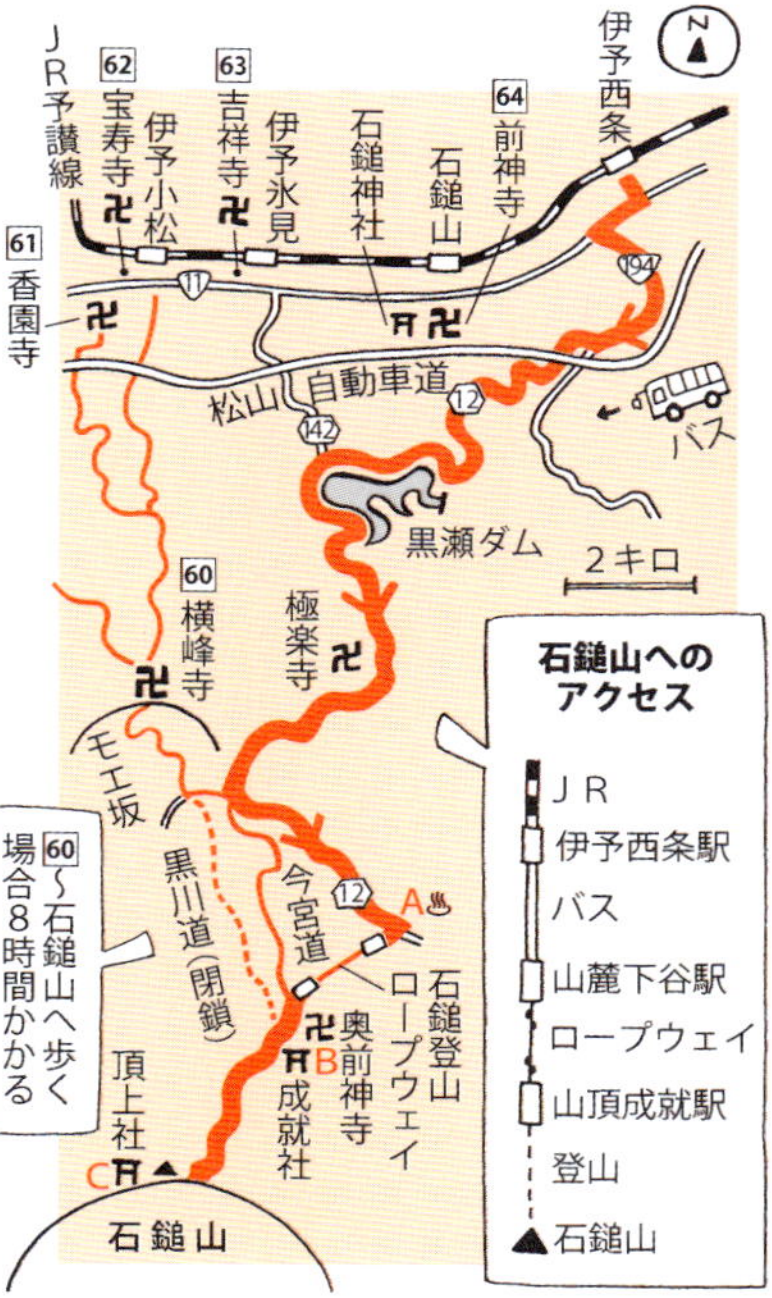

天狗岳
石鎚山の山頂からすぐ隣に見える、"THE石鎚山"な風景。標高の最高地点はここ。

鎖場
太い鎖が岩と岩の間を浮くように垂れ、そこに全体重をかけて登る。非常に怖い。

石鎚山信仰の札所、前神寺

吉祥寺から3キロほど進んだ山際に、64番前神寺《まえがみじ》がある。ここは横峰寺と同じく背後にそびえる石鎚山信仰の札所で、石鎚山の別当寺であった。奥の院は石鎚山の中腹にある「奥前神寺」。対して前神寺は「里前神寺」という。御詠歌は「前は神うしろは仏極楽のよろずの罪をくだくいしづち」と、神仏習合と石鎚山信仰の内容が盛り込まれている。すぐ近くには石鎚神社もある。あわせてお参りしよう。

さて次の札所、65番三角寺《さんかくじ》までは約45キロ。長いけど、この程度の距離なら平気……と侮るなかれ。というのも、まっすぐな国道11号と並走する住宅街の中の細い旧道が続くだけなのだ。旧道には古くからの民家も多く趣はあるのだが、いかんせん長すぎてどうしても飽きてくる。

室戸岬や足摺岬のような、辺境のワクワク感や寂寥感が恋しい。

行程マップ

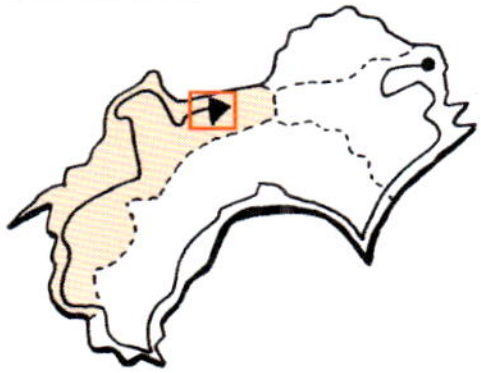

縦断図

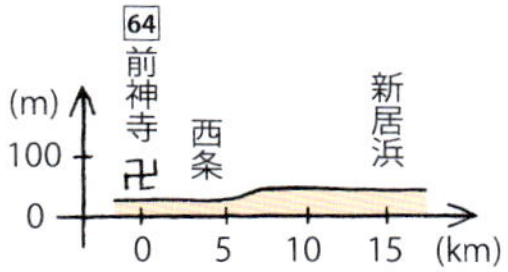

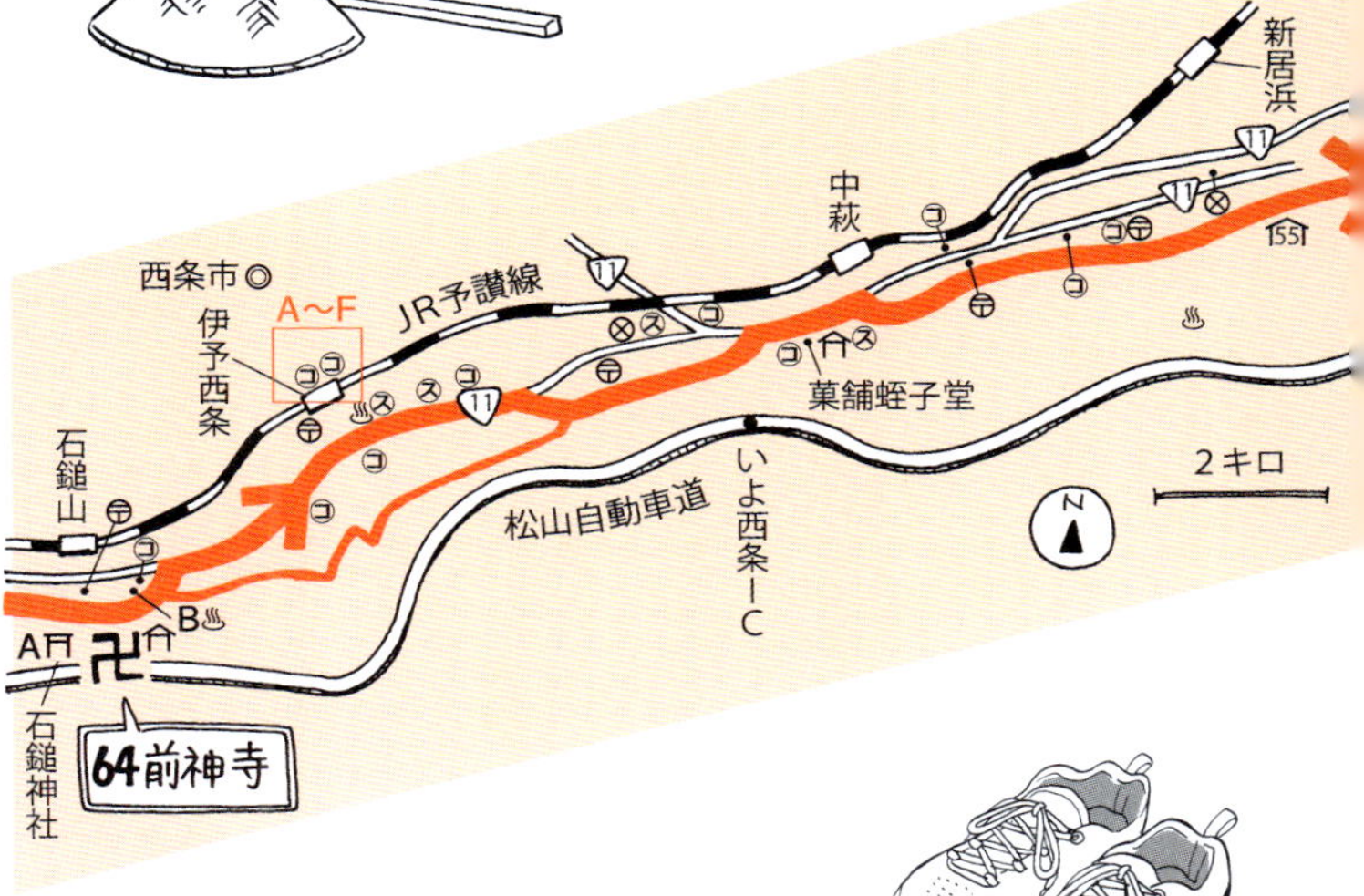

札所と宿

64 前神寺
0897-56-6995

C 西条アーバンホテル
0897-53-5311

E 西条ステーションホテル
0897-56-2000

A ホテル玉の家西条
0897-55-3149

D エクストールイン西条駅前
0897-56-4800

F ホテルオレール西条
0897-55-2440

B ホテル青木
0897-53-1118

住宅街の旧道をひたすら東へ。忍耐の修行だ。

自分なりの菩提が見えてきた？

ふらっと入ったお店で昼食をとる。玄関には四国の大きな地図が飾ってあった。遍路道が描かれている。「新居浜《にいはま》にはお遍路のお寺は無いんだけどね」と店のご主人は笑う。歓迎の気持ちが伝わってきて嬉しかった。

ほかのお客さんからも声をかけられた。お遍路の格好をしていると、こうやって話しかけてもらえる。和やかな休憩のひとときとなった。

夜、東屋で同年代の歩き遍路と一緒に野宿した。「あと一週間でお遍路が終わるけど、寂しくない？」と尋ねてみた。「濃い日々だったから、わりと満足してるよ。いつ終わってもいいと思ってる」

そうか、この人はいい旅をしたんだなあ。僕はもっともっと歩いていたい。終わるのが寂しい。「菩提《ぼだい》の道場」の終わりが近い。続く「涅槃《ねはん》の道場」を前に、悟りへの道のりは人それぞれだ。

石鎚神社

神仏分離以前の元札所。石鎚神社とは四社の総称で、ここ本社と、成就社、土小屋遥拝殿、項上社からなる。7月1～10日の石鎚山のお山開きには、白装束の登拝者で賑わう。

64番前神寺

石鎚山修験道場の総本山。役行者の伝説も残り、歴史は古い。元々は石鎚神社の位置にあったが、明治の廃仏毀釈で廃寺となった。その後、場所を移して再興。

ここにも注目!

交通

JR伊予西条駅
石鎚山の登山口へ向かうせとうちバスは、ここ伊予西条駅から出ている。

自然

うちぬきの水
水の町・西条。地下水が豊富に湧出し、あちこちで無料で飲むことができる。

文化

ガソリン割引
ガソリンスタンドで、車遍路向けにガソリン3円引というユニークなお接待を見かけた。大昔はわらじのお接待があったというが、その現代版と言えるかも？

グルメ

源氏巻
カステラ生地で羊羹を巻いた和菓子。ねり（小豆）、抹茶、柚子の３種類があり、疲れた身体に甘さがしみる。遍路道沿いの菓舗蛭子堂で購入できる。

なぜか気になる言葉

ある種の極限状態にある歩き遍路の道中では、ふと目にした何気ない言葉に強烈に関心が向くことがある。何が気になるかはもちろん人それぞれ。自分の心理的現在地を知るヒントになるかもしれない。

36日目

65 三角寺へ

愛媛県編

変わらない景色だけど、一歩ずつ前へ！

昨日から特に景色に変化がない。住宅街の中を通る旧道を歩いて行く。買い物があるときは国道へ。行ったり来たり。右を向けば四国山地の山々と高速道路の架橋、田畑、家。左を向けばごくたまに海が遠くに見える程度。

坂道を越えると新居浜市から四国中央市へ入る。それでもやっぱり同じ景色。何となく眠い。体全体に力が入らない。緊張感が無くなっている。ふらふらと……惰性で歩いているような感覚がつきまとう。でも足腰はかなり仕上がってきている。筋力面では問題ないのだ。単に体を動かすエネルギーが足りていない感じがする。

野宿遍路は食事不足になりやすい。宿に泊まれば朝夕はしっかりと栄養のある料理をお腹いっぱい食べられるが、野宿の人はお弁当やパン、インスタント食品で済ますことが多く、摂取カロリーが消費カロリーに対して絶対的に不足する。これを一ヶ月以上継続すると、当然何かしら身体に問題が現れるはずである。

意識的にたくさん食べよう。身体は食べ物でできている。食費はケチってはいけないよ！

札所と宿

A ビジネスホテルMISORA 0897-41-7822	D 蔦廼家（つたのや） 0896-74-2025	G ビジネスホテルマイルド 0896-24-3090
B 新居浜市市民の森キャンプ場 0897-40-2121	E 松屋旅館 0896-74-2008	H ホテルルートイン四国中央 050-5211-5777
C 五葉松荘 0896-74-3523	F 御宿 大成 0896-23-2122	I スーパーホテル四国中央 0896-22-9000

行程マップ

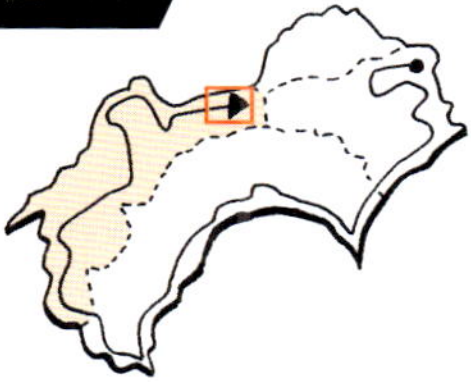

縦断図

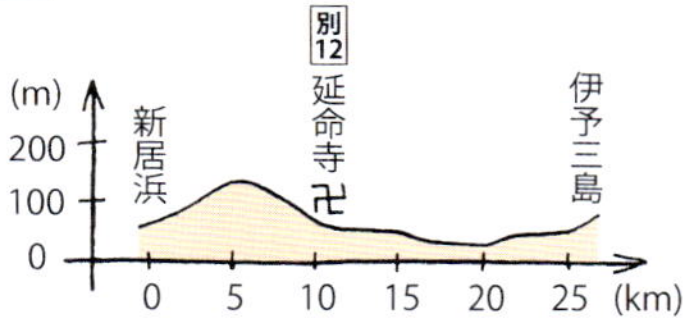
別12
延命寺
新居浜
伊予三島
(m)
200
100
0
0
5
10
15
20
25
(km)

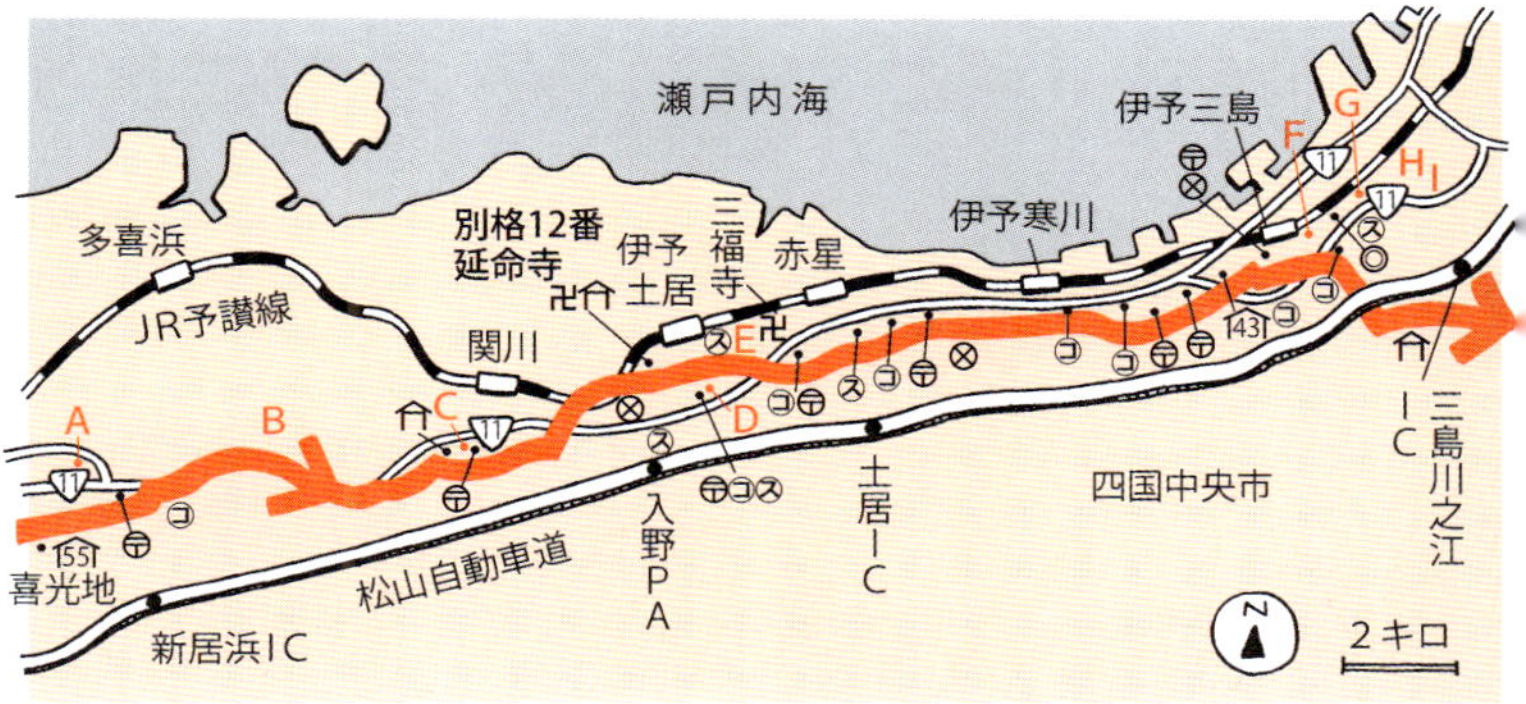
瀬戸内海
伊予三島
多喜浜
別格12番
延命寺
伊予土居
三福寺
赤星
伊予寒川
JR予讃線
関川
A
B
C
D
E
F
G
H
I
11
43
55
喜光地
入野PA
土居IC
四国中央市
三島川之江IC
松山自動車道
新居浜IC
2キロ

古い道しるべに注目！

伊予三島駅の前後から、古い道しるべ石（遍路石）をよく見かけるようになる。現地の説明看板によると、古くから別れ道などに地蔵尊があったが、ある時期から若者たちがお遍路さんのために道しるべを建て始め、その動きが近くの村や全国の篤志家にも波及し、多くの道しるべがこの近辺にできたそうだ。

石に刻まれた文字を読んでみよう。多くが「へんろみち」と書かれ、その表記は「遍ん路道」「へんろ三ち」とさまざま。札所の名前、方向（左、右、此方）、距離の情報が併記されることもあるし、方向を示す手や指の絵、弘法大師や仏像の絵など、文字以外の表現が現代と異なるところもある。

なお、距離は「丁」「里」の単位で示される。平地では大雑把に「丁」は約１００メートル、「里」は約４キロ。すると１里はだいたい１時間で歩ける距離ということになる。身体的感覚と距離とが繋がる感覚は、歩き遍路ならではは。

右側の風景
似たような風景が長く続く。意外としんどいエリアだ。

別格12番延命寺
遍路道沿いにある別格霊場。弘法大師お手植えの「土居のいざり松」が有名。枯死後、根元が保存されている。駐車場にトイレあり。

西条市から新居浜市、そして四国中央市へ、黙々と東に進む。

ここにも注目!

ルート

喜光地《きこうじ》商店街

遍路道である旧道がそのまま商店街を通っている。一部はアーケードとなっている。

歴史

古い道しるべ石

伊予三島駅前後の遍路道沿いにはたくさんの古い道しるべ石が残る。下部がアスファルトに埋まっていたり、少し位置が移動されていたりするものもある。

民宿空白地帯

宿泊型の歩き遍路にとってインフラである民宿。管理人の高齢化や遍路人口の減少などの理由で宿の数が減り、予約がとれず旅程が組みにくくなりつつある地域がある。今後、野宿無しでは歩けない区間ができる可能性もゼロではないと思われる。電車やバスで宿だけ別地域まで移動するなど、臨機応変に対応を。

37日目
65 三角寺

愛媛県最後の札所へ！

四国中央市は紙の町である。瀬戸内海をバックに広がる製紙工場群とその煙突の景色が特徴的だ。そんな遠景を左手に見つつ、遍路道は山側へと上っていく。

道しるべに導かれ、くねくねと細い道をしばらく登っていくと65番三角寺に着く。標高350メートル、緑に囲まれた広いお寺である。長かった愛媛県のしめくくりとなる最後の札所とあって、感慨深い参拝となるだろう。

境内には、三角寺の奥の院への距離を示す道しるべ石が立っている。奥の院、すなわち別格13番仙龍寺へはここから約4キロの峠越えの道で、三角寺の境内の奥から山道が延びている。

沿道には多くの丁石が残る。標高770メートルの地蔵峠の道は厳しいが、その先に現れる素朴かつ荘厳な建物からは、山奥の湿気と風雨を長年吸い込んできた歴史の重みのようなものが感じられ、ほかの札所にはない良さがある。いつもは別格寺院にお参りしないで八十八ヶ所だけを参拝している遍路にもおすすめだ。

行程マップ

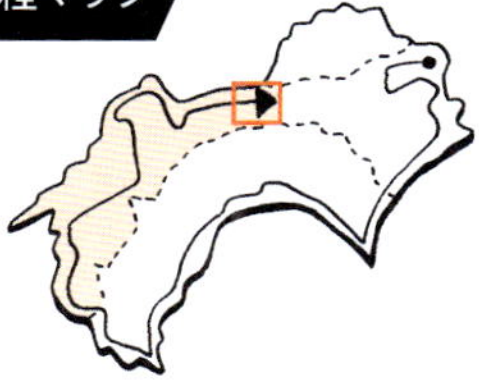

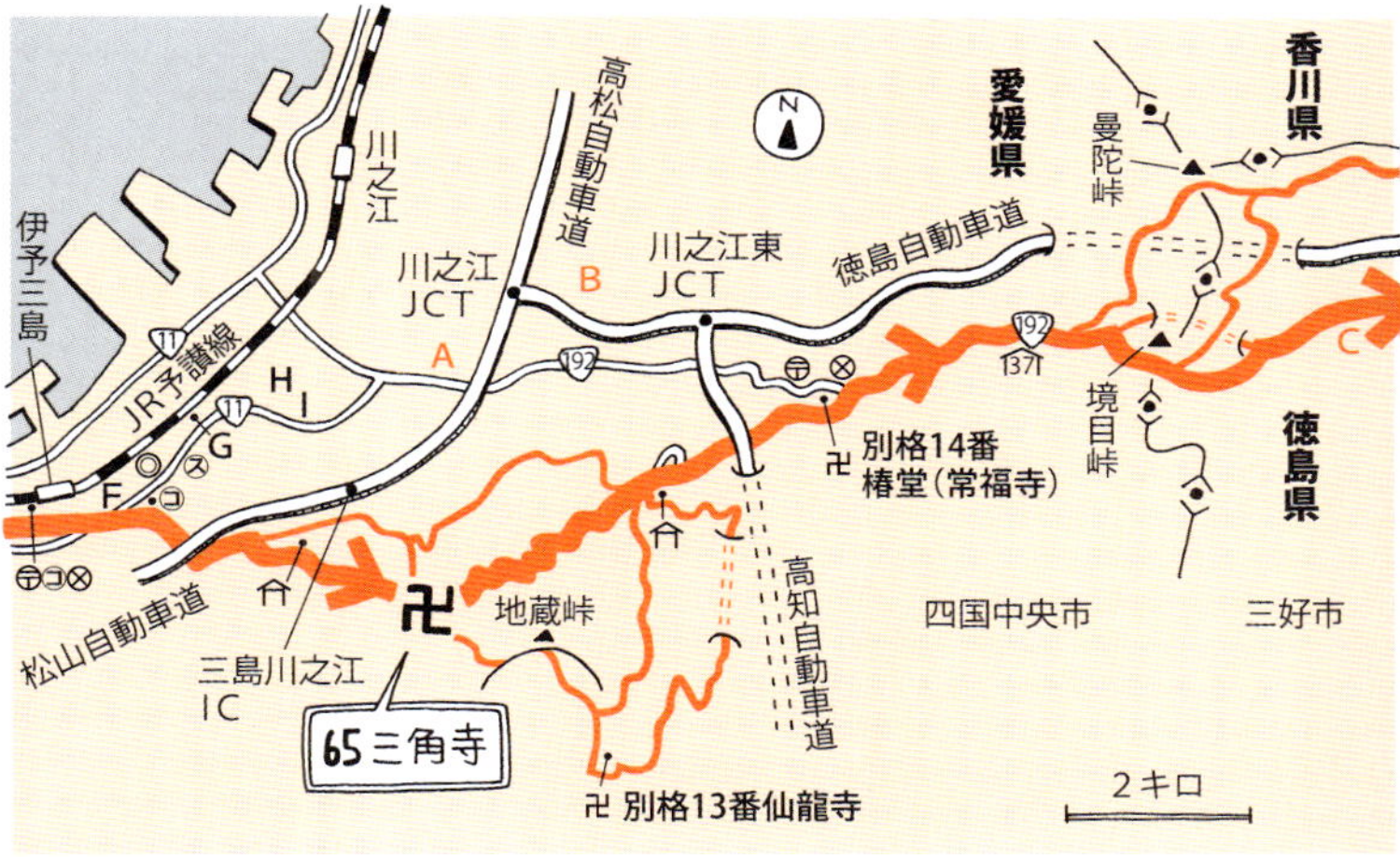

縦断図

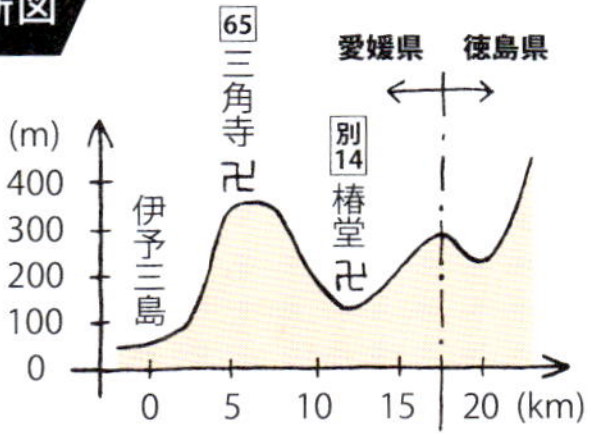

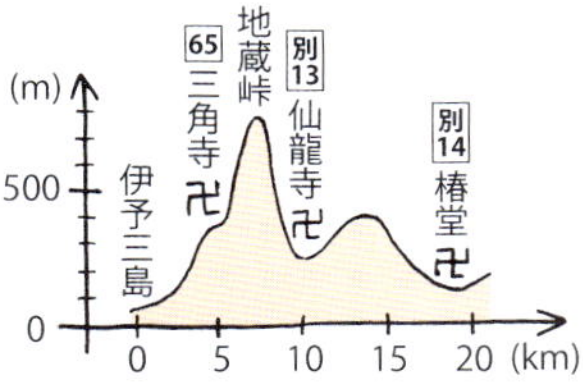

札所と宿

A 一野屋旅館 0896-56-3179	65 三角寺 0896-56-3065	C 民宿岡田 0883-74-1001
B 森と湖畔の公園オートキャンプ場 0896-28-6269		

山あいの集落を抜けると、いよいよ愛媛県とはお別れとなる。

愛媛県の次は香川県……ではなく徳島県？

三角寺の山門を出て石段を下り右へ。さあ、愛媛県の道も今日で最後だ。次の目的地は66番雲辺寺《うんぺんじ》。細くくねくねとした道が続く。基本的には林に囲まれた寂しい道だが、時に展望が開ける。

1時間ほど歩くと集落に出る。ここには別格14番椿堂《つばきどう》（常福寺《じょうふくじ》）が遍路道沿いにあるので立ち寄るお遍路が多い。その先は国道192号に出て、徐々に標高を上げつつ東へ進んでいく。

県境前後でルート分岐があるが、おすすめは境目峠の道。峠といってもほとんど舗装道路なのでご安心を。その先はちょっとだけ徳島県に入り、登山をして、雲辺寺の先から香川県に入る。

宿は、伊予三島〜雲辺寺間では民宿岡田のみ。多くの歩き遍路に愛されている名物民宿だ。あるいは雲辺寺の先まで頑張って進む。

雲辺寺の下山後まで食料を買える場所は無いため、必ず伊予三島で多めに買い物をしておくこと。

65番三角寺
愛媛県最後の札所。急な石段を上ると山門がある。

別格14番椿堂（常福寺）
三角寺から雲辺寺への遍路道沿いにある。

ここにも注目!

地蔵峠
三角寺から奥の院である仙龍寺へ至る峠道。前半は山道で、峠の向こうは石畳が続く。歴史を感じさせる道。

別格13番仙龍寺
往年の遍路の姿に思いを馳せる、別格霊場ならではのひとときが過ごせる。すぐ近くの清滝も見に行こう。

境目峠
愛媛県と徳島県との県境。「従是東徳島縣三好郡」と書かれた石柱あり。隣に旧川之江市の看板も残っている。

製紙工場
四国中央市の伊予三島と川之江は製紙産業が盛んな地域である。遍路道からも工場や煙突がよく見える。

自炊のレパートリー案

インスタント麺、早ゆでパスタ＋パスタソース、食パン＋魚肉ソーセージ＋個包装マヨネーズ（食パンは早めに食べきる）、パックごはんを耐熱袋に入れ茹でる＋レトルトカレーやフリーズドライの丼、インスタントスープ類

常温で日持ちする食材で、比較的簡単にできる献立だ。凝った料理は荷物になるうえ、昨今の温暖化により春や秋でも食材の腐敗の可能性があるので避けたほうがよい。基本は外食かお弁当を食べ、自炊はいざというときのための予備食と捉えよう。なお、缶詰は捨て場所に困るので遍路には不向き。

コラム

ひと昔前の遍路

ここ数十年間で、四国遍路の様子は変化した。コンビニが増えた。これにより旅の食料事情がとても良くなっている。

外国人の歩き遍路が増えた。

善根宿や通夜堂などの無料宿泊所が減り、野宿禁止の場所が増えた。理由は、利用するお遍路のマナーの悪さ（連泊する、飲酒して騒ぐ、ごみを散らかすなど）のほか、管理者の高齢化などもあり、無料での管理が難しい時代なのだろうと思う。

また、そもそも宿の軒数が減った。大型の遍路宿やホテルで廃業したところもあるし、宿坊の運営をやめた札所も多い。バスツアー遍路の低迷など、全体の遍路人口が大きく減っていることも原因の一つ。

職業遍路、プロ遍路などと呼ばれる人達が減った。彼らはいわば歩くホームレスで、リアカーに生活道具を積み、托鉢をしたりお接待を受けたりしながらエンドレスに回り続ける姿は、ある意味で古くからの四国遍路――きれいごとだけでは語れない四国遍路の一側面を今に残す貴重な存在とも言える。

宿の予約事情

歩き遍路では、1～2日先の宿を随時予約していくのが基本である。しかし最近では、旅に出る前にすべての宿を一気に予約する人が増えているという。体調や天候、出会いで予定が変わる、あるいは変えるべき場面は多々あるため、こうした一括予約はおすすめしない。ただし例外として、お遍路さんも観光客も集中するGWの期間はほとんど宿が埋まってしまうため、早めの予約が必須となる。

また、予約に関して慎重に考えたいのは外国人遍路の代理予約だ。宿を予約してほしいと外国人遍路から頼まれて予約したものの、夕方になってその人が宿に現れず、連絡が取れないことがあるという。対策として、同じ宿に泊まる、宿まで同行する等が考えられるが、代理予約者の負担が大きい。（これも縁と捉えることもできるが）。実際は、泊まった宿の人に翌日の予約をしてもらうパターンも多いようだ。

ネット予約非対応の宿が多く、予約したくてもできない事情もある。増えた外国人遍路の受け入れをどうするか、四国遍路全体が直面している課題である。

香川県編

愛媛県から一旦徳島県を経由して香川県へ。約１５０キロの距離に23ヶ所の霊場が密集している。途方もない距離に思えた遍路道も残りわずかだ。心残りのないように、ゆっくり歩こう。

四国霊場最高峰、雲辺寺

道しるべを目印に、民宿岡田（↓169ページ）の少し先で山側へ折れると66番雲辺寺《うんぺんじ》への登山が始まる。標高は900メートル、八十八ヶ所のうち最も高い場所に建つ札所だ。登り口からの高低差は600メートルもあるが、ここまでの道中で鍛えられた体力があれば問題はないはず！　滑りそうなほどの急斜面を上っていく。鬱蒼《うっそう》とした山道をしばらく進むと舗装道路に出て、比較的なだらかな道に変わる。杉の巨木が並ぶ立派な参道と山門を抜けると、そこが雲辺寺だ。山頂公園からの眺めが良いので立ち寄りたい。そしてここから先は、いよいよ四国四県目の香川県へと入る。

下山は県道240号方面へ山道を下るルートがオーソドックスだが、ロープウェイに乗って広々とした平野と海の展望を楽しみながら下るのもよい。別格16番萩原寺《はぎわらじ》にも立ち寄れる。

なお別格15番箸蔵寺《はしくらじ》を参拝する場合は、民宿岡田からそのまま国道192号を東に約17キロ進む。

札所と宿

A 民宿白地荘 0883-74-0487	66 雲辺寺 0883-74-0066	L ファミリーロッジ旅籠屋・讃岐観音寺店 0875-25-1858
B 白地温泉小西旅館 0883-74-0311	G 民宿青空屋 0875-27-7309	M 観音寺グランドホテル 0875-25-5151
C ビジネスホテル阿波池田いれぶん2 0883-72-1010	H 萩の丘公園キャンプ場 0875-54-2801	N ホテルサニーイン 0875-23-3210
D 阿波池田ユースホステル 0883-72-5277	67 大興寺 0875-63-2341	O ハイパーイン観音寺駅前 0875-25-2818
E 旅館 寿司六 0883-72-7422	I 亀の井ホテル観音寺 0875-27-6161	P 藤川旅館 0875-25-3548
F ふくや旅館 0883-72-0868	J 民宿四国路 0875-27-9444	Q 若松家本館 0875-25-4501
別格15 箸蔵寺（宿坊） 0883-72-0812	K ホテルシェトワ観音寺 0875-23-7722	R 若松家別館 0875-25-3277

行程マップ

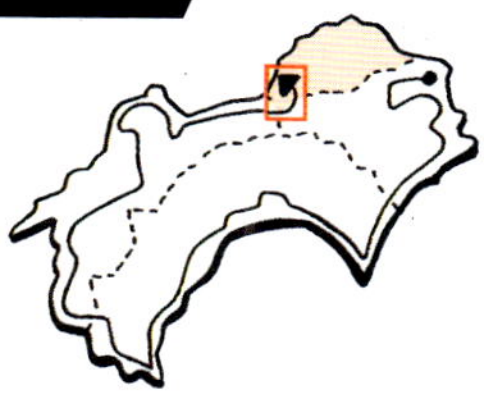

縦断図

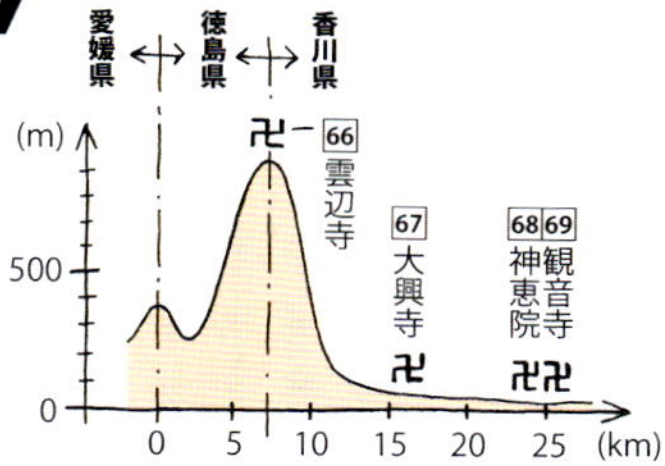
愛媛県
徳島県
香川県
(m)
500
0
66 雲辺寺
67 大興寺
68 神恵院
69 観音寺
0 5 10 15 20 25 (km)

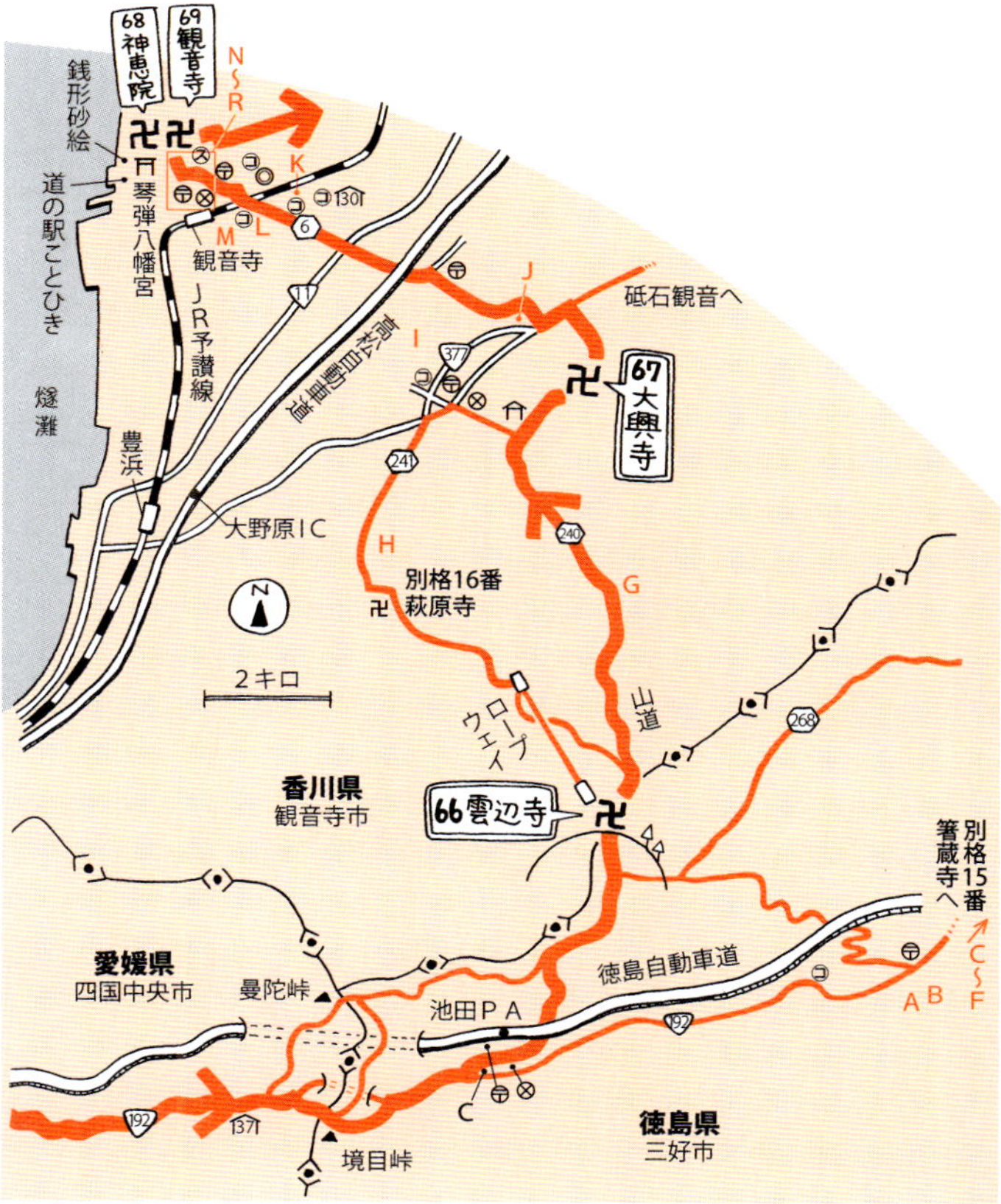
68 神恵院
69 観音寺
銭形砂絵
道の駅ことひき
琴弾八幡宮
観音寺
JR予讃線
燧灘
豊浜
大野原IC
高松自動車道
N~R
K
L
M
J
I
H
G
砥石観音へ
67 大興寺
別格16番 萩原寺
2キロ
ロープウェイ
山道
香川県
観音寺市
66 雲辺寺
愛媛県
四国中央市
曼陀峠
池田PA
徳島自動車道
境目峠
徳島県
三好市
別格15番 箸蔵寺へ
C~F
A
B
C
6
11
130
377
241
240
268
192
137

これが最後の海の夕暮れ

香川県は平野部が広い。田畑が多く高い建物も少ないので、歩いていて開放感がある。緑豊かな67番大興寺《だいこうじ》を打ち、観音寺市中心部へと近づいていく。宿が多数あるのでここで一泊するといいだろう。

さて、宿に荷物を置いたら夕暮れの海を見に行こう！　琴弾《ことひき》八幡宮の奥にある銭形展望台が絶景スポットである。

たまたま居合わせた地元住民や遍路仲間と話が弾んだ。刻一刻と色彩が変わる空模様を見ながら、話題は大きく、広くなっていく。人生……普通は聞くこともないまったくの他人の人生のこと。誰もが何かしらの苦悩を抱え、揺れながらも、それぞれ生きていた。

僕も、これからどう生きていこうか。遍路旅はもうじき終わる。ゴールがあり、ただ歩きさえしていればよかった。旅が終わればゴールが無くなってしまう。そのあとは何をすればいいのか。

ぽっかり穴が開いたような漠然とした不安がいつまでも離れなかった。

67番大興寺
小松尾寺《こまつおでら》とも呼ばれる。札所の手前で道に迷いやすいので注意。

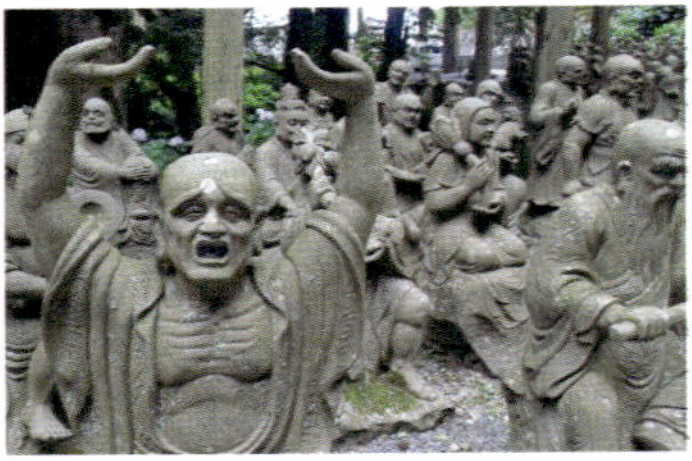

66番雲辺寺
香川県の最初の札所。ユーモラスな表情の五百羅漢《ごひゃくらかん》が無数に安置されている。

雲辺寺ロープウェイから観音寺市を望む。

ここにも注目!

観光

雲辺寺周辺の撮影スポット

徳島・香川の県境を示す柱や路面標示は、地味だが面白い撮影スポット。また、すぐ近くの雲辺寺山頂公園にある人気の「天空のブランコ」もきれいな写真が撮れる。

観光

銭形砂絵

琴弾八幡宮の裏、有明浜にある名所で、江戸時代(寛永時代)に作られたとされる。砂で寛永通寶と書かれており、直径約100メートルもの大きさ。日没後はライトアップも。

番外霊場

別格16番萩原寺

ロープウェイの山麓駅から3キロの距離。萩の名所。

番外霊場

琴弾八幡宮

階段を上った先にある立派な神社。明治時代以前の68番札所である。

涅槃の道場・香川

涅槃《ねはん》とは解脱《げだつ》のこと。円のように四国を一周する遍路道を輪廻転生《りんねてんしょう》になぞらえて、旅の終わり=輪廻からの解脱を示すと思われる。各々の抱える課題からの超越も期待したいところ。筆者は1周目では解脱できず、数年かけて2周半も歩いちゃいました。

39日目 68 神恵院〜75 善通寺

香川県編

香川県は札所がいっぱい！

68番神恵院《じんねいん》、69番観音寺《かんのんじ》はなんと同じ境内の中にあり、一山二霊場の珍しい形態である。それぞれの本堂、大師堂は別々だが、納経所は共有で、いっぺんに2ヶ所分の納経ができる。明治の神仏分離以前は琴弾八幡宮と観音寺が札所であった。

さて、香川県は札所の密度が高い。何せ、遍路道の距離が約１５０キロと四国四県の中で一番短いのに、札所の数は23ヶ所もあるのだ。ちなみに高知県は約４００キロで16ヶ所しかない。

70番本山寺《もとやまじ》を打ち、12キロほど住宅街を歩くと71番弥谷寺《いやだにじ》。そこから先は、72番曼荼羅寺《まんだらじ》、73番出釈迦寺《しゅっしゃかじ》、74番甲山寺《こうやまじ》、75番善通寺《ぜんつうじ》……と、数キロおきに札所が連続する。71番弥谷寺から77番道隆寺《どうりゅうじ》までの7ヶ所を一日で一気にお参りすることは古くから「七ヶ所参り」と呼ばれていた。要はプチ遍路で、距離も全部で16キロと短く初めての人でも気軽に挑戦しやすい。本格的に歩き遍路の旅をする前に、腕試しとして一度歩いてみるのもおすすめ。

札所と宿

68 神恵院	0875-25-3871
69 観音寺	0875-25-3871
A 瀬戸内ベース	090-4501-1909
B 一富士旅館	0875-62-2036
70 本山寺	0875-62-2007
C ほ志川旅館	0875-72-5041
D 千歳旅館	0875-72-5072
E BED N CHILL 七宝屋	web予約（公式HP）
F 天然いやだに温泉ふれあいパークみの	0875-72-2601
71 弥谷寺	0875-72-3446
72 曼荼羅寺	0877-63-0072
73 出釈迦寺	0877-63-0073
74 甲山寺	0877-63-0074
G 遍路民宿鶴吉	080-2514-4854
75 善通寺（宿坊）	0877-62-0111
H 善通寺グランドホテル	0877-63-2111
I ゲストハウス お遍路宿 風のくぐる	0877-63-6110

行程マップ

縦断図

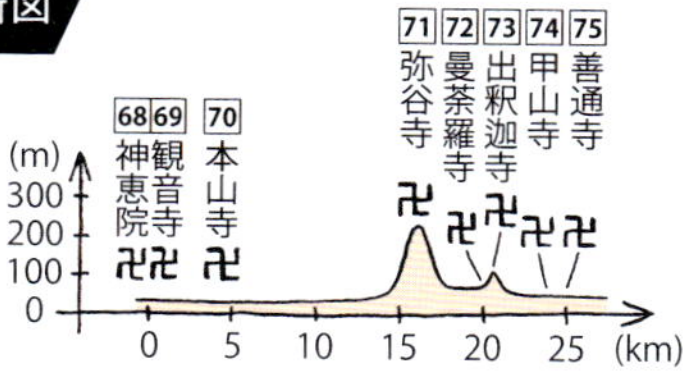
68 69
神恵院
観音寺
70
本山寺
71
弥谷寺
72
曼荼羅寺
73
出釈迦寺
74
甲山寺
75
善通寺
(m)
300
200
100
0
0
5
10
15
20
25
(km)

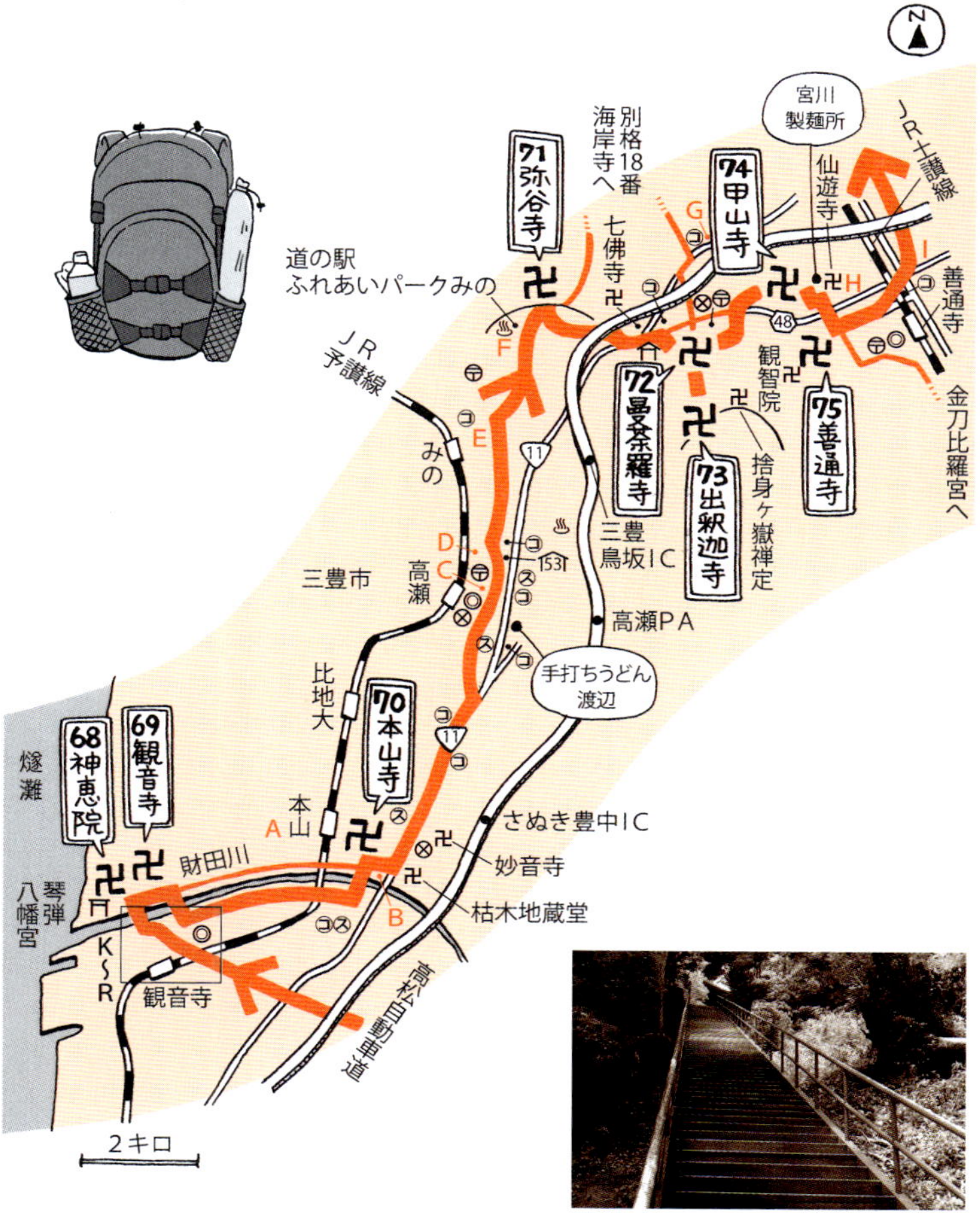
宮川製麺所
JR土讃線
別格18番海岸寺へ
71弥谷寺
74甲山寺
仙遊寺
七佛寺
道の駅ふれあいパークみの
G
H
I
善通寺
48
72曼荼羅寺
観智院
75善通寺
JR予讃線
F
E
みの
11
73出釈迦寺
捨身ヶ嶽禅定
金刀比羅宮へ
三豊鳥坂IC
D
C
153
三豊市
高瀬
高瀬PA
手打ちうどん渡辺
比地大
70本山寺
11
68神恵院
69観音寺
燧灘
A
本山
さぬき豊中IC
財田川
妙音寺
琴弾八幡宮
B
枯木地蔵堂
K〜R
観音寺
高松自動車道
2キロ

73番出釈迦寺からの開放的な眺め。遠くには瀬戸大橋も見える。

空海生誕の地、善通寺

75番善通寺は、弘法大師空海が生まれた場所だと伝えられ、和歌山県の高野山や京都府の東寺とともに大師三大霊場のひとつとして知られている。なるほど境内は広大で立派だ。小さな堀を挟んで西院と東院に分かれ、宿坊もある。市の名前も善通寺市。この札所を中心に発展してきた町で空海ゆかりの霊場は多い。

73番出釈迦寺の背後にある奥の院、我拝師山《がはいしさん》の捨身ヶ嶽《しゃしんがたけ》では、幼き日の空海が誓願をたてて捨身行《しゃしんぎょう》（身を投げる修行）をした際に釈迦が現れて救われたと言われている。これが出釈迦寺の名前の由来となった。その捨身ヶ嶽からの展望は素晴らしいが、参拝するには急勾配の坂を登らなくてはならない。麓の出釈迦寺からの眺めも十分に気持ちいい。

別格18番海岸寺《かいがんじ》は、善通寺と並んで空海生誕の地との説がある。海のすぐそばにあり風情たっぷり。通常の遍路道からは離れており、参拝する場合は弥谷寺や曼荼羅寺から往復するか、77番道隆寺から往復することになる。

70番本山寺
財田《さいた》川沿い、気持ちのいい河川敷の道を進むと本山寺に着く。大きな五重塔が目を引く。

75番善通寺
真言宗善通寺派総本山。境内がとても広いので、夕方17時ギリギリに到着した場合は先に納経を済ました方がよい。

ここにも注目!

霊場

岩々しい71番弥谷寺

山の中腹にあり、とにかく階段が多い。岩壁に磨崖仏《まがいぶつ》が彫られていたり、大師堂の奥がそのまま岩窟に繋がっていたりと、神聖な雰囲気が漂う。

グルメ

讃岐うどん

遍路道沿いには美味しいうどん店がたくさんある。営業時間、曜日は要チェック。写真は宮川製麺所のかけうどん。濃いいりこ出汁が美味しい。

番外霊場

捨身ヶ嶽禅定

出釈迦寺の奥の院。麓から徒歩約30分、急勾配の坂を登る。本堂の先には行場もあり、岩場や鎖場が続いている。

番外霊場

別格18番海岸寺

名の通り、海のすぐそばの札所。境内の入り口である二王門（二力士門）には仁王像ではなく地元出身力士の像が立っていて珍しい。

季節に応じて変わるお接待

秋は柿、冬はみかん、といったようにお接待にも季節性がある。びっくりした夏のお接待はアイス！　猛暑で干からびそうな姿を見て、買ってきてくれたのだろうか。ありがたいことです。

40日目 76 金倉寺→79 天皇寺

遍路旅はいつしか物見遊山に変わっていくのだ

香川といえば讃岐うどん。遍路道沿いにあるうどん屋をはしごする歩き遍路は多い。

76番金倉寺《こんぞうじ》、77番道隆寺と打ったあと、丸亀市の中心部にさしかかると右手の高台に丸亀城が見える。その先、土器川からは讃岐平野のシンボル的な存在の飯野山、別名讃岐富士がよく見える。どちらも寄ってみたくなる。

まるで観光旅行でもしているかのようだ。修行の旅というニュアンスは薄れ、いつしか物見遊山の旅に変わっていく。でも、それでもいい。そうやって非日常から日常へ、感覚を少しずつ戻していかなければならない。

その後も、78番郷照寺《ごうしょうじ》、79番天皇寺《てんのうじ》と数キロおきに参拝。近所の霊泉「八十場《やそば》の水」と、ところてん屋が名物。ちょっと一服していこう。

札所と宿

- A 温泉旅館宝屋 0877-75-5195
- B ことひら温泉琴参閣 0877-75-1000
- C 琴平リバーサイドホテル 0877-75-1880
- D 紅梅亭 0877-75-1111
- E こんぴら温泉湯元八千代 0877-75-3261
- F つるや旅館 0877-75-3154
- G 琴平グランドホテル桜の抄 0877-75-3218
- H 虎丸旅館 0877-75-2161
- I 琴平パークホテル 0877-73-3939
- J まんのう清流庵 090-4331-9074
- 76 金倉寺 0877-62-0845
- 別格18 海岸寺（宿坊） 0877-33-3333
- K ビジネスホテルトヨタ 0877-33-0088
- 77 道隆寺 0877-32-3577
- L アパホテル<丸亀駅前大通> 0570-096-411
- M ホテル・アルファーワン丸亀 0877-24-4422
- N ビジネスホテルフクシマ 0877-22-4322
- O ビジネスホテル青山 0877-24-4800
- P ホテルアネシス瀬戸大橋 0877-49-2311
- Q しおはまの湯 四国健康村 0877-49-2600
- 78 郷照寺 0877-49-0710
- R ビジネスホテルうたづ 0877-49-4146
- S ホテルAZ香川宇多津 0877-49-0501
- T 旅館みき 0877-46-5441
- U ホテルニューセンチュリー坂出 0877-45-1180
- 79 天皇寺 0877-46-3508

行程マップ

縦断図

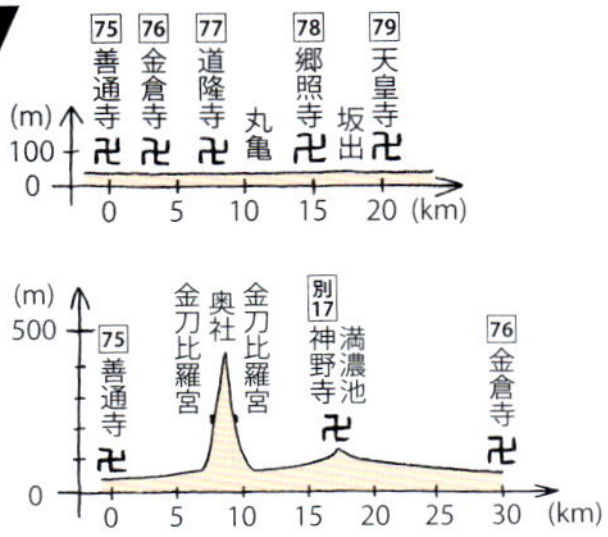
75 善通寺
76 金倉寺
77 道隆寺
丸亀
78 郷照寺
坂出
79 天皇寺
(m)
100
0
0 5 10 15 20 (km)
(m)
500
0
75 善通寺
金刀比羅宮 奥社
金刀比羅宮
別17 神野寺
満濃池
76 金倉寺
0 5 10 15 20 25 30 (km)

JR本四備讃線
瀬戸中央自動車道
白峯寺へ 81番
瀬戸内海
坂出北IC
おか泉
日の出製麺所
八十場の水
八十場
JR予讃線
宇多津
丸亀
L〜N
Q
S
142
U
P
R
T
坂出
146
讃岐塩屋
多度津
118
33
78郷照寺
11
坂出IC
白峯宮
79天皇寺
国分寺へ 80番
O
海岸寺
丸亀城
坂出JCT
別格18番 海岸寺
K
77道隆寺
高松自動車道
216
讃岐富士 (飯野山)
長田in香の香
土器川
佛母院
129
金蔵寺
76金倉寺
奥之院
虚空蔵寺
G
11
はなや食堂
善通寺IC
川川うどん
I
善通寺
F
H
香川家
2キロ
72曼荼羅寺
73出釈迦寺
74甲山寺
75善通寺
71弥谷寺
宮川製麺所
319
琴電琴平線
琴平
まんのう町
A〜I
むさし
小縣家
奥社
金刀比羅宮
松尾寺
JR土讃線
別格17番 神野寺
J
塩入
満濃池

〝こんぴらさん〟も参拝しよう！

75番善通寺から徒歩1時間半~2時間ほどの距離にある金刀比羅宮《ことひらぐう》。〝こんぴらさん〟として古くから信仰を集め、四国遍路においても善通寺のあとにお参りするならわしだったようだ。現在でも観光地として賑わっており、２０２４年には本宮本殿など12棟が国の重要文化財に新たに指定されている。

金刀比羅宮の参道は階段が長い。表参道から御本宮まで、石段が７８５段。御本宮の展望台からは讃岐富士をはじめ讃岐平野の景色が一望できる。

体力が有り余っている歩き遍路は、ぜひその先の奥社へ。階段は更に５８３段。人生で一番体力がついている今こそ、登るべきときである！　混雑している御本宮とは対照的に、奥社では静かな時間を過ごせるだろう。

金刀比羅宮と合わせて、満濃池《まんのういけ》にも足を延ばしたい。ここは空海が嵯峨天皇の勅命を受けて修築した溜め池だ。空海は、今でいうところの土木工事の現場監督の役割も務めたのだった。唐から導入したアーチ型の堤防構造が採用されている。

79番天皇寺
高照院《こうしょういん》とも言う。三輪《みわ》鳥居をくぐって境内へ。隣接する白峰宮《しろみねぐう》は崇徳《すとく》天皇の霊を祀る。ご遺体を八十場の水に浸して保ったとのこと。

76番金倉寺
境内はきれいに整えられ見通しがよく広々としている。寺名は金倉寺だが町名や駅名は金蔵寺の表記。

土器川と讃岐富士。この地域では、絵に描いたようなおむすび型の山がポコポコとあちこちに見られる。

ここにも注目!

歴史

丸亀城

白く可愛い天守閣が遍路道から右手に見える。高く積まれた石垣が見事。

歴史

満濃池

日本最大級の規模の農業用溜め池。池の西岸に別格17番神野寺《かんのじ》がある。

番外霊場

金刀比羅宮

琴平町の象頭山《ぞうずさん》の中腹にある神社。階段の続く参道には、土産物屋などが多数並び賑やか。現存する日本最古の芝居小屋である旧金毘羅大芝居「金丸座」では、毎年４月にこんぴら歌舞伎が開催される。

ルート

坂出の商店街

坂出《さかいで》駅前の商店街が遍路道。一部がアーケードになっている。

讃岐うどんの種類

うどんの食べ方はさまざまで、いりこ出汁の温かいつゆをかける定番の「かけ」、つゆが冷たく麺のコシが引き立つ「ひやかけ」、濃い目の出汁醤油をかける「ぶっかけ」、うどんを水で締めない「釜揚げ」、生卵と出汁醤油をかける「釜玉」などが代表的。店ごとに看板メニューがある。地元の人はまず「かけ」を食べてその店の実力を見るという。

41日目 80国分寺～83一宮寺

香川県編

ねぎらいの言葉が嬉しい！

札所の境内でおにぎり休憩をしていると、その様子を見ていたおじちゃんが話しかけてきた。

「悟れましたか？」

難しい質問にうまく答えられず苦笑いする僕に、更にこう言ってくれた。

「でもここまで苦労して来たんだろう、横から見てると雰囲気持ってるよ」

夕方、コインランドリーでは近所のおばちゃんが気にかけてくれ、夕飯にどうぞと家で作ったお好み焼きと採れたてのトマトをお接待してくれた。わざわざ一度家に帰って、パックに詰めて、ソースまで付けてくれて。

香川県の人は、ここまで頑張ったね、と優しく接してくれる人が多い。そういったねぎらいを受けるたびに、自分の気持ちにも変化が生じ始めていた。

「気づかないうちに、少しは成長できているのかもしれないな」

芽生え始めた達成感をもって、もうひと踏ん張り、歩き旅は続く。

札所と宿

A せと国民旅館	087-874-0353
80 国分寺	087-874-0033
81 白峯寺	0877-47-0305
82 根香寺	087-881-3329
B ゲストハウスイーハトーブ	080-7837-4378
C 遍路宿幸神家	090-4780-7088
83 一宮寺	087-885-2301
D だんらん旅人宿そらうみ	web予約（公式HP）

行程マップ

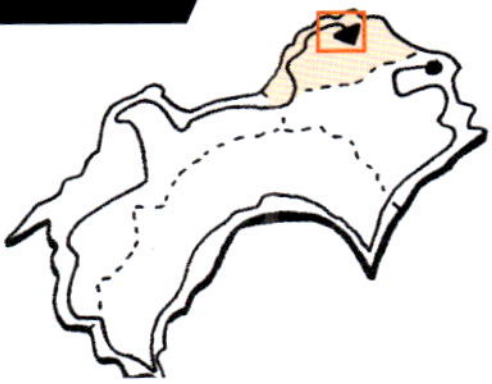

縦断図

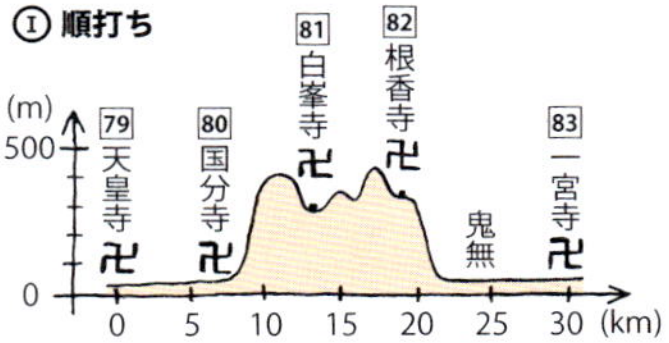
Ⅰ 順打ち
(m)
500
0
79 天皇寺
80 国分寺
81 白峯寺
82 根香寺
鬼無
83 一宮寺
0 5 10 15 20 25 30 (km)

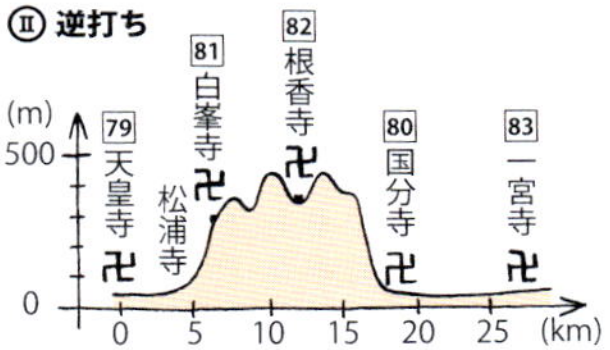
Ⅱ 逆打ち
(m)
500
0
79 天皇寺
松浦寺
81 白峯寺
82 根香寺
80 国分寺
83 一宮寺
0 5 10 15 20 25 (km)

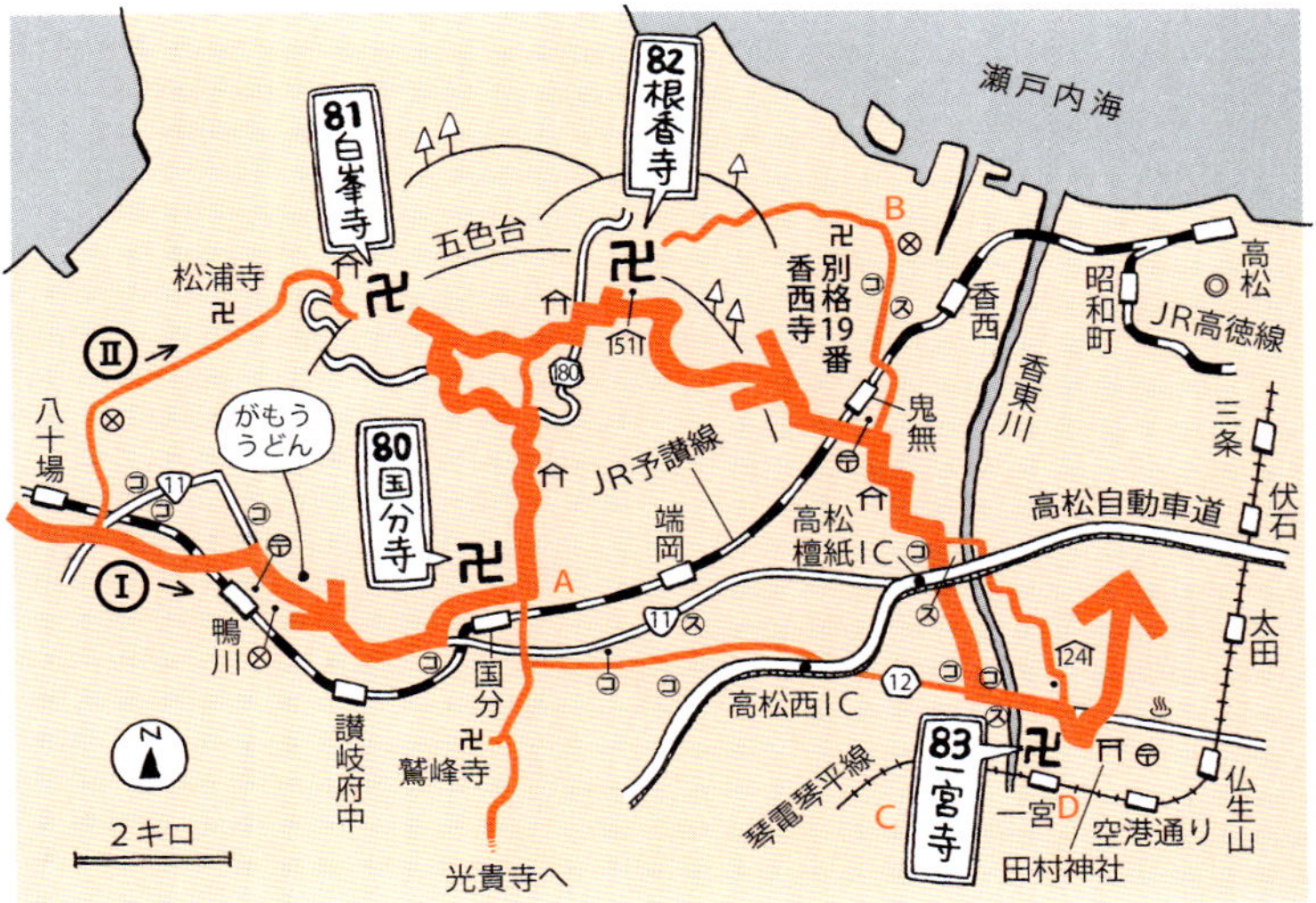
瀬戸内海
81 白峯寺
82 根香寺
五色台
松浦寺
Ⅱ
Ⅰ
八十場
がもう うどん
80 国分寺
JR予讃線
端岡
別格19番 香西寺
B
A
C
D
香西
鬼無
香東川
高松檀紙IC
高松自動車道
昭和町
高松
JR高徳線
三条
伏石
太田
仏生山
空港通り
田村神社
一宮
83 一宮寺
琴電琴平線
高松西IC
鴨川
讃岐府中
国分
鷲峰寺
光貴寺へ
2キロ
151
180
11
12
124
N

五色台の上には白峯寺と根香寺の2つの札所が建つ。

五色台への登山ルートは二通り

81番白峯寺《しろみねじ》と82根香寺《ねごろじ》は、五色台《ごしきだい》という台地状の山の上にある。標高は300〜400メートル程度だが、麓の80番国分寺《こくぶんじ》からの登山道の勾配はきつい。緑豊かな木々の間を汗を垂らして登ったあと、たどり着いた静かな山の札所に心和むことだろう。

五色台にはルートが二通り考えられる。麓の国分寺を打って山に登り、白峯寺、根香寺と進んで東側の鬼無《きなし》町へ下る順打ちルート（80→81→82）のほかに、天皇寺から松浦寺《まつうらじ》を経て五色台に登り、先に白峯寺と根香寺を打ってから国分寺に下りてくる部分的な逆打ちのルート（81→82→80）をとる人も多い。後者の方が国分寺からの急な登りを避けることができるし、古くからよく利用されていた道順でもあるようだ。

五色台の麓にある国分寺では、これから登る不安なお遍路、下りてきて安堵しているお遍路が混ざり、声をかけ励ましあう姿が見られる。

登山のあとは河川敷を進み、83番一宮寺《いちのみやじ》へ。

83番一宮寺

讃岐国一宮の田村神社と隣接する。境内にはクスノキの大木がある。

80番国分寺

五色台の麓にある札所。境内には多数の立派な松が茂る。

ここにも注目!

景色

おむすび山3兄弟

国分寺の周辺から東方面に、山が3つ仲良く並んでいる。右から六ツ目山《むつめやま》、伽藍山《がらんやま》、万灯山《まんとうやま》。登っちゃおうかな？

霊場

81番白峯寺

崇徳天皇の御陵がある。ここから根香寺までの山道も気持ちいい。部分的にぬかるんでいる所もある。

施設

ヘンロ小屋（51号）
五色台子どもおもてなし処

宿泊可能なヘンロ小屋。根香寺の近くにある。小屋というより家のようなしっかりとした作りで、なんとロフト付き。トイレや電気も利用できる。正面には女性専用の小屋もある。

伝説

牛鬼《うしおに》

根香寺には人間を食べる恐ろしい怪獣、牛鬼を退治した伝説が残る。写真の像は門前で見ることができる。

壁一面の納札

お参りの際に札所に納める納札《おさめふだ》は、お接待のお礼としても使う。善根宿《ぜんこんやど》や通夜堂《つやどう》、ヘンロ小屋、民宿などの壁一面に無数の納札が貼られていることがあるが、それだけ多くのお遍路さんがこの場所で一夜を過ごし、感謝の思いをこの札に託したのである。

42日目 84 屋島寺 → 85 八栗寺

香川県編

いざ、高松市中心部へ！

旅の終盤にきて、愛媛は松山市に並ぶ都会、高松市の中心部に入る。遍路道沿いには、観光名所の栗林《りつりん》公園やうどんの有名店があり、少し足を延ばせば史跡高松城跡玉藻《たまも》公園、更にはJR高松駅にも行ける。こういう都会歩きもいいものだ。家に帰ったら、自分の町も一度歩いてみようかなあ。

行程マップ

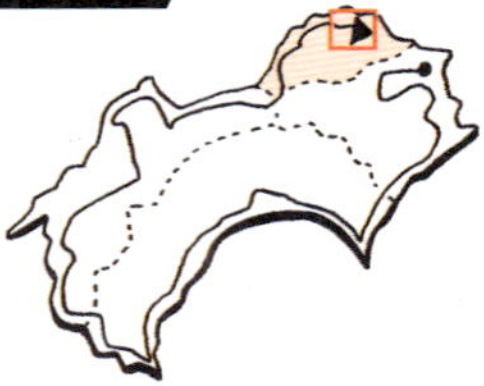

縦断図

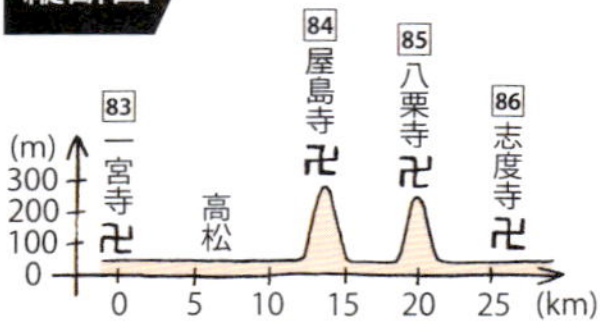

P 高松国際ホテル 087-831-1511	T ゲストハウスRyu-chan House 087-841-7276	X たいや旅館 087-894-0038
Q ビジネスホテルプリンス 087-861-9565	U ゲストハウス屋島 090-3989-5834	Y 冨士屋旅館 087-894-1175
R ささや旅館 087-841-9533	V 庵治観光ホテル海のやどり 087-871-3141	Z いしや旅館 087-894-0021
84 屋島寺 087-841-9418	W 高柳旅館 087-845-1516	あ 民泊對馬 080-6055-2876
S 望海荘 087-841-9111	85 八栗寺 087-845-9603	

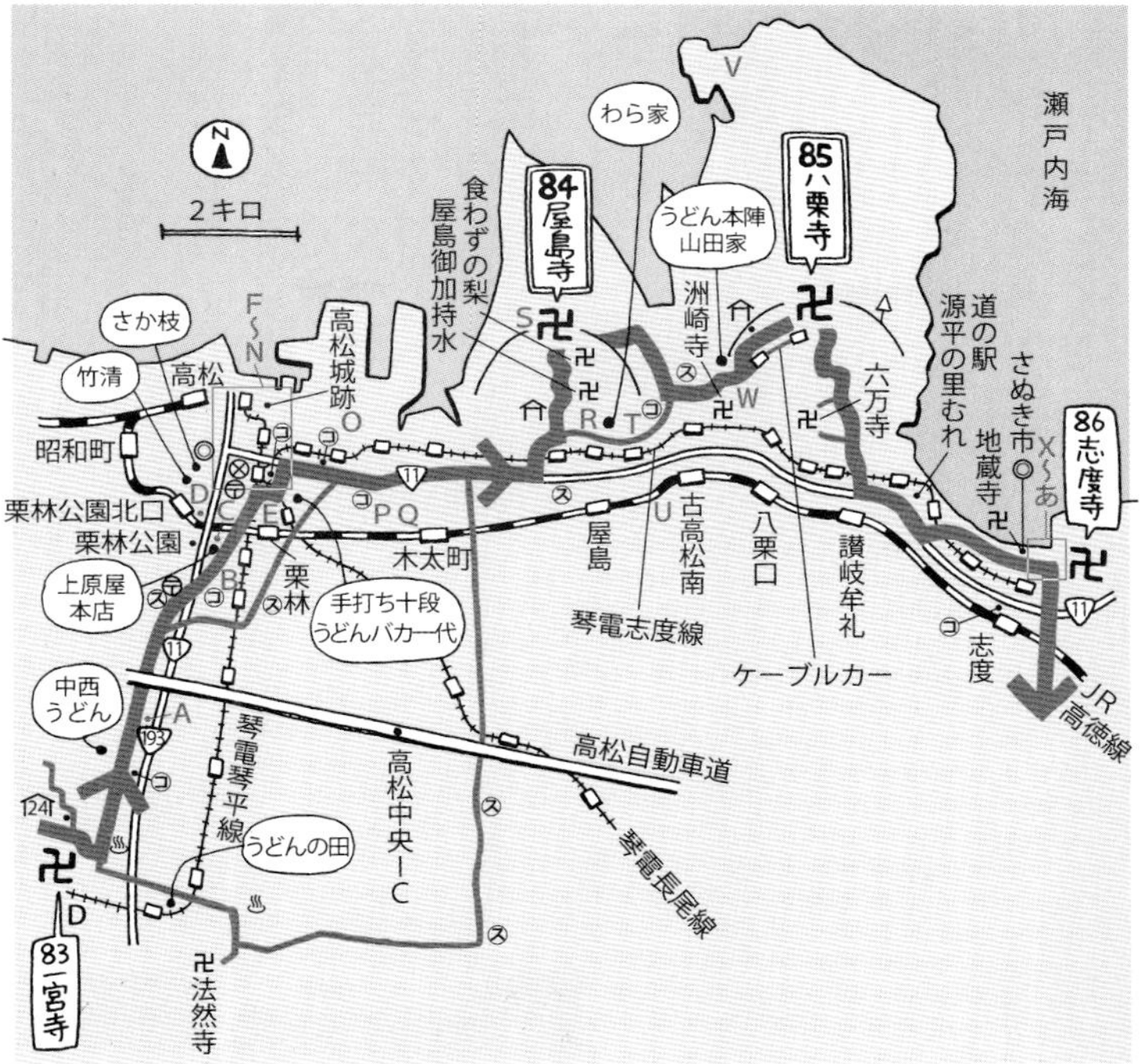

札所と宿

A ファミリーロッジ旅籠屋・高松店 087-867-8858	F 高松シティホテル 087-834-3345	K ニューグランデみまつ 087-823-4111
B ビジネスホテルイーストパーク栗林 087-861-5252	G サウナ&カプセルゴールデンタイム高松 0120-976-000	L ビジネスホテルルピナス 087-821-0558
C ホテルパークサイド高松 087-837-5555	H アパホテル<高松瓦町> 087-823-2323	M 万喜屋 087-822-3366
D Hostel JAQ takamatsu 087-813-4075	I ビジネスホテルパレス高松 087-851-3232	N 東宝イン高松 087-823-1000
E ビジネスホテルサンシャイン高松 087-837-6161	J ホテルサキカ 087-822-2111	O ホテルマリンパレスさぬき 087-851-6677

まだまだ気が抜けないぞ！二つの登山

国道11号に沿って高松市中心部から離れていくと、前方に大きな台形の山が見えてくる。屋根の形の屋島である。てっぺんに84番屋島寺《やしまじ》がある。登山道は舗装され、歩いている観光客も多い。麓の入江一帯は源平合戦「屋島の戦い」の舞台でもある。

山上は広く平らで、札所のほかに土産物屋や水族館もあって観光地化されている。そして何より展望がいい。いくつかある展望台からは、瀬戸内海はもちろん高松の市街地も一望できる。昨日登った五色台も、そしてこれから登る五剣山《ごけんざん》も。

急勾配で転びそうな山道をそろそろと下り、川を渡ると再び登山だ。五剣山は、岩が露出した荒々しい見た目が特徴的。その中腹に85番八栗寺《やくりじ》がある。ケーブルカーで上ることもできるので、観光気分で利用するのもいい。

八栗寺には写経室があり、いつでも般若心経《はんにゃしんぎょう》を写経することができる。明日の結願《けちがん》を前に、いま一度自分と向き合う時間をとってみよう。

84番屋島寺
本堂の隣の蓑山大明神には、四国一の親分タヌキの屋島ダヌキ太三郎が祀られている。

85番八栗寺
むき出しの岩峰が境内を見守る。菩提樹という木が名物で、6月に花が見頃を迎える。

遠くからでもひと目で分かる、屋根のような見た目の屋島。

ここにも注目！

観光

栗林公園
国の特別名勝に指定されている広い庭園で、高松藩主松平家別邸跡。

番外霊場

洲崎寺《すさきじ》
『四國邊路道指南《しこくへんろみちしるべ》』を記した江戸時代の僧、真念《しんねん》の墓がある。

グルメ

骨付鳥
讃岐うどんに次ぐ香川県のご当地グルメ。にんにくとスパイスが効いておりご飯もお酒もすすむ。主に丸亀市や高松市の飲食店で食べられる。

自然

五剣山
山頂部分は、隣の屋島とは対照的な荒々しい山容。昔は五つのとがった峰があったが、16世紀初めの地震で一つが崩れたそうだ。

荷物の盗難に注意

香川県以降、納経帳や納経軸が盗まれることがあると聞く。残り数ヶ所分の御朱印をもらって納経帳を完成させ、高く売るのだろう。そうそう起こることではないと信じたいが、万が一のこともあるので、参拝やトイレ休憩の際、荷物をベンチに置きっぱなしにするのは避けること。

43日目 86 志度寺 ↓ 88 大窪寺

香川県編

結願の日

志度《しど》は静かな海の町である。牡蠣の養殖が盛んで、旬は冬。かの有名な平賀源内《ひらがげんない》の出身地でもある。そんな町並みの先にある86番志度寺《しどじ》を打ったあとは、進路を南に変えて山側へと進んでいく。続いて87番長尾寺《ながおじ》も打ち、残る札所は1ヶ所。約1100キロという途方もないように思えた遍路道も、今日でもう終わりなのだ。

最後の難関となる女体山《にょたいざん》の登山を経て、88番大窪寺《おおくぼじ》へ到着。これにて結願《けちがん》、おめでとう！　門前にあるうどん屋の名物「打ち込みうどん」でお祝いするのが定番だ。食後のコーヒーを飲みながら、しばらくぼやーっと余韻に浸る。

この後どうするかは三者三様である。そのまま四国を去る場合は、さぬき市コミュニティバスで志度へ戻る（バスの最終便の時刻に注意）。もっと歩きたい人は、1番札所まで歩いて「四国一周」の達成を目指すのも良い。ルートはいくつかあるが、2～3日程度の行程となる。

更には、結願後に和歌山県の高野山へお礼参りをするならわしがある。観光客として行くのとは一味も二味も違う、非常に思い出深い参拝となるはずだ。

札所と宿

86 志度寺 087-894-0086	B トレスタ白山 087-898-8881	88 大窪寺 0879-56-2278
87 長尾寺 0879-52-2041	C 旅館野田屋竹屋敷 0879-56-2288	D 民宿八十窪 0879-56-2031
A 宿 inn TEK-TEK 0879-52-5292		

行程マップ

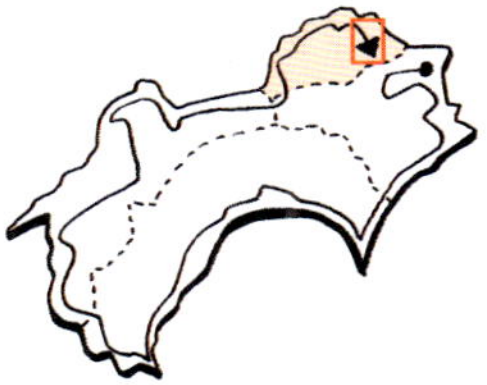

縦断図

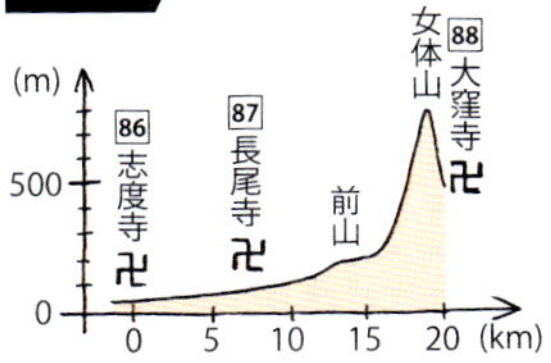
(m)
500
0
0
5
10
15
20
(km)
86 志度寺
87 長尾寺
前山
女体山
88 大窪寺

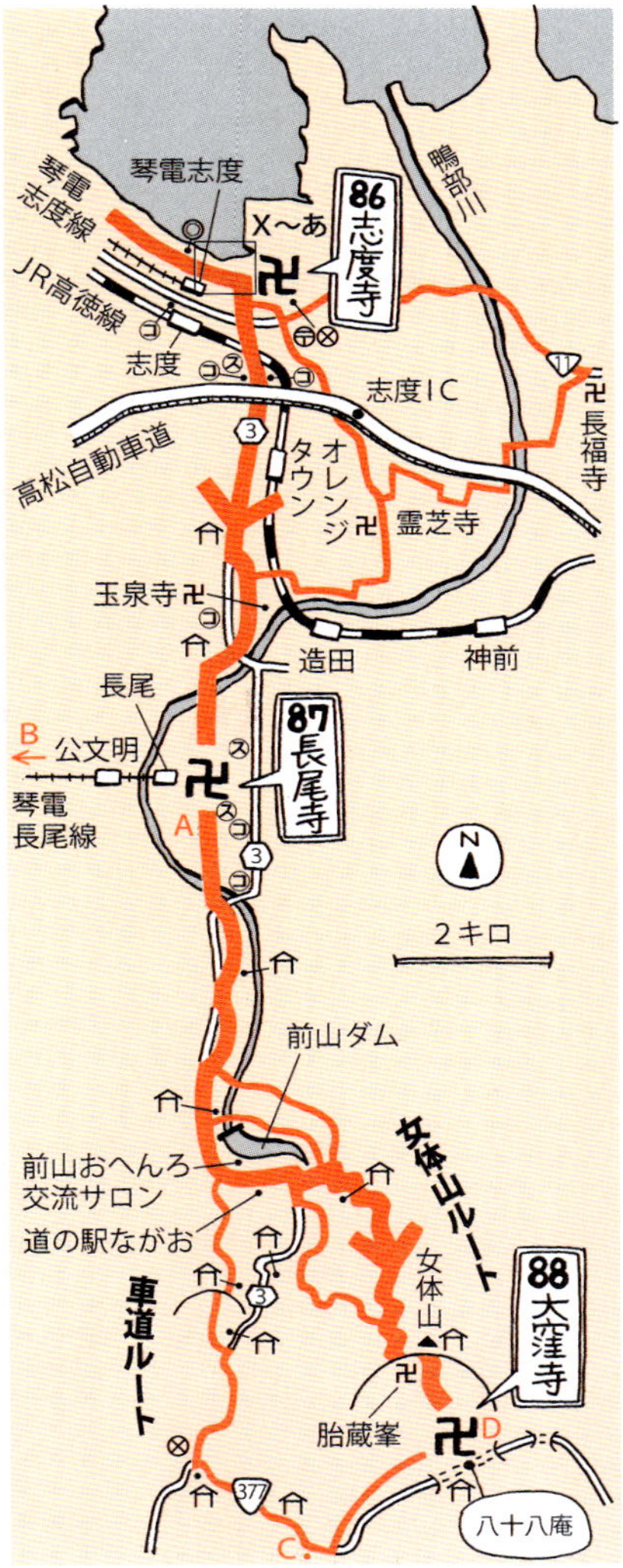
琴電志度
琴電志度線
86 志度寺
X～あ
JR高徳線
志度
志度IC
鴨部川
11
長福寺
高松自動車道
3
オレンジタウン
霊芝寺
玉泉寺
造田
神前
長尾
87 長尾寺
B
公文明
琴電長尾線
A
N
2キロ
前山ダム
前山おへんろ交流サロン
道の駅ながお
女体山ルート
車道ルート
女体山
88 大窪寺
胎蔵峯
D
377
C
八十八庵

女体山を越えると、眼下に大窪寺が見えてくる。

女体山ルートは険しいが なぜか挑んでしまう遍路ごころ

前山ダムにあるおへんろ交流サロン。ここは結願前の最後の休憩ポイントかつ交流の場となっている。施設内には四国遍路に関する各種資料が展示されているほか、「四国八十八ヶ所遍路大師任命書」なる賞状のようなものとバッヂを発行してもらえるので、必ず立ち寄ろう。

さて、この先は大きく分けて二通りのルートがある。ひとつは標高約７７０メートルの女体山を越える登山の道。もうひとつは中峠を越え、県道３号と国道３７７号の舗装道路を通る道。

昔ながらの遍路道は後者なのだが、歩き遍路に人気なのはなぜか前者のしんどい女体山越えである。最後に高い山があるのならそれに挑戦してこそ遍路だ、というプライドがそうさせるのだろう。ただ、山頂直下に岩場があるし、そのあとの大窪寺への下山道も急勾配なので、雨天時や積雪時は無理せず舗装道路を選ぶこと。

86番志度寺

五重塔がそびえる。境内は草木が鬱蒼と繁茂している。

88番大窪寺

結願寺。苦楽を共にした金剛杖《こんごうづえ》と菅笠《すげがさ》を奉納できる。ただ、多くの歩き遍路は記念に持ち帰るのではないだろうか。

ここにも注目!

施設

おへんろ交流サロン

四国の大きな立体模型が置かれ、八十八の札所の位置がライトで分かるようになっている。これまで歩いてきた日々を思い出しながら楽しめる、粋な展示物。

グルメ

打ち込みうどん

大窪寺の門前にあるうどん屋、八十八庵で食べられる。鍋でお野菜と共に煮込まれたうどんが結願を温かく祝ってくれることだろう。

装備

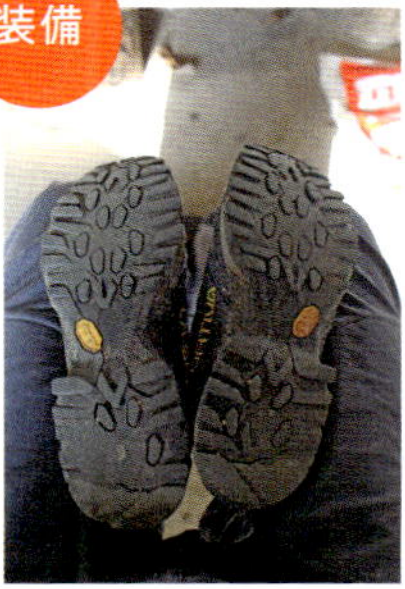

靴

新品だったウォーキングシューズは、かかと部分のソールが擦り減って下地が見えている。1000キロ以上の歩行によく耐えてくれた。金剛杖も20センチほど短くなった。

ルート

女体山

よく整備された舗装道路や山道が続く。最後に急峻な岩場あり。てっぺんでの展望を期待してがんばろう。

結願までの日数

歩き遍路は、どれだけ短い日数で結願できたかを競うものではない。どれだけ寄り道できたかが旅の充実度を高めてくれる。一度きりの人生においてそうそう無い機会だ。番外霊場や観光地などあちこち見物し、地元の人とたくさん喋り、考え、ゆっくり歩こう。

結願後 ~その1~
88 大窪寺 → 1 霊山寺

懐かしのあの道、あの札所

結願という目標を達成し、ひと区切りついた。しかし旅はまだ続けることができる！　大窪寺から1番霊山寺《りょうぜんじ》まで足を伸ばし、四国を一周ぐるっと繋ぐのだ。

ルートは大きく分けて三通り。Ⅰ南に進み10番切幡寺に出るルート　Ⅱ東に進み大坂峠を越え3番金泉寺に出るルート（番外霊場の與田寺にも寄ろう）　Ⅲ西へ進み別格20番大瀧寺を参拝するルート。

Ⅲの大瀧寺は標高910メートルと高所にあり、道程は険しい。お寺の手前に分岐が3つあるが、距離が短いのは県境の尾根を歩く金毘羅道。登山口は鳥居のある金毘羅宮から始まる。なお、空海著『三教指帰』に書かれる「阿国大滝嶽」は、21番太龍寺を指す説と、ここ大瀧寺を指す説がある。

いずれのルートをとるにしても、1～10番札所を繋ぐ遍路道に合流すると、じわっと懐かしさがこみ上げてくるだろう。歩き始めたばかりの頃、不安な気持ちで歩いたこの道、この景色。なんだか遥か昔のことに思える。

霊山寺で最後の参拝が済めば、いよいよ、本当に四国を去る。

與田寺
四国八十八ヶ所の総奥之院。本堂裏山一帯に八十八ヶ所すべての札所が祀られている。20分程度で一周できる。

縦断図

Ⅰ 最短ルート

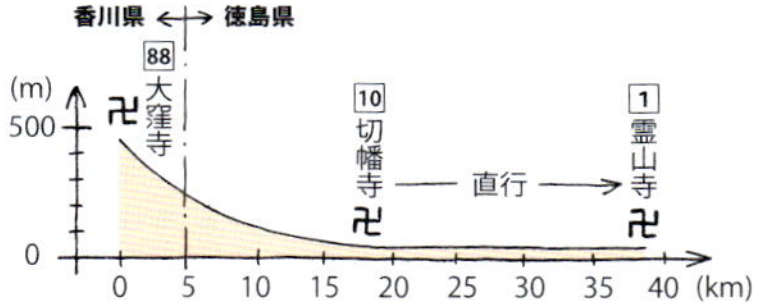

Ⅱ 與田寺・大坂峠経由

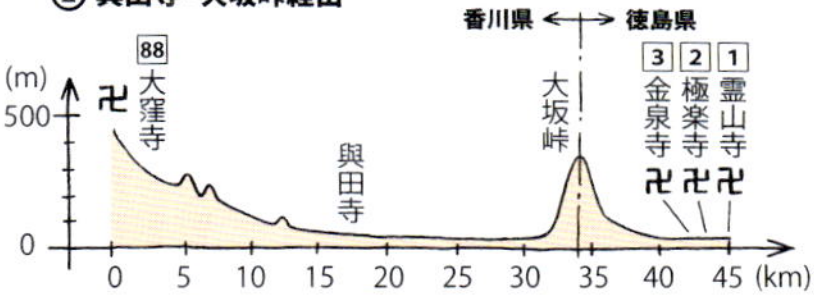

Ⅲ 大瀧寺経由

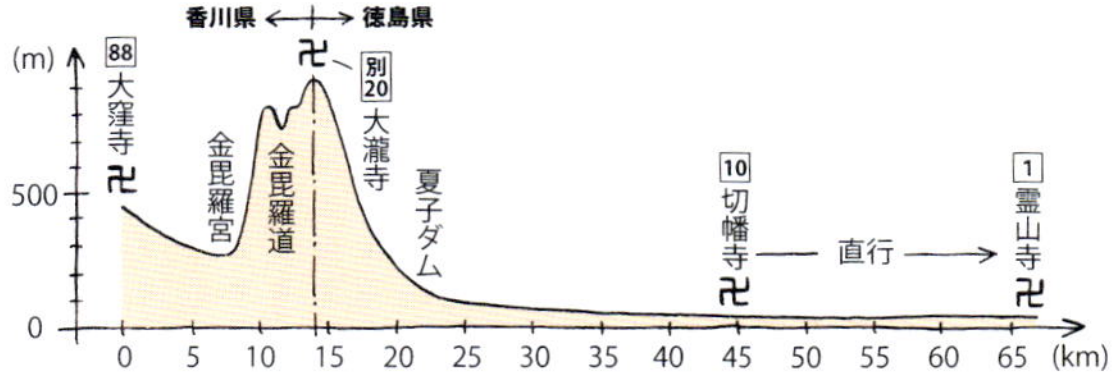

行程マップ

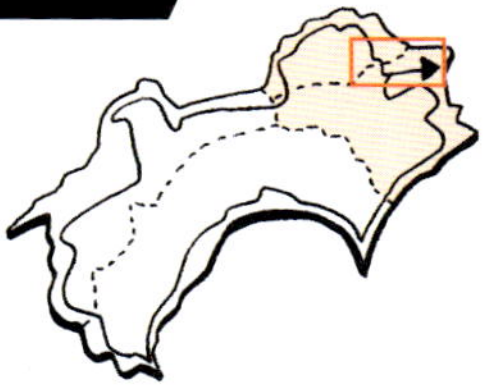

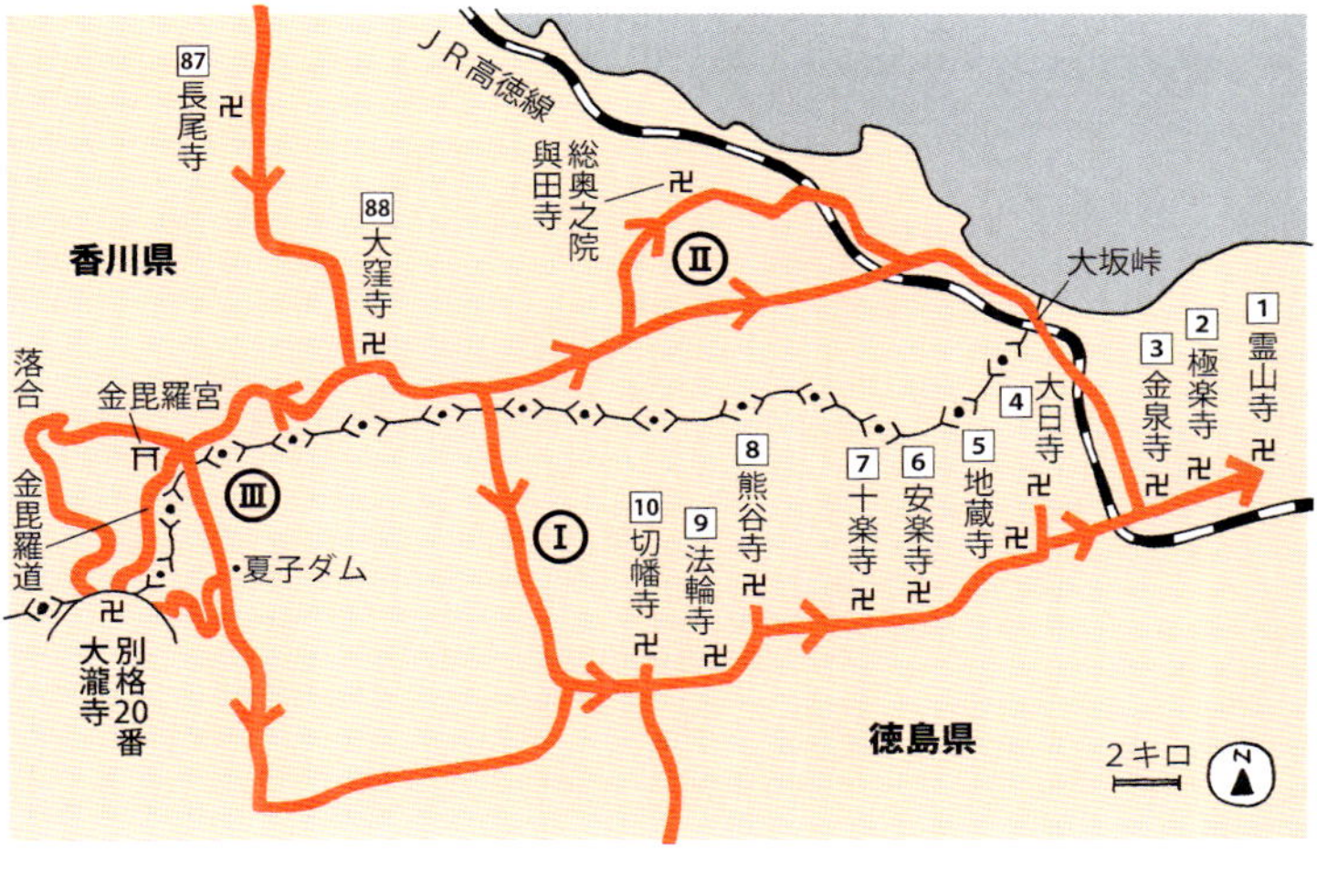

結願後～その2～
高野山

四国から和歌山県へのアクセス

空海が開創した真言密教の聖地である高野山へ四国遍路の結願の報告をしに行こう。四国から高野山への交通は、電車、バス、フェリー、徒歩のいずれかをとる。

電車の場合は、志度駅や板東駅からJRに乗り、岡山経由で大阪へ向かう。高速バスの場合は、高松駅や徳島駅から淡路島経由大阪行きのバスが出ている。

大阪のなんば駅からは、南海電鉄高野線に乗って終点の極楽橋駅まで行き、ケーブルカーに乗り換えて高野山駅へ。

フェリーの場合は、徳島駅から徳島市営バスに乗り南海フェリーバス停へ。徳島港から和歌山港までは片道2時間ほどの船旅。和歌山港から先は南海電車とJRを乗り継ぐ。

完歩したい人はフェリーの利用を。歩行距離は、霊山寺から徳島港まで20キロ、和歌山港から九度山まで45キロ、そこからは町石道《ちょういしみち》という参詣道の登山が20キロほどとなる。

和歌山県へのアクセス

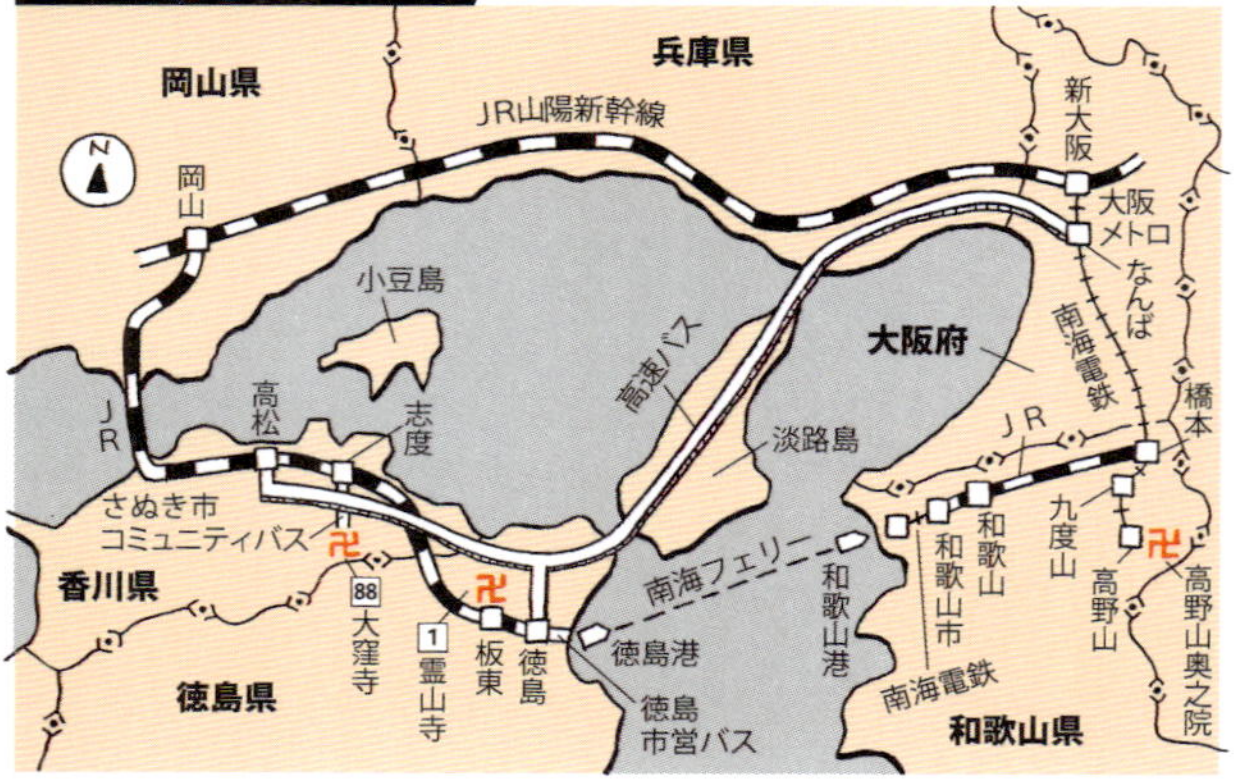

空海が今なお生きる、高野山奥之院へお礼参り

高野山は山の上にある町で、その町自体が総本山金剛峯寺《こんごうぶじ》の境内である。修行の場であると同時に観光地としても人気。

さて今回の目的地は奥之院、弘法大師御廟《ごびょう》だ。読経《どきょう》を清々しく終えれば、これにて満願成就。ようやく四国遍路が終わった実感がわいてくることだろう。

高野山へは南海電鉄とケーブルカーに乗って入山することができるが、おすすめは麓からの徒歩での登山。いくつか参詣道があり、なかでも一般的なのは九度山《くどやま》の慈尊院《じそんいん》から高野山の大門までを繋ぐ古道、町石道だ。その名の通り、距離を示す町石（丁石）が数多く置かれ、歴史を感じさせる。麓から大門までの距離は約20キロで、所要時間は7〜8時間を見ておくと良い。なお、高野山に入ってからも、大門から奥之院までは更に1時間かかる。

高野山への参詣道には、２０２５年現在、斜面崩落により通行止めとなっている所が数ヶ所ある。現地の迂回指示に従うこと。

高野山へのアクセス

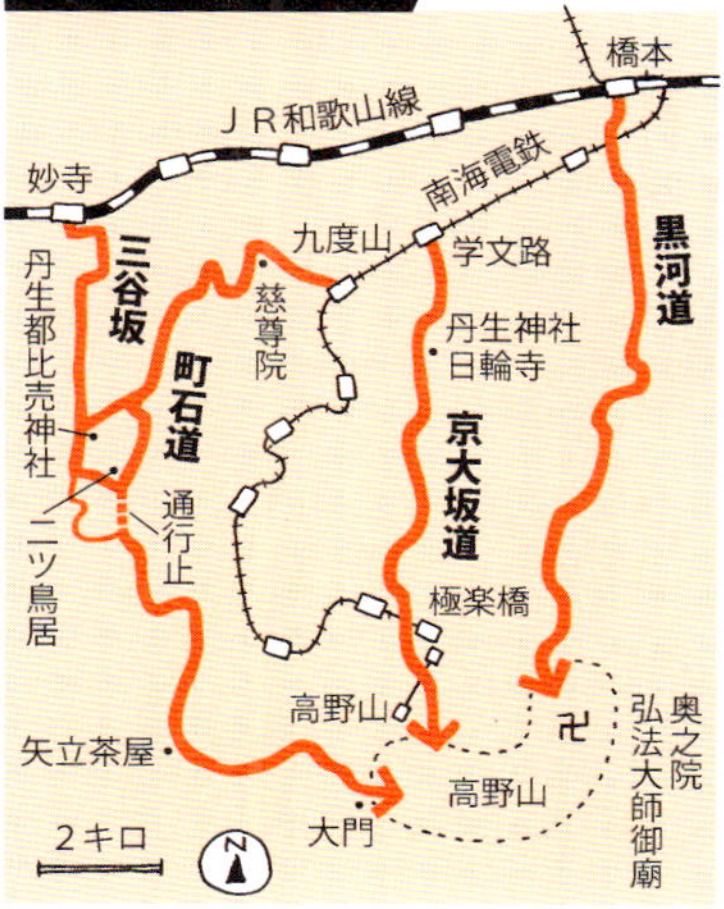

町石道縦断図

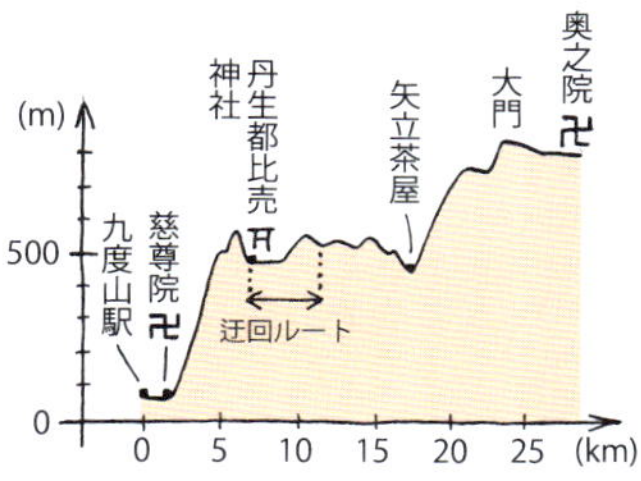

歩き遍路の強い味方
ヘンロ小屋って どんなところ?

遍路道の道中には、歩き遍路が休憩するための東屋などの施設が点在している。しかし、残念ながら管理者の高齢化や施設の老朽化などから利用できる場所が年々減っているのが現状だ。

そこで発足したのが、歩き遍路のための休憩小屋をボランティアで作る活動を行う「四国八十八ヶ所ヘンロ小屋プロジェクト」だ。徳島県出身の建築家・歌一洋氏が中心となり始まったこのプロジェクトは、２００１年12月に徳島県海陽町四方原の1号「香峰のヘンロ小屋」ができたのを皮切りに、２０２４年10月までに59棟が完成。最終的に88棟プラス1棟の完成を目指している。

歩き遍路が安心して体を休めることのできる小屋を目指して計画されたヘンロ小屋は、歌氏がその土地に合わせて設計しており、デザインや大きさはさまざま。トイレやシャワーなどの設備を併設していたり野宿可能なところもある。

いずれも地元の方々からの土地提供をはじめ全国からの寄付、そして労力奉仕によって作られている施設であり、感謝の気持ちを込めて大切に利用したい。

歌 一洋（うた いちよう）氏プロフィール

1948年徳島県海南町生まれ。一級建築士。歌一洋建築研究所（大阪市）及び「四国八十八ヶ所ヘンロ小屋プロジェクト」主宰。

http://www.uta.rgr.jp/top.html

※ヘンロ小屋一覧の写真は歌一洋氏提供

徳島県（18ヶ所）

11号勝浦
（徳島県勝浦郡勝浦町生名）

6号宍喰
（徳島県海部郡海陽町宍喰）

4号鉦打
（徳島県阿南市福井町鉦打）

3号阿瀬比
（徳島県阿南市阿瀬比西内）

1号香峰
（徳島県海部郡海陽町四方原）

44号神宅
（徳島県板野郡上板町神宅字喜来）

40号日和佐
（徳島県海部郡美波町河内字横川）

39号NASA
（徳島県海部郡海陽町奥浦字鹿ヶ谷）

36号神山
（徳島県名西郡神山町阿野字宮分）

12号眉山
（徳島県徳島市新町橋阿波踊り会館向かい）

52号日和佐海賊舟
（徳島県美波町北河内字本村）

50号牟岐
（徳島県海部郡牟岐町中村）

48号京塚庵
（徳島県小松島市立江字中山）

47号大根
（徳島県阿南市新野町西光寺）

45号空海庵・切幡
（徳島県阿波市市場町大野島）

59号鯖瀬
（徳島県海部郡海陽町浅川鯖瀬口）

58号月夜
（徳島県阿南市新野町小砂取）

57号土成
（徳島県阿波市土成町吉田字芝生）

高知県（19ヶ所：うち3ヶ所廃小屋）

9号大月
（高知県幡多郡大月町ふれあいパーク大月）

8号香我美
（高知県香南市香我美町岸本）

7号芳井
（高知県幡多郡三原村芳井）

5号蒲原
（高知県南国市岡豊町蒲原）

2号弘見
（廃小屋:高知県幡多郡大月町弘見）

17号須崎
（高知県須崎市押岡）

15号清水川
（高知県幡多郡三原村大字宮ノ川）

14号大浦
（廃小屋:高知県幡多郡大月町大浦）

13号佐賀
（高知県幡多郡佐賀町拳ノ川）

10号宿毛
（高知県宿毛市坂ノ下すくもサニーサイドパーク）

32号天神
（廃小屋:高知県土佐市高岡乙天神）

31号そえみみず・酔芙蓉
（高知県高岡郡中土佐町久礼長沢）

28号松本大師堂
（高知県香美市土佐山田町松本）

22号大方
（高知県幡多郡黒潮町浮鞭）

20号足摺
（高知県土佐清水市大字足摺岬字堂ヶ森山）

56号室戸ジオパークセンター
（高知県室戸市室戸岬町）

54号四万十
（高知県四万十市間崎）

35号土佐清水
（高知県土佐清水市三崎 道の駅めじかの里）

33号宿毛
（高知県宿毛市中央）

愛媛県（14ヶ所：うち1ヶ所廃小屋）

25号石手寺前
（廃小屋:愛媛県松山市石手）

23号仙遊寺接待所
（愛媛県今治市玉川町別所甲 仙遊寺）

21号宇和島光満
（愛媛県宇和島市光満新屋敷）

19号津島・かも田
（愛媛県宇和島市津島町下畑地）

16号宇和
（愛媛県西予市宇和町上松葉金藪 東洋軒駐車場内）

38号内子
（愛媛県喜多郡内子町吉野川）

37号しんきん庵・法皇
（愛媛県四国中央市川滝町下山葱尾）

34号久万高原
（愛媛県上浮穴郡久万高原町菅生三番耕地）

27号鎌大師
（愛媛県松山市下難波甲）

26号わん屋
（愛媛県宇和島市津島町松尾峠頂上）

55号横屋
（愛媛県新居浜市北内町）

49号ひじ川源流の里
（愛媛県西予市宇和町信里）

43号しんきん庵・秋桜
（愛媛県四国中央市中之庄町宮之西）

41号今治・日高
（愛媛県今治市小泉）

香川県（8ヶ所）

42号宇多津・蓮田池公園
（香川県綾歌郡宇多津町茶臼山）

30号銭形
（香川県観音寺市植田町）

29号多度津・おかのやま
（香川県仲多度郡多度津町大字山階）

24号高松・一宮
（香川県高松市一宮町）

18号丸亀城乾
（香川県丸亀市南条町南条町ポケットパーク）

53号茶処みとよ高瀬
（香川県三豊市高瀬町上高瀬）

51号五色台子どもおもてなし処
（香川県高松市中山町）

46号ピポット坂出
（移設予定香川県坂出市江尻町ガス生活館ピポット坂出）

※本書ではヘンロ小屋の位置をマップ上に🏠の記号で記しています。

詳細はこちらをチェック!

一般社団法人（非営利）四国八十八ヶ所ヘンロ小屋プロジェクト　http://www.henrogoya.com

あとがき

歩き遍路の最大の難関は何だろうか。焼山寺への登山「へんろころがし」か、それとも室戸岬や足摺岬か。

筆者が思うに、まず一ヶ月半もの時間を確保することが一番難しい。仕事をしながら行う場合は数年にわたってすべての休暇をお遍路に捧げて区切り打ちをすることになるし、通し打ちをしたければたいていの人は仕事そのものを辞める必要が出てくる。歩き遍路にはある種の「人生の旅」といったニュアンスがあり、それこそが唯一無二の存在感と魅惑を放っているとも言えるのだが、さすがにすべてを投げ打って旅に出るのはリスクが高く、覚悟を決めるまでに何年も躊躇してしまうものである。

しかし敢えて無責任に言うならば、きっとなんとかなるよ、と背中を押したい。本気でお遍路に行きたいと思ってしまったのなら、ぜひ実現してほしい。歩き遍路をすることで、これまでとは別の価値観のもと、違う人生が待っている。人生はなんとかなる。そのための楽観的思考、フットワークの軽さ、根性はきっと旅の中で身につく。旅から帰ったあとのことは、未来の自分が考えてくれる。

旅に出るにあたって、具体的な目標を決める必要はない。むしろ先のことは決めない方がいい。何でも見てやろう。誘いに乗っかってみよう。さまざまな人の人生を聞いてみよう。霊場巡りにこだわらず、あちこち寄り道してみよう。そうしたオープンな姿勢でいれば、おのずと面白い出会いに恵まれる。あるいは自分の知らなかった、見ようとしてこなかった自分自身にも出会えるかもしれない。
そういった出会いは、旅のあとの具体的な仕事や暮らしに直接繋がるものではないかもしれないけれど、きっとこれからの人生を陰で支え続けてくれる、大きくて頼もしい経験となるはずだ。
最後に、お遍路で仲良くなった、歩き旅が好きなドイツ人が教えてくれた言葉をもって締めくくりたい。

"The way gives you not you want, but you need."
「歩き旅をしたからって欲しいものは手に入らない。だけど、今の自分にとって必要なものに必ず出会うことができるんだ」

2025年春

中野周平

引用・参考文献

【地図】

『四国遍路ひとり歩き同行二人 地図編（第13版）』宮﨑建樹、へんろみち保存協力会、２０２２年
『Shikoku Japan 88 Route Guide（第7版）』宮﨑建樹・松下直行・デイビッドモートン、ぶよお堂、２０２０年

【学術書・解説書】

『歴史と風土 四国路』武田明、社会思想社、１９６７年
『歴史の旅 四国八十八札所』瀬戸内海放送、秋田書店、１９７２年
『弘法大師著作全集 第三巻』勝又俊教、山喜房佛書林、１９７３年
『空から巡る四国霊場八十八か所』相賀徹夫、小学館、１９８５年
『四国遍路ひとり歩き同行二人 解説編』宮﨑建樹、へんろみち保存協力会、１９９０年
『四国八十八カ所の旅』淡交社編集局、淡交社、１９９３年
『三教指帰ほか』空海・福永光司・松長有慶、中央公論新社、２００３年
『御詠歌でめぐる四国八十八カ所［ＣＤブック］』下西忠、明石書店、２００９年
『四國偏禮道指南 全訳注』眞念・稲田道彦、講談社、２０１５年
『四国遍路の世界』愛媛大学四国遍路・世界の巡礼研究センター、筑摩書房、２０２０年
『データベースえひめの記憶』愛媛県生涯学習センター、https://www.i-manabi.jp/system/regionals/regionals/index/ecode:1、参照２０２４年１２月

中野周平 （なかのしゅうへい）

1989年山口県生まれ。京都大学農学部森林科学科卒、同大学大学院修士課程修了。四国遍路は2016年、18年、20年に計２周半ほど歩いた経験を持つ。現在は岐阜県で果樹園の代表を務めるかたわら、文筆業やイラスト業もおこなっている。著書に『僕の歩き遍路 四国八十八ヶ所巡り』（西日本出版社）、カバー絵・まんが担当『ドラえもんの理科おもしろ攻略［新版］生物（植物・昆虫・動物）がわかる』（小学館）がある。

四国歩き遍路マニュアル

2025年4月24日　初版第1刷発行

著者　中野周平

発行者　内山正之

発行所　株式会社 西日本出版社
〒564-0044 大阪府吹田市南金田1-8-25-402
［営業・受注センター］
〒564-0044 大阪府吹田市南金田1-11-11-202
TEL:06-6338-3078
FAX:06-6310-7057
郵便振替口座番号 00980-4-181121
http://www.jimotonohon.jp

編集　河合篤子
ブックデザイン　LAST DESIGN
印刷・製本　株式会社 光邦

ISBN978-4-908443-94-7